P. GACHON

HISTOIRE

DE

LANGUEDOC

Ouvrage illustré de gravures hors texte

PARIS
HENRI LAURENS, ÉDITEUR
6, RUE DE TOURNON (VIe)

TOULOUSE
LIBRAIRIE Ed. PRIVAT
14, RUE DES ARTS

HISTOIRE

DE

LANGUEDOC

LES VIEILLES PROVINCES DE FRANCE

P. GACHON

HISTOIRE

DE

LANGUEDOC

OUVRAGE ILLUSTRÉ DE GRAVURES HORS TEXTE

PARIS
BOIVIN ET Cⁱᵉ, ÉDITEURS
5, RUE PALATINE (VIᵉ)

TOULOUSE
LIBRAIRIE Ed. PRIVAT
14, RUE DES ARTS

AVANT-PROPOS

Ce petit livre ne peut prétendre à l'érudition, ni à la discussion critique de faits échelonnés au cours de nombreux siècles et qui furent toujours fort complexes. Il a seulement pour objet, tâche malaisée, incertaine et périlleuse, d'en discerner les principaux ensembles et de noter les conditions qui, en des cadres géographiques très divers, ont permis aux différents pays de Languedoc de se faire, à plusieurs reprises, à travers les obstacles de toute nature, troubles intérieurs, ruptures même de développement régional, et de maintenir, au bénéfice de la Patrie, une réelle unité, une personnalité pourvue de quelque autonomie subsistant encore à un degré utile pendant les deux derniers siècles de l'ancienne monarchie française et capable, sans doute, de revivre dans les formes et avec les caractères que déterminera l'économie sociale de notre temps.

Car les effets demeurent permanents, comme les aspects restent significatifs, du relief, du site et de l'exposition géographique en cette terre, où, pendant des millénaires, se sont superposées ou juxtaposées de très vieilles civilisations; où le couloir, entre montagne et mer, d'un long passage de peuples a mêlé tant d'apports; où a fini par s'établir un tempérament humain jugé parfois violent sur des apparences mal interprétées, si approprié pourtant à la liaison, à la fusion des races et des coutumes, tout en gardant au groupe des habitants sa langue populaire, le souvenir de son long passé et comme une hérédité de physionomie morale.

Si, par exemple, depuis un siècle, les courants de circulation se sont, dans un monde commercial agrandi, marqués avec plus d'intensité sur les frontières ouest et est de la région, en dehors d'elle, n'a-t-elle pas, comme autrefois, reporté ses regards sur les voies ouvertes, bientôt multipliées, vers la péninsule Ibérique, comme sur le chemin maritime vers le Maghreb et l'immense domaine de l'Afrique occidentale que l'influence française semble préparer à son activité?

L'accroissement de cette activité serait, en effet, un retour à une ancienne tradition des pays languedociens qui ont fourni des types d'entreprises si variées, même après le désastre arrêtant chez eux, dès le début du XIIIe siècle, l'essor d'une culture originale et d'un art en évolution.

Cette souplesse de génie ne put cependant toujours s'accommoder sans dommages des disciplines imposées. Mais elle explique, après des périodes de recueillement et de relative médiocrité en productions intellectuelles, de diligence féconde en travail économique, les renaissances littéraires et artistiques dont notre temps est le témoin.

On nous pardonnera d'avoir moins souvent que nous ne l'eussions voulu, donné les références aux travaux sur lesquels se fonde ce résumé sommaire. L'ensemble des sources et de la bibliographie se trouve dans ce grand recueil de faits et de textes qu'est l'*Histoire de Languedoc* des Bénédictins, dont le supplément d'études fourni par Roschach et le travail critique de savants contemporains ont, dans l'édition Privat, doublé la valeur. Mais, à côté, combien de monographies ne conviendrait-il pas de citer, sans parler d'œuvres du XVIIIe siècle, comme l'*Histoire de Nîmes* de Ménard ?

Aujourd'hui l'attrait semble se renouveler de notre histoire et de notre géographie provinciales. Déjà, en pays de Languedoc, les Sociétés savantes et leurs Revues ont, comme l'enseignement des Facultés, dirigé vers les études de cet ordre l'attention du public et des étudiants. Des savants étrangers à la région par leurs origines ont même cédé à la séduction qu'elle exerce, sont devenus Languedociens d'adoption, quelques-uns Montpelliérains, tels l'historien Germain et le romaniste Chabaneau, comme, avant eux, le botaniste de Candolle. Et le culte du passé languedocien ne s'éteint pas : les créations de chaires d'histoire et de géographie régionales ont appelé à Toulouse M. Calmette ; à Montpellier, M. Thomas. Et leurs travaux y sont favorisés par les Collections et les Périodiques de Sociétés bien outillées et laborieuses, les enquêtes d'archivistes tels que M. Berthelé. Nîmes qui est, sur de vastes espaces, un musée en plein soleil, a aussi ses fondations d'histoire et d'archéologie régionales, et, tout récemment, « l'École antique » s'y est créée pour cette étude, avec la collaboration de M. l'archiviste Bondurand, sous la direction du maître en épigraphie, M. le Commandant Espérandieu.

A côté de ces ressources, il faudrait mentionner les contributions demandées, au cours de ce travail, à des œuvres historiques dont le sujet est plus vaste, mais dont le Languedoc a fourni, pour des périodes spéciales, un élément important, comme les recherches du regretté Déchelette, de M. Enlart, l'*Innocent III* de Luchaire et le *Philippe III le Hardi* de M. Ch. V. Langlois.

C'en est assez, malgré les omissions involontaires, pour prouver l'intérêt qui s'attache à l'histoire de cet ensemble de pays tout pénétrés de culture latine : plaine toulousaine, sud du Massif central et Cévennes, littoral méditerranéen, qui, après avoir été, dès l'aube des temps historiques, des agents de civilisation, prirent, après de dures expériences, leur place dans l'unité nationale.

HISTOIRE

DE

LANGUEDOC

I

LE CADRE

L'aire de la langue d'oc et la province de Languedoc. — La région proprement languedocienne. — Sa complexité. — Le « pays des passages »; les pays de cantonnement; pas de centre; unité tout économique et morale.

Dans l'aire du parler languedocien, la province de Languedoc, au premier aspect de la carte, apparaît comme une découpure arbitraire. Les limites des langues d'oil et d'oc laissent à l'usage de cette dernière tout le territoire compris entre les Pyrénées, le littoral méditerranéen jusqu'au Var, sauf l'enclave basque, et une ligne qui, partant du Verdon, sur la rive droite de la Gironde, remonte au nord de Libourne jusqu'à Confolens et Guéret, pour s'incliner vers le sud en contournant Clermont et Saint-Étienne, descend jusqu'à Valence et, suivant à peu près les confins nord des deux départements de la Drôme et des Hautes-Alpes, aboutit, par la Grave, à la frontière italienne.

Là-dessus l'ancienne province de Languedoc n'occupait qu'une superficie d'environ 41.500 kilomètres carrés, comprenant la majeure partie du département actuel de la Haute-Garonne, le Tarn tout entier, une partie de l'Ariège et des Pyrénées-Orientales, l'Aude, l'Hérault, le Gard, la Lozère, la majeure partie de l'Ardèche et de la Haute-Loire. Malgré cette disproportion entre l'étendue de la circonscription administrative et celle du domaine dialectal d'où il tirait son nom, le Languedoc historique n'en restait pas moins la plus vaste province de l'ancienne France après la Guyenne et la Gascogne réunies.

Il en était peut-être la plus complexe. D'abord par sa structure. Du Rhône à la Garonne moyenne, des avant-monts pyrénéens aux hautes vallées de la Loire et de l'Allier, y étaient associées des régions diverses, diversement orientées. Trois zones parallèles, à des niveaux différents, s'y juxtaposent à partir du Rhône vers l'Ouest : la longue courbe des terrains anciens qui, du Vivarais, du Velay, du Gévaudan, par les Cévennes et la Montagne Noire jusqu'aux plateaux du Lauraguais, marque de son relief puissant la périphérie du Massif Central ; à l'étage d'altitude inférieure, épousant ce contour, les ondulations de la Garrigue et ses plissements de calcaire qui se succèdent pour s'abaisser et se confondre dans la plaine alluviale ; enfin, dans le Languedoc oriental, l'arc du littoral incurvé au Sud, la plage basse, où des landes salées et des flèches de sable coupées des lignes d'eau des graus enserrent un chapelet d'étangs.

A l'avancée la plus méridionale du massif fait front le noyau primaire des Corbières où s'appuient les strates et les plis des terrains plus jeunes soulevés avec les Pyrénées et qui, sous les couches des alluvions, puis des sables du rivage où dorment des lagunes, enfin sous les flots du golfe du Lion, établissent la continuité géologique du littoral occidental au littoral oriental de la terre languedocienne.

Entre les deux systèmes de hauteurs, talus nord des Corbières et pentes sud du Massif Central, un sillon, un seuil, ancien détroit où s'exerça longtemps l'action des courants marins, comblé dans la suite des âges par l'exhaussement du sol, puis colmaté par des dépôts d'érosion, ouvre un couloir bas (189 m. au point culminant des Pierres de Naurouze) limitant les deux versants maritimes, le Méditerranéen et l'Océanique.

Mais, par là même, il ajoute à la complexité de la vieille province des éléments, des aspects et un contraste de plus. A qui, venant de l'Est en suivant cette voie, vestibule du bassin de l'Aquitaine, apparaissent les plaines toulousaines, successivement élargies, où la Garonne déroule son cours, la physionomie du pays semble changée avec le climat et la végétation. Si quelques vignobles prolongent encore par places la verte ceinture qui, d'avril en octobre borde, au Sud des Cévennes, au Nord et à l'Est des Corbières, les pentes de la Garrigue et ses taillis, luisants, sous le soleil, d'yeuses et de kermès, le regard ne rencontre plus, sur les collines, le gris argenté de l'olivier. D'autres plans de cultures : céréales, fourrages, maïs, avec des lignes de peupliers, des bouquets d'ormeaux et de chênes rouvres se suivent en ondulations lentes, tandis qu'au Nord et au Sud s'écarte et s'abaisse l'horizon de montagnes. On est encore averti, souvent à la tombée du soir, par une légère brume, que l'on quitte le Midi sec et lumineux, aux tons tranchés et fixes, pour un Midi plus frais, plus voilé de vapeurs aux teintes plus nuancées et plus instables. Et cette différence d'aspect, mise en valeur par Vidal de la Blache, avec un sentiment si profond et si pénétrant, dans son admirable tableau de notre France, s'explique par la différence des climats, la transition du régime des averses saisonnales rares et violentes, entre temps, à celui d'une répartition plus régulière des pluies ; de la violence des courants atmosphériques à leur allure plus modérée ; du domaine des eaux torrentielles et capricieuses à celui des rivières apaisées ; des influences méditerranéennes aux influences océaniques.

Mais, s'il y a au moins « deux Midis dans le Midi », la province languedocienne admet, dans cet ensemble, plus de variété encore, que crée l'altitude combinée avec les natures diverses de terrain et leur exposition.

Soit dans le Languedoc oriental, soit aux confins du Roussillon ou au Nord de la plaine toulousaine, au-dessus des campagnes brûlées par les mois chauds, par-delà les collines, les pentes de grès siliceux et de schistes noirs où dévalent les châtaigneraies, s'exhausse une zone de neiges hivernales, de printemps mouillés et de brumes précoces, pays de cultures endurantes, de hauts pâturages, par endroits, de hêtraies, réserves et points de dispersion d'eau, fragments de Massif Central ou de Pyrénées.

Il n'y manque même pas cette forme de relief si peu familière aux yeux de la plupart des Français, si caractéristique de paysages ibériques ou illyriens, les tables calcaires des immenses *causses* gris, soulevés entre Cévennes et Massif Central, avec leurs couronnes de dolomie brun d'or, surplombant les entailles profondes de leurs *canyons,* et la physionomie de steppe pauvre que leur donne le régime extrême de leur climat.

Y a-t-il, du moins, pour ces éléments tangents et divergents un centre naturel indiqué par l'agencement des formes géographiques, une condition d'unité politique pour la Province ? Rien de semblable, sauf, sur ses frontières d'Ouest, une indication qui n'aboutit pas. Le réseau des affluents de la Garonne moyenne se noue, en effet, en dehors des limites du Languedoc. En outre, la province ne comprend que les hautes vallées de la Loire et de l'Allier. Les cours d'eau, fleuves côtiers ou tributaires du Rhône, sont parallèles entre eux, encaissés longtemps.

Cette unité fut réelle pourtant; elle fut un fait historique, ancien et concret, non une abstraction. Rompue pendant une longue période, elle s'est reconstituée et a duré.

C'est qu'à défaut de centre commun, ces pays avaient entre eux des liens capables de servir les échanges de leurs productions variées et la solidarité de leurs intérêts ou de leur défense, surtout une large avenue commune qui les rattacha de toute antiquité aux contrées d'antique civilisation en même temps qu'elle les associait les uns aux autres, le littoral et la Méditerranée.

Sans doute, le long de la courbe côtière, des Albères au delta du Rhône, se sont effacées, sous les alluvions, ces articulations, ces rentrants et ces dentelures, qui en basse Provence, comme en Grèce, offrent la région et les hommes aux influences de la mer. Mais, à l'abri des pointements calcaires ou volcaniques révélant encore l'ancien dessin du rivage, n'ont pas manqué par Maguelone, par l'anse primitive qui fut plus tard Cette, par Agde, Narbonne, les points d'escale, les havres nécessaires à cette vie très ancienne de relations. Plus fréquentée encore, foulée parfois par des peuples en marche, grande route commerciale et militaire, où la voie Domitienne a longé, en s'y superposant par endroits, l'antique chemin Héracléen, la plaine du Languedoc est tout entière un *pays de passages,* si ce caractère est plus spécialement marqué dans le couloir du Lauraguais. Elle ne réunit pas seulement, à travers « l'Isthme Gaulois », le bassin rhodanien à celui de l'Aquitaine. Par le nœud des communications croisées à Narbonne elle ouvre l'accès du monde ibérique aux Provençaux et aux Italiens, comme aux populations du Massif Central.

Et aux grandes avenues, soit à celle du Rhône, soit à celle du littoral, se raccordent les chemins associant à la vie des pays de passages, celle des *pays de cantonnement,* fermés et isolés en apparence, qui sont inclus dans les limites de la province. Courtes sont les distances des hauts plateaux et des croupes montagneuses au thalweg rhodanien, à la plaine riveraine de la mer, ou au seuil du Lauraguais.

Sur les pentes, les érosions, le long des cours d'eau, rendues plus actives par la proximité du niveau de base, et, à l'Est, par la violence des pluies d'automne, ont sculpté les contours des massifs et

des chaînes, y ont tracé ces routes rudes par où
les paysans du Vivarais, du Velay, du Gévaudan,
des Cévennes, de la Montagne Noire, des Corbières
ont de tout temps été en communication avec le
Rhône, le bas Languedoc, la plaine toulousaine.
D'autres chemins traversent les massifs mêmes, plus
articulés qu'ils ne paraissent à un coup d'œil d'ensemble, les principaux marqués par la trace de voies
romaines.

C'est par ces couloirs que de toute antiquité s'
sont faits les échanges nécessaires, quotidiens,
entre la montagne, les régions de pâturage, d'élevage, de forêts, de châtaigneraies, et les collines
où les murs en pierre sèche, travail sans cesse
renouvelé des générations, retiennent la terre
fuyante autour des mûriers et des oliviers; les
plaines riches en froment, en vin, en huile, en fruits.
Descendues et remontées par les campagnards,
vêtus de bure et de *cadis*, il n'y a pas encore bien
longtemps, entaillées par leurs chars à bœufs, ces
voies coupent le cordon des foires et des marchés
établis depuis des siècles sur la lisière, au contact
des terrains différents, et desservent les bourgs,
égrenés en chapelet autour des pentes, où la prospérité, avant le tracé des lignes ferrées, tenait au
roulage, à *la tombée,* c'est-à-dire à l'affluence
des denrées, des marchands et des acheteurs. Par
là passaient les routes des pèlerinages à de nombreux lieux saints; par là enfin montaient les chemins de la transhumance, les très vieilles *drailles*
que suivent encore les troupeaux de moutons quittant chaque été, pour la fraîcheur des hautes
pâtures, le bas pays des longs jours de soleil.

Tous ces éléments ainsi réunis sont d'ailleurs proches les uns des autres. La province, sensiblement développée en latitude est, dans son ensemble, étroite entre montagne et mer. Des sources de l'Hérault, sur le penchant sud-est de l'Aigoual, la haute barrière dressée entre les deux mondes océanique et méditerranéen, on peut voir, dans les soirées claires, s'allumer un phare de la côte. Près de ce point, au col de la Céreyrède où le seuil de séparation des eaux se réduit à une ligne de faîte quasi mathématique, les deux climats se côtoient, offrent parfois, à quelques mètres de distance, cette rare disparate de brumes amoncelées sur les hêtres et les conifères accompagnant à l'Ouest le cours d'un affluent de la Dourbie, et, au Sud, d'une lumière limpide épandue sur les schistes polis et le feuillage lustré des châtaigneraies qui fuient dans les creux avec les flots du fleuve méditerranéen.

Et partout les deux natures se pénètrent. Si, du Sud au Nord, par les calcaires des causses méridionaux, se propage la chaleur solaire, entre les masses plus froides des terrains anciens, amenant jusqu'à Marjevols, en Lozère, des formes végétales du Midi, le long des vallées abritées, le mûrier et le figuier dans les couloirs où bruissent les hauts torrents cévénols, le chêne vert aux limites du pays auvergnat, au-dessus de Villefort, aux confins de Florac et sur les pentes de l'Espinouze; de l'Est à l'Ouest, un court tunnel, au-dessous d'un col autrefois fréquenté, unit, à la Bastide-Rouayroux, en deux visions simultanées, l'éclat des roches nues de Concoules et la fraîcheur des vallées herbeuses ouvrant, dès Mazamet, la perspective du pays Castrais et des pentes verdoyantes inclinées vers le Toulousain. En cette terre de relations et de liaison, les contrastes abondent et voisinent, jusqu'à s'atté-nuer par leur rapprochement.

C'est pourquoi elle a pu avoir une vie, une circu-lation, une action générales par-dessus les barrières qui semblent y cantonner certains groupes humains, par-dessus même les personnalités vigoureuses et parfois exclusives de villes qu'y ont fait grandir, de place en place, des autonomies municipales long-temps isolées.

Il y a plus ; ces liens auxquels tient son unité, la Province sut les retrouver ou les recréer, lorsqu'à plusieurs reprises ils semblèrent dissociés ou dé-truits ; elle sut dégager sa physionomie que voilè-rent tant de fois des violences guerrières et reli-gieuses. Et cela, sans le devoir, comme d'autres provinces, à l'inspiration ou à la direction d'une dynastie locale. Ses antiques familles de seigneurs disparaissent dès le XIIIᵉ siècle, avec sa culture ori-ginale et personnelle. Mais elle demeura elle-même par un effort moral, par l'instinct d'unir les tradi-tions et la vie propre de ses divers *pays de Langue-doc* aux traditions, à la vie, à la défense du royaume français pendant l'époque trouble où l'unité de la grande patrie fut en jeu, pendant la guerre de Cent ans.

Écrire l'histoire de cette lente, parfois violente formation d'âme commune, de cette éducation régio-nale, de cette fusion avec la nation, c'est écrire l'histoire de Languedoc.

II

LES ORIGINES

*Les lignes de dépôts préhistoriques. — Ligures, Ibères. — L'é-
veil de la vie civilisée par la mer. — Les immigrants d'Orient.
— Les Volques. — Le passage d'Hannibal.*

L'arrière-plan le plus lointain de cette histoire
nous reste à peu près fermé. Les gîtes paléolithiques
sont rares au Sud d'une ligne allant du Vivarais
méridional à Bruniquel (Tarn-et-Garonne), ne reparaissent qu'aux avant-monts pyrénéens. L'homme
qui, du haut rebord Cévenol, voyait encore la lueur
des volcans sur son horizon nord, a eu sans doute
des contemporains au Sud de son habitat, en des
terrains dont la configuration différait de celle qu'ils
présentent à l'époque actuelle. Nous ne savons rien
d'eux. Dans la grotte du Mas d'Azil et jusqu'au pied
des talus de collines qui portent le pont du Gard,
dans les grottes du Gardon (Baume Saint-Vérédème)
ont apparu des spécimens d'armes familières aux
chasseurs de rennes, des objets de l'industrie et de
l'art magdaléniens. Mais même les restes de ces
âges plus récents nous instruisent peu sur les races
particulières à la région.

Les longues traînées de dolmens et de menhirs
à travers les plateaux calcaires de l'Ardèche, de la

Lozère, du Gard et de l'Hérault, prolongées jusque dans le Lot et l'Aveyron, nous en apprennent davantage. Car, si on ne peut établir un lien certain entre ces constructions mégalithiques, dont l'aire de dispersion dans le monde est très étendue, et les populations du Languedoc historique, un de leurs caractères, cependant, nous amène au seuil de la protohistoire. C'est la coexistence des métaux et de la pierre sous la plupart de ces mégalithes comme dans la plupart des dépôts : grottes sépulcrales, cachettes de fondeurs, ateliers. A côté d'une céramique encore modelée à la main et d'instruments en silex poli, apparaissent des armes en cuivre et en bronze, haches, poignards, épées et des objets de même matière, outils divers, objets de parure. Ces dépôts appartiennent à l'époque énéolithique, tandis que les dolmens du nord sont encore néolithiques, antérieurs à l'usage des métaux. Le bronze était, comme on sait, importé d'Orient. Le littoral de la région languedocienne semble s'être trouvé entre deux courants d'importation et en avoir bénéficié : le courant aboutissant à la péninsule ibérique, sur la route des mines d'étain de l'Ouest, et pénétrant dans l'isthme entre Océan et Méditerranée, avec diramation sur l'Ibérie par Narbonne ; le courant plus oriental, la route de l'ambre, qui par l'Italie du Nord, la côte rhodanienne et le Rhône, a dérivé vers la région septentrionale.

La race fixée là au moment où ces influences s'y exerçaient, dans le deuxième millénaire avant l'ère chrétienne, est désignée sous le nom de Ligures par les premiers historiens grecs qui s'occupent des habitants de la Gaule. Ils localisent, à vrai dire, ces âpres et durs, exploiteurs de la forêt et de la mer à l'Est du Rhône, dans la Provence et les Alpes Maritimes d'aujourd'hui. Mais les Elisyques dont nous parle Hécatée de Milet, avec leur très vieille capitale, Narbonne, semblent bien avoir été une de leurs tribus.

Furent-ils un rameau avancé de ces Ibères, antiques habitants de l'Espagne, que les auteurs grecs nous montrent occupant le Sud de la Gaule, des Pyrénées au Rhône? Leur extension, comme celle des Ibères, a-t-elle dépassé de beaucoup le pays où les situent les historiens anciens? Des inductions fondées sur les recherches de linguistique permettent de le supposer, sans que l'archéologie puisse le confirmer, pas plus qu'elle ne peut attribuer à aucun de ces deux lointains groupes d'ancêtres les monuments mégalithiques des Cévennes qui gardent leur anonymat et le mystère de leurs origines.

Sur ces côtes où la marine des thalassocraties égéennes avait apporté le cuivre, puis le bronze, obtenu avec l'étain du Khorassan, avant la découverte des gisements stannifères d'Occident, nul doute que les Phéniciens n'aient exploité les marchés échelonnés à longues étapes. La fondation par eux de Cadix ou Agadir vers 1100, comme certains noms de lieux et le souvenir de certains cultes, rendent l'hypothèse presque certaine, sans l'assurer cependant; il ne subsiste aucune trace matérielle de leur occupation.

Bien plus précise est la marque laissée par le commerce hellénique. Vers l'époque où s'est fondée Marseille, en dehors même des comptoirs célèbres établis par les Phocéens au voisinage des ports dépendants de Tartessos, des Carthaginois et des Étrusques, se signalent des échanges entre les Hellènes et les vieux peuples bordant la côte du golfe du Lion. C'est là le puissant intérêt qui s'attache aux découvertes de M. Rouzaud à Montlaurès, un rocher voisin de Narbonne, près du point de l'ancienne diramation de l'Aude. Cette acropole, habitat fort antique, met en face et juxtapose deux civilisations distinctes, l'une presque barbare, avec ses outils de pierre et de corne, peu de métal, sa poterie locale déjà très fine et analogue à la céramique d'Ibérie ; l'autre, celle de la Grèce du vi^e au iiie siècle, qui envahit pacifiquement cette petite cité barbare, y a vendu ses vases à figures noires et rouges, ses perles de verre et ses objets de pacotille ; est restée, d'ailleurs, parfaitement distincte de la petite cité des Elisyques, laquelle n'était pour les Grecs qu'un marché comme tant d'autres et avait, à côté, sa forteresse. Des conclusions analogues résultent des fouilles plus récemment pratiquées à Ensérune, près de Béziers.

La région fut plus profondément pénétrée encore par l'influence grecque lorsque, profitant des victoires de l'hellénisme dans le premier tiers du ve siècle, Marseille étend ses comptoirs des Alpes Maritimes à la mer des Baléares, de 480 à 350, et, après avoir fondé Nice, consacre, en souvenir d'une victoire, à sa « bonne fortune » Agde, sur sa roche volcanique vers l'embouchure de l'Hérault. Et son influence, rayonnant à travers l'isthme gaulois et les passes des Cévennes comme par la vallée du Rhône, dure jusqu'au moment où les progrès des Carthaginois en Espagne, puis de Rome dans la

Méditerranée occidentale rétrécissent d'abord, puis ferment devant elle les marchés.

En arrière, dans l'intérieur du pays, s'est déjà fait place un élément ethnique nouveau, car sur le penchant des Cévennes, dans le Nord-Ouest du département du Gard comme sur le versant sud de la Montagne Noire dans le Tarn, est apparue la grande épée de fer du type d'Hallstatt, sous les tumuli contemporains du premier âge du fer. Les Celtes l'y ont apportée en descendant du Nord, avant le départ de quelques-unes de leurs bandes pour leurs randonnées guerrières à travers l'Europe. Ils s'y sont fixés, comme en témoignent les restes de leur cabanes et de leurs sépultures à inhumation associés aux types plus récents d'habitats et de tombes à incinération révélant un apport inconnu jusque-là, l'apport proprement gaulois avec son épée et son poignard du type de la Tène, son industrie métallurgique, ses exploitations de minerais de fer, très reconnaissables en certains points du Gard et de l'Hérault, sa céramique et sa sculpture où se marquent les influences grecque et campanienne, enfin ses *oppida,* comme ceux de Nages dans le Gard et de Murviel dans l'Hérault. Là, autour d'un haut réduit central, des murs d'enceinte à double parement, fortifiés, de distance en distance, de tours semi-circulaires ou paraboliques, à noyau intérieur plein, coupés de portes et abritant entre des murs secondaires les habitations donnent l'impression d'une société nombreuse, stable, fortement organisée et de centres dominant des cantons défrichés, pourvus de routes, placés à leur croisement, sur les plateaux ou les éperons de collines rocheuses propres à la surveillance et à la défense. Ils semblent bien, par endroits, comme l'indiquent les récentes recherches faites à Ensérune, marquer des saillants vers le sud, des emprises de la poussée celtique, puis gauloise, vers le tracé de la voie Héracléenne.

Et cette époque est déjà l'objet de notions historiques. L'élément ethnique nouveau, reconnaissable déjà dès la fin l'âge du bronze, se précise à une époque plus récente dans l'établissement d'une grande tribu gauloise, celle des Volques.

Deux de leurs groupes s'établissent à une époque incertaine, probablement postérieure au milieu du IVe siècle, dans les vallées de la Garonne moyenne et du bas Rhône, occupant le littoral intermédiaire et les pentes sud du Massif Central, le bassin moyen et inférieur de l'Aude : les Volques Tectosages autour de Toulouse, les Arécomiques ou Volques maritimes autour de Nîmes. Derrière eux, à l'Est et au Nord du rebord cévenol, les *Helvii* (Vivarais), les *Vellavi* (Velay), les *Gabali* (Gévaudan) plus loin des routes fréquentées et du grand jour de la Méditerranée apparaissent plus tard, en une lumière moins claire.

Les Volques semblent s'être mêlés sans violences bien apparentes et bien prolongées aux antiques populations indigènes; plusieurs vieilles cités paraissent avoir subsisté avec quelque autonomie sous leur domination, comme tendent à le faire croire la persistance de quelques noms et quelques légendes de monnaies. Et ce fut peut-être une des raisons qui s'ajoutèrent aux caractères de diversité et de divergence naturels à la région pour arrêter chez eux tout effort d'unité, de cohésion, de résistance à l'étranger.

On le vit bien dès le passage d'Hannibal qui avait à traverser leur territoire, d'*Illiberis* (Elne) jusqu'au Rhône. Il n'eut qu'à négocier, à payer probablement, et ce fut seulement au passage du fleuve qu'il rencontra une hostilité, facilement déjouée à la fois par sa ruse et par la division coutumière chez ses ennemis. Le puissant peuple avait-il perdu ses qualités d'impétueuse bravoure sous un climat plus doux, à l'habitude d'une vie plus facile ? Ses monnaies nous montrent, d'ailleurs, à quel point il était déjà pénétré d'influences grecques, puis italiques. Sur cette route des trafiquants massaliotes, au contact de civilisations riches et complexes, il se façonnait inconsciemment à la conquête et à la discipline romaines.

III

LA PROVINCE ROMAINE

L'unité romaine. — Civilisation gallo-romaine.
L'Art. — L'Église.

La conquête romaine a ébauché, dans la région languedocienne, comme en tant d'autres, l'unité future au-dessus des diversités locales, en a créé, surtout mis en valeur les conditions.

Elle était dans l'ordre logique des faits dès l'établissement des Romains en Ibérie. Elle doubla d'une route continentale et sûre la communication maritime entre Rome et son nouvel empire, fournit, en outre, des terres aux initiatives colonisatrices de ses réformateurs populaires, des débouchés à son activité commerciale qui s'éveillait.

C'est par la protection accordée à leur alliée, Marseille, que les Romains intervinrent à l'Ouest des Alpes. Les peuplades hostiles vaincues, puis la grande fédération des Arvernes, Rome opéra pour son propre compte. Une province transalpine entre la chaîne alpestre et le Rhône fut formée, c'est-à-dire un commandement militaire institué dans le nouveau territoire à organiser et à élargir. Une partie de la vallée de la rive droite y fut bientôt annexée,

comprenant les Helviens et les Volques Arécomiques, clients des Arvernes et qui avaient combattu
à côté d'eux (121). Le premier soin du consulaire
vainqueur, Domitius « à la barbe d'airain », fut de
construire une voie militaire qui garde son nom, sur
le chemin suivi par Hannibal, entre le col du Per-
thus et la ville d'Arles. C'est la route de l'Espagne
passant par Narbonne, la voie Domitienne juxta-
posée à l'antique route d'Héraclès, et laissant au
sud de son tracé les colonies grecques de l'extrême
littoral.

Mais ces communications devaient être couvertes
à l'Ouest contre les menaces confuses de ce coin de
Gaule resté Ibère et que l'on connaissait mal : le
futur Toulousain. D'où l'annexion rapide des Volques Tectosages qui acceptèrent à la fois le titre
d' « alliés » dissimulant à peine leur dépendance de
la Cité romaine, et une garnison dans leur capitale,
Tolosa. Le seul point qui paraît avoir offert quelque
résistance fut le pays des Rutènes (Rouergue),
montagnards tenaces que n'avait pas entamés l'expansion des Volques, fidèles alliés des Arvernes,
maîtres du haut pays dominant le Toulousain qu'ils
pouvaient inquiéter. Leur territoire fut démembré :
le Rouergue du Nord, froid et infertile, resta indépendant ; le sud, qui fut plus tard l'Albigeois, fut
incorporé à la nouvelle province.

L'occupation de la région languedocienne par les
armes romaines ne fut donc, à son début, qu'un
épisode dans l'exécution du plan suivi par le Sénat
pour entourer d'un cercle continu de possessions la
Méditerranée occidentale, depuis le détroit de Sicile
jusqu'au détroit de Gadès. Le nouveau secteur,

appuyé sur l'amphithéâtre des Cévennes, donnait en outre à ses légions la clef des chemins ouverts sur le plateau central de la Gaule.

L'œuvre fut durable autant que logique. C. Jullian, dans sa belle histoire de la Gaule a, de façon suggestive, résumé les raisons qui la justifiaient et la facilitaient. Les tribus gauloises de formation récente établies là sur fonds de Ligures et d'Ibères, avaient, comme ceux-ci, par leur contact avec la civilisation méditerranéenne, dépouillé de bonne heure quelque chose de leur rudesse primitive, perdu de leur cohésion en approchant de très vieilles villes longtemps pourvues d'autonomie. Mais il subsiste un ensemble d'éléments communs en cette région que son orientation, son climat, sa façon de vivre rapprochent de l'Italie moyenne. Et, à ce propos, il n'est pas indifférent de remarquer la concordance entre le premier tracé des frontières de la province romaine, entre Garonne et Rhône et celui des limites gardées plus tard au Languedoc. Même étranglement, dans les deux tracés, entre le nord du Lodévois et la mer, laissant en dehors la plus grande partie des hautes terres des Causses. A l'E. et à l'O., les deux annexes primitives, Vivarais et Albigeois, finissent après une longue séparation par revenir au Languedoc. Le groupement qui réunit si longtemps les parties diverses de cet ensemble tenait évidemment à une solidarité qui s'est toujours retrouvée, tant que les rapports anciens s'y sont maintenus et que les anciennes routes y ont suffi.

L'organisation de la conquête qui devait être si profonde et si complète ne s'y manifeste pas tout d'abord telle. Les populations soumises ne s'étaient pas données spontanément; encore que leur résistance n'eût pas été notable, elles n'avaient pas traité *æquo jure,* et ne jouirent pas tout de suite des bienfaits de la paix romaine. Les Volques Tectosages, peut-être plus tard les Volques Arécomiques avaient bien été élevés à la condition de fédérés, puisque leur nom ne figure pas dans les documents parmi ceux des vaincus. Mais ils n'en sont pas moins astreints à des contributions, des prestations extraordinaires en vivres, argent ou contingents humains. Quelque tolérance leur permet de conserver leurs coutumes locales et même leurs princes, dont les noms sont quelquefois inscrits sur leurs monnaies. Le système de la *colonie,* l'installation de citoyens romains pourvus de leurs droits nationaux et dotés de terres découpées sur le domaine public y commença de bonne heure, mais sans se propager d'abord. En 118, Licinius Crassus établit une fondation de ce genre dans l'*emporium* celtique de Narbo, qui fut appelé Narbo Martius du nom du dieu Mars auquel il était dédié. A la même date, Toulouse, fortifiée pour couvrir la route de Narbonne, reçoit aussi, avec le titre de colonie, une garnison de soldats citoyens. Elle fait pendant à Aix (Aquæ Sextiæ) que le consul Sextius avait déjà établie comme un camp retranché commandant la basse vallée du Rhône. Mais ces colonies restent isolées et le développement économique de Narbonne manqua longtemps de points d'appui.

La province, avec ses peuples fédérés, n'est pas encore pour Rome un territoire d'empire à mettre en valeur régulière; c'est une route et un territoire à exploiter. Les indigènes ne peuvent donc pas s'at-

tacher au vainqueur; on le vit lors de l'invasion
des Cimbres. Il fallut, en ce moment d'extrême
péril, après le passage des bandes barbares qui ravagèrent le pays en faisant route vers l'Ibérie, réduire
à nouveau Toulouse qui avait pris les armes et attaqué sa garnison. Le consul Cépion en profita pour
piller la ville indigène et confisquer l'or accumulé
par les dévots gaulois dans les enceintes et les
étangs sacrés, « l'or maudit de Toulouse », tant de
fois volé aux Dieux. Les Tectosages y perdirent leurs
privilèges de fédérés romains (106). Ce mouvement
avait été isolé; la région, dans son ensemble, avait
sans doute eu de la répulsion en face de la sauvagerie barbare. Mais lorsque Sertorius, chef d'une
armée romaine et s'appuyant sur la province d'Ibérie,
tenta la fidélité des provinciaux, ceux-ci se soule-
vèrent de Narbonne à Marseille que le gouverneur
Manius Fontéius dut dégager.

Le gouvernement de Fontéius en Transalpine, qui
dura trois ans, de 79 à 76, nous renseigne, à travers
le plaidoyer de Cicéron pour le préteur accusé de
péculat, sur cette période de l'annexion. Les décla-
mations de l'orateur sur la défense sacrée de la
culture latine contre la barbarie sont arguments
d'avocat. La province, lien nécessaire entre l'Italie
et l'Espagne, est alors, comme elle resta pendant les
campagnes de César, une base d'opérations militaires, un centre d'approvisionnement, de fournitures
en vivres, en argent, en hommes; la proie, en
outre, des administrateurs, des trafiquants, des spé-
culateurs, des entrepreneurs de travaux agricoles
sur les terres confisquées, des usuriers, une matière
coloniale enfin, dans le mauvais sens du mot.

Ce n'est qu'avec la pacification amenée par la victoire de César et surtout avec le principat d'Auguste, que la Province connut l'ordre et commença de recueillir les bénéfices de l'organisation romaine.

Ils furent tels que la région, déjà isolée du reste de la Gaule pendant les campagnes du conquérant, ne prit aucune part aux rares mouvements qui purent se produire dans les Gaules, au cours de quatre siècles, contre la domination romaine. Elle n'avait en effet éprouvé à sa condition nouvelle qu'un changement de forme et de destination dans l'impôt et le service militaire. L'ordre rétabli, elle garda ses institutions locales, sa religion, sa langue, tout ce qui faisait la vie de ses cités et y gagna une prospérité économique auparavant inconnue d'elle. Dès le premier tiers du premier siècle de notre ère, Narbonne était, avec Lyon, l'un des deux centres du culte de Rome et d'Auguste et une inscription découverte près de Narbonne nous renseigne sur le caractère de cette religion impériale.

Auguste avait, en effet, réglé lui-même l'organisation du territoire qui, à partir de l'an 27 avant Jésus-Christ, forma, sous le nom de *Narbonnaise*, une province distincte dans la Gaule transalpine.

En 27, date de la constitution organique de l'Empire, Auguste s'installa à Narbonne pour donner à la Narbonnaise son statut qu'elle garda si longtemps. Ce fut une province type, étant la plus ancienne des Gaules. Transmise au Sénat, avec le titre de province prétorienne, elle ne reçut donc point, en raison de sa tranquillité, une formule d'administration militaire et son chef fut un gouverneur civil. Sous l'autorité du Sénat, ce personnage, un proconsul d'ordinaire, surveillait les opérations du recensement, de la levée d'impôts, du recrutement quand il y avait lieu, avait la conservation du domaine public et dispensait la justice qui se conforma rapidement aux principes du droit romain, rigoureux, mais apportant aux populations l'avantage de les affranchir de la domination sacerdotale et des liens du clan.

Sous cet ensemble uniforme subsistait, dans les croyances et les coutumes respectées, l'autonomie communale, avec des magistrats élus, les *duumvirs* ou *quatuorvirs* et les *décurions,* tandis que les intérêts généraux finirent par trouver leur expression dans les assemblées provinciales réunies d'abord pour la seule célébration du culte de Rome et de l'empereur. Et c'est ce qui explique la solidité et la durée de ce régime.

En Narbonnaise, les Romains, grands créateurs de vie urbaine, n'eurent pas besoin de commencer par là leur œuvre. Des villes anciennes, bien antérieures à la conquête, jalonnaient déjà la voie Héracléenne, ou marquaient les passages de la plaine à la montagne, depuis le Rhône jusqu'à l'Aquitaine.

Ils se contentent d'abord d'organiser en *cités* les anciens États gaulois avec la ville principale pour centre; ses subdivisions ou cantons, les *pagi,* et, au-dessous, les *vici,* qui parfois, comme autour de Nîmes, prédominent. Strabon nous montre là vingt-quatre districts dont une inscription célèbre nous a conservé une partie. Ils font peu de fondations nouvelles, sauf aux points où le commandent soit la nécessité de marchés à ouvrir, comme à *Forum*

Domitii, au nord de Mèze (Montbazin ?), soit la surveillance à exercer sur des régions récemment
réduites, comme à Alba Augusta (Aps en Vivarais) ;
Revessio (Saint-Paulien) en Velay ; Javols en Gévaudan.

En revanche, ils établissent dans les vieilles villes
des colonies de citoyens romains, les colonies *romaines* reproduisant dans la province l'image de
Rome, ou des colonies de vétérans, pourvus de
droits civils, garantie de la propriété et de la famille,
les colonies *latines.* Leurs noms indiquent leurs
fondateurs et leurs éléments constitutifs. Dans le
territoire qui fut plus tard le Languedoc on compte
comme colonies romaines : Narbonne, de fondation
antérieure, mais renouvelée par César (*Colonia Julia
Paterna Narbo Martius Decumanorum,* le dernier
mot indiquant l'adjonction des vétérans de la
dixième légion) ; Béziers (*Colonia Julia Septima-
norum Bæterræ,* avec les vétérans de la septième
légion).

Les colonies latines étaient : Nîmes (*Colonia Augusta Nemausus*) ; Lodève (*Colonia Claudia Lu-
teva*) ; Carcassonne (*Colonia Julia Carcaso*) ; enfin
Toulouse (*Tolosa*), d'après certains témoignages.

Plus tard s'y ajoutent *Sextantio* (Substantion) au
Nord-Est de Montpellier, *Cessero* (Saint-Thibery),
Piscennæ (Pézenas).

Autant de colonies que de cités, puissant moyen
d'assimilation ; bientôt la condition de ces *Latins,*
pour les sûretés qu'elle procure, est sollicitée ; leur
droit est, à plusieurs reprises, conféré à des groupes entiers. Puis c'est le droit complet de la cité
romaine ; et le mouvement continue jusqu'à l'édit de

Le dyke du Puy. — Un canyon du Tarn : les Détroits. (*Phot. Sites et monuments du T. C. F.*).

Pl. I.

Caracalla qui, pour un avantage fiscal, entre 212 et 217, octroie le titre de citoyen à tous les habitants de l'Empire. Mais déjà bien avant, dès l'époque de César, on avait vu, au grand scandale des vieux Romains de Rome, des Gaulois de la Narbonnaise arriver aux honneurs réguliers et entrer au Sénat. Ils avaient devancé l'initiative bienveillante dont témoigne le discours de Claude à Lyon. C'est qu'ils s'étaient déjà fait une mentalité, un patriotisme romains, et, à leur exemple, la Province entière.

Telle elle demeura sous les Césars, sous les Flaviens ; l'un des Antonins, Hadrien, décide à Nîmes, en l'honneur de l'impératrice Plotine, veuve de Trajan, la construction d'une somptueuse basilique. Celui de ces princes qui donna son nom à la dynastie, le plus aimé des empereurs, était d'une famille originaire de Nîmes.

Les luttes dont l'Empire fut le théâtre, les attaques qu'il eut à repousser aux iie et iiie siècles ne purent altérer la fidélité de la Province. Elle reste romaine encore, même lorsque les prétendants gaulois se disputent le pouvoir, et c'est pour avoir défendu l'Empire contre les Barbares que Postumus et Tétricus furent chez elle populaires.

Mais bientôt le soin de cette défense, la complexité administrative amènent des morcellements.

A la fin du iiie siècle, sous Dioclétien, la Viennoise est créée, fragment détaché de l'ancienne province. Celle-ci se subdivise plus tard, vers 381, en Narbonnaise seconde, métropole Aix, et Narbonnaise première, métropole Narbonne.

La Narbonnaise première, qui figure dans son ensemble le futur Languedoc, a, dans la *Notitia dignitatum*, l'annuaire impérial (400-417), conservé comme divisions ses anciennes cités, sièges de colonies : Narbonne, Toulouse, Béziers, Lodève, et Nîmes, avec le château d'Uzès (*Ucetia*). C'est en cet état que la trouvèrent les grandes invasions.

Elle avait gardé ses mœurs, sa culture, sa physionomie. La discipline et l'éducation romaines y avaient fixé, puis développé les germes de civilisation qu'elle tenait des influences helléniques propagées le long de ses rivages.

La société y avait donc évolué selon les formes de l'antiquité classique ; si la prépondérance acquise à l'aristocratie par l'ancienne organisation du clan y subsiste, fondée sur la possession de la terre, du moins des lois d'un caractère général y garantirent longtemps aux hommes libres, de condition inférieure, la communauté de certains droits et une sécurité permanente ; et l'accès aux rangs supérieurs fut ouvert à l'intelligence et à l'activité, surtout pendant la longue période de paix qui coïncide avec le développement de la vie urbaine, du 1er siècle à la fin du IIIe. Il y a eu en Narbonnaise, plus tôt que dans le reste de la Gaule, une noblesse *équestre* accessible aux possesseurs de la fortune mobilière ou titulaires des fonctions d'État, comme il y a eu une noblesse municipale. Au-dessus, la noblesse sénatoriale se recrute parmi les grands propriétaires, maîtres des vastes domaines, ou *fundi*, au centre desquels s'éleva la *villa* riche et ornée, voisine de l'exploitation rustique, avec son peuple d'esclaves et de colons. Très multiplié dans la Narbonnaise, ce mode de propriété et d'habitat y a été plus tard le noyau des très nombreux villages ou bourgs qui se succèdent dans la zone intermédiaire entre la garrigue et la mer et se reconnaissent à la terminaison de leur nom en *an, au* et *argues* ou *crgues*. Ces noms sont la transformation phonétique de l'adjectif formé avec le nom de leurs propriétaires. Les désinences en *ac* désignent une origine volque.

Quand le pouvoir central s'affaiblit et que les invasions devinrent plus fréquentes, ce furent là des centres d'administration et de défense rurales. Plusieurs de ces demeures furent fortifiées et le patronage du propriétaire prépara les groupements isolés qui plus tard marquent la société féodale. Mais avant ce moment qui s'annonce dès la fin du IIIe siècle, ce fut la forme urbaine de civilisation qui demeura longtemps le fait dominant. Aux villes aboutit, pour s'y consommer, la production agricole, fournie par le travail de la plèbe rurale et dont les éléments caractéristiques en Narbonnaise sont l'huile et le vin. Restreinte d'abord par les Romains afin de sauvegarder les intérêts de la culture en Italie, cette production spéciale finit par prendre dans la région et au dehors, surtout à partir de l'empereur Probus, l'importance que lui donne le climat. Les vins de Béziers étaient déjà connus. Ces villes sont aussi le siège d'une industrie active organisée en corporations nombreuses, depuis les *centonaires*, ou fabricants de bâches et les potiers d'amphores d'Ugernum (Beaucaire), les charpentiers, forgerons, céramistes de Nîmes et de sa banlieue, jusqu'aux ouvriers de la batellerie narbonnaise et aux tisserands de toile du pays toulousain. Nombreuses sont les inscriptions qui nous instruisent sur l'organisation des corporations urbaines et des collèges de « petites gens », parfois adorateurs de divinités locales, tels que les servants du culte de la fontaine de l'Eure, à Nîmes.

Cette activité, le travail des mines, les transports qui en résultent sont favorisés par un admirable réseau de routes déjà indiqué dans cette région de circulation ancienne, à partir d'Arles où aboutissent deux grandes voies, la voie Aurélienne et la voie Domitienne, cette dernière se prolongeant jusqu'à l'Espagne. Établie d'abord en terrains bas et marécageux entre Beaucaire et Nîmes, elle se dirigeait vers l'Ouest, franchissait à *Ambrussum* (près de Lunel), par un pont dont subsistent deux arches, le fleuve côtier du Vidourle, puis suivant la bande de contact entre la garrigue et la plaine alluviale, passait à *Sextantio* (Nord-Est de Montpellier), à *Cessero* (Saint-Thibery) au Nord d'Agde, coupait l'Orb à Béziers et, à Narbonne, s'infléchissait au Sud sur les dernières pentes des Corbières vers la mer pour gagner *Ruscino* (Castel-Roussillon), de là, *Illiberis* (Elne) et atteindre *Portus Veneris* (Port-Vendres). Au delà de Narbonne, vers l'Ouest, la route se dirigeait sur Carcassonne, suivait le seuil du Lauraguais pour aboutir à *Ebromagus* (Bram, Aude), puis à Toulouse.

C'est là l'artère principale suivant le grand axe de la Province. Mais sur elle se sont amorcés dans la suite de l'occupation romaine, d'autres tracés, correspondant la plupart du temps aux vieux chemins, aux anciennes pistes pénétrant dans les articulations de la montagne, redressés et élargis. Plusieurs à l'Est, par les vallées du Doux et de l'Ardèche, menaient au cœur du Vivarais et du Velay; par la Cèze et les Gardons, d'autres gagnaient, entre le Goulet et le mont Lozère, le collet de Villefort, puis la trouée de l'Allier, et l'un d'eux, qui partait de Nîmes avec étape à *Ucetia* (Uzès), était la route des *Helviens*. Celle des *Gabales*, amorcée aussi à Nîmes, remonte par le Gardon d'Anduze à Barre des Cévennes, le long du Tarnon, atteint Florac, Mende et l'Auvergne ; sa ramification vers les gorges de l'Allier par Alais est des plus connues ; c'est la *voie Regordane* qui dut son nom à l'empereur Gordien.

La route des Rutènes part aussi de Nîmes, emprunte le cours du fleuve côtier le Vidourle et le seuil de la Cadière entre Vidourle et Hérault, va, par Quissac, Sauve, Ganges et le Vigan, jusqu'aux croupes distribuant les eaux entre les affluents du Tarn. Les fissures entre les causses et les blocs anciens de l'Aigoual et de l'Espinouze ont laissé à une route romaine sa place, le long des eaux limpides et froides des *canyons*, aux lisières du Larzac, de Lodève à Millau. Enfin, à Toulouse, la voie Domitienne elle-même bifurquait, dirigeait une branche au Nord vers le pays des Cadurques, une autre à l'Ouest vers celui des *Ausci*.

Les principales étapes sur cette voie sont autant de grandes villes.

Nîmes est restée la plus riche en monuments qui lui font encore, par places, un aspect à demi romain. La « ville aux sept collines », comme on l'a parfois appelée à l'image de Rome, fut l'objet de faveurs impériales, dès le début du Principat. C'est aux « deux princes de la Jeunesse », fils adoptifs d'Auguste, que fut dédié, en l'an 1 de notre ère, ce temple, la Maison Carrée, où l'harmonie des proportions et la délicate simplicité des ornements réalisent le type le plus pur de l'architecture gréco-romaine.

Son amphithéâtre qui ne fut achevé qu'après Domitien, les Arènes, est au contraire caractéristique de l'imposante et robuste construction romaine, avec le plein cintre de ses hauts arceaux et le cube de ses vastes gradins, taillés pour recevoir plus de vingt mille spectateurs. Le même style sévère marque la Porte d'Auguste, reste de l'enceinte bâtie en l'an 16 avant J.-C. Plus composite est l'édicule connu sous le nom impropre de Temple de Diane, où le charme d'influences alexandrines reconnaissables dans la décoration s'ajoute au charme du site. C'était un monument en forme de nef relié au Nymphée et aux Thermes qu'alimentait la source toute voisine. L'ensemble était le domaine de la divinité des eaux, le dieu Némausus, antique patron de la Cité. Au sommet de la colline d'où sourd le flot, la mystérieuse Tourmagne enveloppe peut-être, de sa haute chape octogonale de pierre, la vieille tour d'angle de l'enceinte gauloise qui veillait sur l'*oppidum* primitif et la fontaine sacrée.

A ces eaux s'ajoutaient celles des sources de l'Eure et de l'Airan, née près d'Uzès, amenées par un aqueduc dont le Pont du Gard n'est qu'une section restée debout, ordonnance de colossale eurythmie, en plein ciel par-dessus le cours du Gardon, d'impression surprenante avec ses trois étages d'arcades ouvrant leur cintre sur le profil des collines et la perspective de la rivière.

Ville d'industrie, de commerce, de luxe, où le sous-sol révèle aux fouilles les restes de somptueuses mosaïques, Nîmes conserve encore les traces de curieux apports étrangers dont témoignent ses monnaies, attestant la provenance orientale de ses colons militaires, et son épigraphie signalant des confréries religieuses vouées au culte d'Isis et d'Anubis. Mais la persistance des traditions gauloises mêlée à la pratique des mœurs de Rome dont elle a gardé la forte empreinte en ont fait la cité la plus représentative, en Narbonnaise, de la période gallo-romaine.

La vieille cité de Béziers, qui avait conservé son nom ibérique de Baeterrae, commandant le cours de l'Orb du haut de son plateau, semble avoir décliné après le Ier siècle, lorsque dans une province pacifiée, éloignée des frontières, la force d'une position militaire dut moins compter. Elle garda, grâce à son vignoble, son importance économique.

Avec Nîmes et, pendant deux siècles, avant Nîmes, Narbonne fut la principale ville de la Province, dont elle demeura la capitale, même après son déclin. Ses ports aujourd'hui comblés avaient un moment recueilli l'héritage de Marseille et augmenté en fortes proportions le trafic établi depuis de lointaines époques au coude des routes du sud-ouest. Mais à l'écart de la grande voie historique du Rhône, ruinée par un incendie, sous le règne d'Antonin, elle eut quelque peine à se relever malgré la munificence impériale, perdit le bénéfice de la résidence proconsulaire, transférée à Nîmes, finit cependant par reconquérir son rang aux derniers temps de l'Empire, recevoir, au témoignage d'Ausone, « dans ses rues populeuses, le tribut du commerce oriental; dans sa rade, les visites des flottes d'Afrique et de Sicile ». Les monuments qui attestaient cette grandeur ont disparu dans leur ensemble, mais ses riches collections épigraphiques en portent témoignage.

Le rôle de forteresse gardienne du seuil de Naurouze que tenait Carcassonne y avait fixé l'établissement d'une colonie; la ville ne paraît pas avoir dépassé cette fonction. Mais elle assurait la communication avec Toulouse destinée à une glorieuse prospérité, dont la fortune semble avoir été contrariée par sa défection lors de la guerre des Cimbres.

La capitale des Tectosages avait pourtant de bonne heure connu une activité et une richesse qu'explique sa situation centrale dans le bassin de la Garonne, en un point de convergence d'affluents et de routes. Ses sanctuaires et ses lieux sacrés pillés par Cépion le prouvent : la cité « palladienne », comme la nomme Martial, avait déjà retrouvé, au moment où écrit le poète, son renom de ville policée et lettrée qui s'accrut par la suite. Elle eut son Capitole et ses écoles, étendit ses rues au delà de la rampe de collines bordant le fleuve qui étaient l'assise de son oppidum primitif. Les belles œuvres d'art découvertes à Martres-Tolosane attestent l'influence exercée dans la région par la vieille cité.

Moins importantes et partant moins connues par les textes anciens étaient les stations établies depuis des temps reculés pour servir les communications entre plaine et montagne. On sait peu de chose sur la ville d'*Alba Augusta*, la capitale des

Helviens, Aps, en Vivarais, qui a repris récemment
son nom antique; mais là, comme à Saint-Paulien,
la *Revessio* des Vellaves, à Lanuejols et à Javols
(*Anderitum*), dans le pays des Gabales, des vestiges
divers, débris de céramique, cippes, inscriptions,
tombeaux, témoignent d'une activité prolongée.
Moins apparente en d'autres points, cette vie de
relation explique cependant les stations, marchés
et *castella* ou postes fortifiés d'où ont pris naissance les villes d'Uzès, d'Anduze, d'Alais, mieux :
Alès, du Vigan, gardiennes des routes de pénétration en Cévennes. La capitale des Rutènes du sud,
Albi, n'apparaît que plus tard, au vie siècle.

Peu de temps après la conquête, partout, à des
degrés divers s'est répandue cette culture qui ac-
compagne, en général, l'organisation romaine, mais
qui trouvait dans la région un terrain préparé par
les influences anciennes de civilisation hellénique.
La diffusion de la langue latine y est attestée par
des milliers d'inscriptions. Sans doute la langue celtique subsiste, comme la race, mais elle cesse
d'être en usage au vie siècle, elle n'a fourni que
peu d'éléments au roman qui apparaît alors et n'est
que la transformation du latin vulgaire ou populaire.
C'est que Rome était restée la cité dominante, maîtresse, aussi bien dans l'enseignement que dans
l'administration et les mœurs.

Ses écoles ou *auditoria*, richement dotées par les
villes et l'État, où enseignent des maîtres latins et
plus tard les Gaulois latinisés, où se pressent les
corporations d'étudiants, semblent n'avoir rien em-
prunté aux traditions gauloises. Celles de la Narbonnaise très vivantes à Toulouse, Narbonne,

Nîmes, ont été naturellement inspirées les premières de la vie intellectuelle de Rome, comme de son histoire et de son activité politique. Plusieurs de leurs professeurs et de leurs élèves ont marqué dans l'administration et au forum. Exuperius qui devint gouverneur de province était de Toulouse, où habitèrent des parents du professeur et poète de Bordeaux, Ausone, les liens et les échanges de maîtres entre les écoles de Bordeaux et de Toulouse étant fréquents. A Narbonne se rattache le souvenir du plus ancien, peut-être, de ces lettrés gaulois, le poète Terentius Varro Atacinus; de l'éloquent et courageux improvisateur Votienus Montanus, contemporain d'Auguste et de Tibère; du rhéteur Fronton, qui fut le maître de Marc Aurèle. C'est Nîmes qui fournit à Rome l'avocat le plus célèbre du 1er siècle, Domitius Afer, le classique au goût sobre et délicat, placé par Quintilien au premier rang des orateurs.

Le même caractère d'inspiration et d'imitation romaines se reconnaît dans l'art de la Narbonnaise. A l'importation italique semblent dues les plus belles statues. Mais les marbres employés à Martres Tolosane qui proviennent de carrières voisines, les portraits, parfois d'un réalisme saisissant, que nous ont conservés les monuments funéraires de Nîmes, exécutés en calcaire du pays, les bas-reliefs et les ornements de sarcophages évidemment taillés sur place font apparaître des écoles locales, sans qu'on puisse déterminer avec précision dans leurs œuvres la part de l'originalité indigène et celle des influences étrangères, sauf quand ces dernières se décèlent par les procédés ou par le choix de sujets familiers soit au symbolisme classique, soit au symbolisme oriental.

Plus d'indépendance est à noter dans la pratique des arts industriels, surtout dans la verrerie et le travail des métaux. Là, des traditions plus anciennes sans doute, ont maintenu, en présence de la technique romaine, la marque de l'invention gauloise. Tel est, entre autres exemples, le caractère de la céramique de *La Graufesenque*, cité industrielle située en face de l'emplacement actuel de Millau, sur la rive gauche du Tarn. Fabriquée en un point d'où la diffusion des produits était facile par les routes des Cévennes, cette céramique à vernis rouge a, du IIIe siècle avant Jésus-Christ au Ier siècle de notre ère, concurrencé, puis remplacé la poterie campanienne sur les principaux marchés de la Méditerranée occidentale.

L'art, comme la société, allait se modifier dans la Narbonnaise au déclin de l'Empire, lorsque s'affaiblit l'action de l'administration centrale.

Aux cultes officiels qui avaient peu à peu transformé les types divins de la religion gauloise, en les absorbant, et laissé vivre au-dessous d'eux les croyances populaires ; aux mystères de Mithra et de la Cybèle asiatique si répandus pendant le IIIe siècle dans le midi de la Gaule allait succéder le christianisme avec sa conception nouvelle de la fraternité égalitaire dans la foi et le cortège des symboles figurés autour de ses autels et des tombeaux de ses fidèles.

Mais, en cette terre toute pénétrée de la tradition antique, la propagation des idées chrétiennes fut lente et tardive. Si, dès le IIe siècle, il a pu exister

quelques étroites et secrètes associations de frères
dans les villes de la côte en rapports directs avec
l'Orient, la masse de la population reste étrangère
au mouvement. Narbonne, malgré le milieu favorable de navigateurs, marchands, ouvriers qu'elle

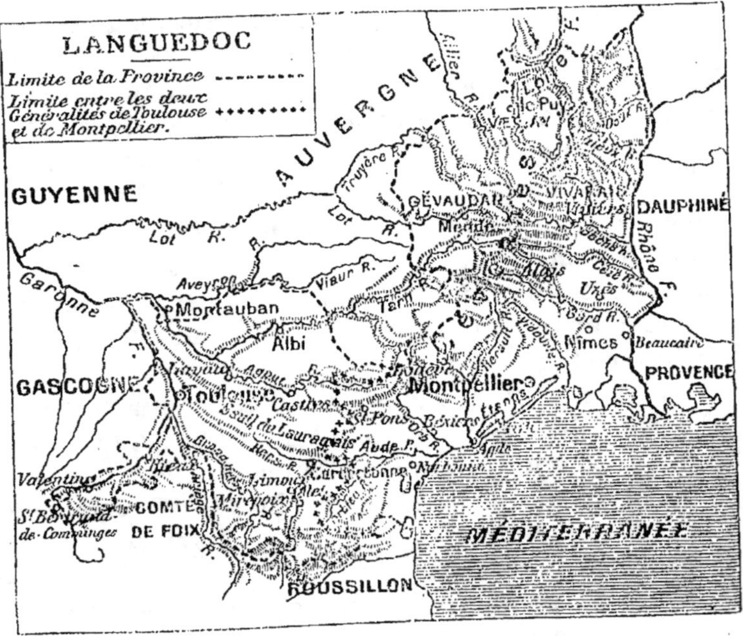

Carte de la province de Languedoc.

fournissait aux prédicateurs, dépendit longtemps
de l'Église de Lyon, la seule qui existât en Gaule.
On place vers 350 le martyre de saint Sernin,
évêque de Toulouse. Du même siècle peut encore
dater l'Église de Béziers. Mais les Fastes épisco-
paux de Mgr Duchesne ne donnent point d'évêque à
Nîmes avant 396 et à Lodève avant 421.

De bonne heure, cependant, après la reconnaissance officielle du culte chrétien, quelque activité apparaît en Narbonnaise première dans les communautés de fidèles. Des conciles s'y réunissent : à Béziers, en 356, où domina l'arianisme ; à Nîmes, en 393, où fut combattue la doctrine ascétique et mystique de Priscillien, suivie peu après par la réaction que provoqua la parole du prêtre Vigilance. La Province était déjà terre d'hérésies et de débats théologiques. Sulpice Sévère y avait enseigné avant de composer la *Vie* célèbre d'où sont sorties la légende et la latrie de saint Martin de Tours. Des basiliques s'y construisent. Le plus ancien vestige qui reste d'église chrétienne construite en France est au Musée de Narbonne : l'inscription célèbre découverte à Minerve (Aude) où est consignée la fondation d'une riche basilique par l'évêque Rusticus (442-446). La nouvelle religion approprie déjà à son usage, en les transformant, les traditions et les œuvres de l'art antique, basiliques, sarcophages et autels, comme l'enseignement des antiquités classiques professé dans les écoles de Narbonne et de Toulouse qui subsistent encore.

A la suite des invasions cette société méridionale allait s'altérer profondément, en attendant la pression du catholicisme unitaire, puis l'effort centralisateur et niveleur de la royauté française. Mais c'est de cette culture romaine et chrétienne que la Province de Languedoc est issue.

IV

LES INVASIONS

*Des Vandales aux Sarrasins. — La Septimanie et l'Aquitaine.
Les Carolingiens.*

Si la Narbonnaise première fut, dès le début
des invasions, un chemin de peuples, elle garda,
moins peut-être que d'autres régions, leur
empreinte. Rapide fut le passage en 407 des Vandales, Suèves et Alains en route pour l'Espagne.
Les ravages que nous signalent les chroniqueurs
du temps en termes émus et vagues, d'ailleurs, ont
laissé éparses des traces d'incendie. Mais les villes
subsistent, la culture des champs et la civilisation
urbaine reprennent ; la domination romaine semble
encore intacte. Le seul peuple qui ait pu avoir une
influence réelle sur la province fut celui des Wisigoths, moins par leur nombre que par la durée de
leur séjour. Une de leurs bandes, d'abord à la solde
de l'empire, traverse la Narbonnaise en 412, occupe
Narbonne, probablement Toulouse, sans s'établir
fortement nulle part.

Mais un retour des Wisigoths se produit en 419
et leur roi obtient de l'empereur Honorius la cession d'une partie de l'Aquitaine, avec Toulouse
comme capitale. Les Wisigoths combattent à côté

des Romains dans la bataille de Châlons contre Attila; ils défendaient leurs concessions de terres. Mais à leurs possessions d'Aquitaine ils n'ajoutèrent Narbonne et le reste de la Narbonnaise jusqu'au Rhône qu'en 462, sous Théodoric, le tuteur redoutable du faible empereur Libius Sévère. L'État wisigothique, sous Euric, puis Alaric II, atteignit la Loire lorsqu'il se heurta au récent royaume des Francs. Il n'avait été officiellement séparé de l'Empire qu'à partir de 476, si l'on s'en rapporte aux témoignages contemporains.

La défaite des Wisigoths par Clovis à Vouillé (507) réduisit de beaucoup leur domaine; mais ils se maintinrent encore, malgré plusieurs expéditions franques, jusqu'à la campagne de Pépin le Bref contre les Sarrasins, au milieu du viiie siècle, dans la région comprise entre Carcassonne et le Rhône et qui s'appela *Septimanie* ou *Gothie*.

Pendant cette période la domination franque s'exerce en Aquitaine et les princes mérovingiens combattent les Wisigoths de Septimanie sans les réduire.

Une aussi longue occupation du sol romain par des barbares aurait dû, semble-t-il, y laisser des traces durables. Elles ne sont très apparentes ni dans les centres urbains, ni dans les milieux ruraux.

C'est d'abord, peut-on supposer, parce que ces occupants étaient peu nombreux. Avec sa précision coutumière, Fustel de Coulanges n'évalue qu'à une trentaine de mille hommes les forces de Wallia lors de son établissement à Toulouse, et les déchets inévitables au cours de tant de guerres sont pour justifier son opinion. Des contingents plus ou moins volontaires d'indigènes ont dû, dans le pays même, grossir les effectifs ennemis.

C'est ensuite parce que ces barbares longtemps à la solde de Rome sont, en quelque mesure, ouverts à son esprit et à sa discipline, hésitants devant une forme de civilisation supérieure. Des récits contemporains le prouvent; mieux encore le code des Romains en pays Wisigoth, le célèbre *Bréviaire* d'Alaric II proclamé par ce roi en 506 à Toulouse, sa capitale, et qui est d'inspiration romaine; l'essai même de lois communes aux deux peuples tenté au viie siècle par un souverain Wisigoth et qui conserve, à côté d'un effort pour rétablir les coutumes germaniques, des traditions de droit romain. Les deux peuples ont pu vivre côte à côte, se mêler même, malgré les actes de violence, probablement fréquents, qui ont accompagné l'occupation. Sans imposer aux Gallo-Romains leur langue et leurs mœurs, les nouveaux venus se contentèrent d'exercer à leur profit le pouvoir que les empereurs avaient laissé se dissoudre entre leurs mains impériales devenues faibles. Le partage même des terres, où la part faite aux Wisigoths est parfois évaluée aux deux tiers, n'atteignit pas toutes les propriétés des Gallo-Romains, mais seulement, semble-t-il, celles des grands possesseurs de biens fonds. Déjà le domaine public, celui du fisc impérial avait pu suffire à de larges distributions.

Et l'on comprend dès lors la juxtaposition qui finit par s'établir pour survivre même à la victoire des Francs, de trois conditions légales d'hommes, jugés d'après la tradition de droit qui suivait leurs

Le labourage en Lauragais, *d'après J.-P. Laurens.* — Aspect de Causse et ville de Prades (Lozère). (*Sites et monuments du T. C. F.*).

Pl. II.

origines : Romains (c'est-à-dire Gaulois romanisés);
Francs; Wisigoths.

On comprend aussi la fusion des deux races et
comment la masse des Gallo-Romains put absorber
l'apport barbare, isolé de la lointaine Germanie, ne
s'y renouvelant plus.

C'est pourquoi l'archéologie ne peut attribuer avec
quelque certitude aux Wisigoths aucuns restes notables de monuments ou de travaux publics. Seules,
de rares inscriptions, des sépultures en dalles plates
et des sarcophages monolithes où persiste, défor-
mée, la tradition antique, attestent leur séjour, avec
les monnaies sorties de leur unique atelier moné-
taire, établi à Narbonne. Leurs plaques de cein-
turon, boucles, fibules et bagues témoignent d'un
style plus original, d'une science d'orfèvres et
d'émailleurs, qui se rattache peut-être à des techniques byzantines et orientales.

Plus profondément gravée dans le souvenir des
populations méridionales, encore présente dans
leurs vieilles chansons et leur folk-lore, resta l'i-
mage confuse des Sarrasins, des « *Maures Sarrasins* ». « *Port Sarrasin* » fut longtemps le nom de
Maguelone qui servit peut-être d'abri à leurs pirates; *pierre, tour, pont, camp sarrasin*, ainsi s'appellent encore dans les campagnes languedociennes
quelques ruines et tènements, sans que, d'ailleurs,
aucune notion précise s'associe à ces termes. Cette
persistance d'impression tient-elle à la violence de
l'invasion arabe qui, dès 719, peu après la rapide
conquête de l'Espagne, ruina Narbonne et étendit
ses ravages sur la Septimanie entière? Ne peut-on
l'expliquer plutôt par la continuité de la prédication

catholique contre les Infidèles et l'idée de la croisade toujours vivante contre l'Islam, alors que l'hérésie arienne des Wisigoths était depuis longtemps oubliée, surtout par le voisinage de l'Espagne asservie à l'Islam; par les chansons de geste et les légendes colportées le long des chemins de pèlerinage, si fréquentés dans la région? Toujours est-il que ce pays qui a subi tant d'invasions jusqu'au XIII° siècle, a, de préférence, gardé la mémoire, évidemment pour des raisons contraires, de l'occupation romaine et de l'invasion arabe.

Les Sarrasins, dans le Languedoc historique, ont détruit, n'ont rien fondé. A Narbonne où ils se maintinrent pendant quarante ans, aucun vestige de monument, aucune inscription ne peuvent leur être attribués. Ils n'eurent, d'ailleurs, pas le temps de superposer, comme en Espagne, leur civilisation à celle du pays. Défaits d'abord par le duc d'Aquitaine, Eudes, qui réussit à protéger sa capitale, Toulouse, ils n'en emportent pas moins Carcassonne et Nîmes, poussent leur cavalerie vers le Rouergue, le Velay et jusqu'à Autun. Retardés un moment par la résistance de leurs contingents berbères, ils revinrent en 732. Il fallut, pour briser leur élan à Poitiers, les Francs d'Austrasie et Charles Martel. Mais ils restaient maîtres de la Septimanie. Les chasser de la région wisigothique où des comtes à peu près indépendants avaient traité avec eux fut l'objet de deux expéditions en 735 et en 737, marquées par la reprise d'Avignon et le siège de Narbonne dont la garnison musulmane résista. Au retour, Charles Martel détruisit les fortifications de Béziers, Agde, Maguelone, incendia, croit-on, le refuge des Sarrasins dans les Arènes de Nîmes. Dès lors l'invasion arabe était arrêtée ; les dissensions religieuses du Maghreb lui enlevaient d'ailleurs ses principaux éléments. Quand elle se renouvela, elle prit la plupart du temps la forme d'incursions et de razzias. En 759, Narbonne se rendait à un lieutenant de Pépin le Bref, et lorsque, après l'expédition de Charlemagne au delà des Pyrénées, une tentative fut faite en 793 par les Musulmans pour reprendre le terrain perdu, elle échoua. Mais elle avait été marquée par un incident significatif : le duc de Toulouse, Guillaume, dont l'Eglise a fait un saint sous le nom de Guillaume de Gellone, le pieux et vaillant héros de la chanson de geste, avait été battu dans une rencontre près de Villedaigne sur l'Orbieu.

Les seigneurs d'Aquitaine et de Septimanie n'avaient pu, même sous la conduite d'un chef parent de Charlemagne, assurer la défense du territoire. Si l'occupation arabe ne se maintint point, ce fut devant l'organisation du royaume carolingien et la fondation de la marche d'Espagne qu'elle recula.

Le service rendu rétablit pour quelque temps, en pays aquitain, la domination franque du Nord, assez pour en fonder la tradition, qui put se retrouver et être invoquée plus tard, une fois passée la période féodale de l'indépendance anarchique. Et l'Eglise y aidera, mettant sa forte organisation unitaire au service de la monarchie française, comme elle avait, dès le iv⁰ siècle, soutenu, parfois suppléé le régime romain, puis du v⁰ au vii⁰, l'autorité des rois orthodoxes mérovingiens.

Les garanties de force militaire réclamées par la

défense du pays contre l'Islam paraissent, pour une part, expliquer comment la dynastie régionale fondée en Aquitaine par le duc Eudes n'avait pu durer contre les Carolingiens, malgré l'obstinée résistance de ses descendants Hunald et Waïfer qu'appuyaient l'humeur belliqueuse de la Vasconie et la faveur du clergé local.

Mais, pacifiée dès Charlemagne, l'Aquitaine ne fut gouvernée que de loin par les héritiers, rois de la région à titre personnel. Elle atteint, avec la cité de Toulouse, sans changements notables, le moment où, là comme ailleurs, sur toute l'étendue de la Gaule franque, cette ébauche d'un État vassal se dissoudra dans le morcellement féodal. L'ensemble évoluera de nouveau, par le travail d'une maison seigneuriale, vers un groupement de possessions dont héritera, au XIIIe siècle, la royauté française à qui l'Église avait ouvert les voies.

Une évolution analogue, une destinée commune associent désormais à l'Aquitaine la Septimanie, partie orientale du futur Languedoc, des Cévennes à la mer. Disputée entre les Francs, vainqueurs des Burgondes, des Wisigoths et des Sarrasins, la Septimanie conserva cependant plus longtemps que sa voisine son individualité. Réunis par Pépin et Charlemagne à l'empire franc, les territoires des anciennes cités romaines de Narbonne, Lodève, Béziers, Nîmes, visités par les *missi* ou inspecteurs impériaux, n'en forment pas moins une circonscription spéciale dans l'Empire, portant encore le nom de ses premiers conquérants, la marche de Gothie qui rejoint au delà des Pyrénées la marche de Barcelone.

C'est un premier essai d'union avec la région hispanique, union passagère, mais qui devait se renouveler plus tard. Là, en somme, durera quelque temps l'influence des Wisigoths. Très tard encore, peut-être jusqu'au ix⁰ siècle, on y a, dans certaines églises, prêché en langue wisigothique.

Mais, pas plus que l'Aquitaine, ce groupe d'hommes et de districts ne sauvegardera son unité. Il ne conserve pas avec plus de solidité les liens qui le rattachent à l'État carolingien. Passée avec l'Aquitaine du Sud dans l'héritage de Louis le Débonnaire, puis dans celui de Charles le Chauve, la Septimanie suit dans son significatif effort vers l'indépendance l'ancien comte de Barcelone, Bernard ; bientôt s'en détacheront pour se joindre au royaume de Provence fondé par Boson, les comtés de Viviers et d'Uzès. A la mort de Charles le Chauve, en 877, le morcellement de l'autorité qui caractérise l'époque féodale se poursuit dans une région déjà séparée en fait de la France du Nord où réside le titulaire nominal de l'autorité monarchique.

De cette date au règne de Louis VI qui marque l'effort de la nouvelle dynastie pour établir, au delà de ses étroits domaines, la fonction et la puissance du roi capétien, le Languedoc historique, Aquitaine du sud et Septimanie, est resté comme étranger à l'action de la France concentrée sur les bords de la Loire et de la Seine.

Pour près de deux siècles les deux histoires sont distinctes ; la vie politique et sociale, les mœurs, la culture et la langue vont y évoluer à part dans la commune patrie. Les différences tranchées qui se marqueront longtemps entre les deux régions sont-elles causes ou effet? La solution serait délicate à chercher, les éléments en étant complexes et obscurs.

Peu de témoignages, en effet, à recueillir, sur cette période de l'histoire méridionale, des documents écrits ou figurés : les chroniqueurs du Nord sont muets ou rudimentaires à propos du Midi français qu'ils connaissent mal; et il n'y a pas de chroniques composées dans le pays, où les chartes du temps ne portent guère de dates.

Aux genres littéraires qui s'y développperont plus tard n'appartiennent que des œuvres d'imagination, pauvres de renseignements historiques. L'art ecclésiastique ou laïque ne présente pas encore de caractères qui le distinguént nettement et l'approprient à la région où des écoles originales ne sont pas fondées.

Mais on peut néanmoins y discerner l'annonce et le mouvement initial d'une vie propre, le sens d'une orientation économique destinée à durer longtemps. Comme la Provence et beaucoup par l'intermédiaire de la Provence, la Septimanie a une activité commerciale et industrielle, dirigée vers l'Espagne, la Méditerranée, le Levant, que mettent en évidence les monnaies ibériques, italiennes ou arabes circulant dans le pays depuis Charlemagne. Le trafic de Maguelone, devenu port de commerce après avoir été station de pirates, l'atteste, comme celui de Narbonne qui recouvre pour un temps son antique prospérité, abritant, à côté de sa population gothique, ses marchands espagnols et sa colonie juive. Nîmes, à ce moment, utilise pour son industrie, avec les produits régionaux, les importations des pays orientaux qui lui arrivent de Marseille et d'Arles.

Et déjà, dominant de sa discipline fondée sur la tradition, les cadres de cette société où elle a su se ménager sa place, toute-puissante par son influence morale et ses services matériels, l'Église a organisé ses centres d'administration au chef-lieu des anciennes cités, gauloises, puis romaines. L'évêque, encore élu au xᵉ siècle par la communauté des fidèles, n'en est pas moins en chemin de devenir un seigneur féodal, mais d'une nature spéciale.

Car, dans l'affaiblissement de la royauté, il va retenir, des fonctions civiles qu'il a souvent exercées sous la première et la seconde race et des prises que son ministère religieux a exercées sur les âmes, une autorité et un pouvoir dont le souvenir a revécu plus tard dans le nom de diocèses donné à de simples circonscriptions administratives du Languedoc. Et, quand ce clergé laissera, dans la concurrence des intérêts féodaux, s'amoindrir son influence morale et l'étendue de son pouvoir politique, il sera par la papauté même rappelé à une unité d'action qui préparera l'unité de la future Province.

Plus de six siècles avant cette crise qui, pour une part, expliquera la guerre albigeoise, l'Église en Septimanie et Aquitaine a fixé et délimité les sièges de son action. Aux territoires des trois grandes cités de la Narbonnaise Iʳᵉ que mentionne la *Notice des Gaules*, Toulouse, Narbonne, Nîmes, avaient correspondu les évêchés de ces trois villes dès le ivᵉ siècle. Puis les deux territoires plus restreints Lodève et Béziers sont pourvus de leur chef ecclésiastique au début du vᵉ. Au cours des temps, des subdivisions se produisent. L'évêque d'Uzès apparaît dès la première moitié du v° siècle ; celui d'Agde au commencement du siècle suivant ; celui de Maguelone en 589. Ces diocèses étaient des démembrements de celui de Nîmes. En 571, Elne, en 589 Carcassonne sont pris sur l'évêché de Narbonne. « Toulouse maintient jusqu'à la fin du xiii° siècle l'unité de son ressort épiscopal. » Ce seront longtemps les divisions de la province ecclésiastique de Narbonne qui comprend l'ensemble de la circonscription romaine du même nom.

Mais il faut chercher en dehors d'elle les centres religieux des régions qui plus tard firent partie du Languedoc historique, le Vivarais, avec Aps, puis au v° siècle Viviers ; le Velay avec *Ruessium* (Saint-Paulien), ensuite Le Puy ; le Gévaudan, avec Mende ; l'Albigeois, avec Albi ; enfin le pays de Comminges, avec Saint-Bertrand de Comminges, *Lugdunum Convenarum*, la fondation pompéienne. Toutes ces créations semblent remonter à une période comprise entre le milieu du iii° siècle et la fin du v°. Elles gardent, sauf modifications amenées par le soin des intérêts ecclésiastiques, la solidité que bientôt leur assurera la politique pontificale contre la concurrence de la féodalité laïque.

Leur œuvre se complète par celle des abbayes bénédictines, dont l'influence économique et sociale, après la réforme de saint Benoît d'Aniane, fut si forte et si répandue dans la région : au viii° siècle Joncels et Aniane ; au ix°, Gellone (Saint-Guilhem-le-Désert) ; au x°, Saint-Pons de Thomières, où plus tard, comme à Saint-Papoul, comme à Alet, fut érigé un évêché.

De toute cette activité subsistent peu de traces ; les édifices où semble s'être continuée l'imitation maladroite de l'art antique ont été détruits ou rendus méconnaissables sous les remaniements ; quelques fragments sculptés conservés dans une chapelle de Saint-Guilhem-le-Désert, un chapiteau, bénitier de l'église de Sérignan (Hérault), peut-être les murs de base de la crypte demi-circulaire de l'église Saint-Aphrodise à Béziers paraissent être les seuls vestiges de cette architecture religieuse qui n'a pas survécu à l'architecture civile de ce temps.

Peu de documents écrits non plus, en dehors des chartes et de quelques inscriptions. L'École d'Aniane, fondation de saint Benoît, doit être pourtant comptée parmi les écoles monastiques de l'époque carolingienne. Mais la culture littéraire de la région pas plus que sa pensée théologique ne se sont encore dégagées. Leurs caractères propres se marqueront précisément au cours de la période la moins favorable, semble-t-il, dès le premier aspect, à un travail de ce genre, les deux siècles de morcellement féodal.

V

L'ÉPOQUE FÉODALE

Les dynasties languedociennes. — L'état social et politique. — L'autonomie municipale. — Originalité de la civilisation laïque. — L'Église. — Les lettres. — L'art.

L'histoire du pays languedocien, à travers la période comprise entre le xe et le x111^e siècle, est dominée par un fait : le long effort, trop discontinu d'ailleurs, d'une famille féodale, celle des comtes de Toulouse, pour unir les éléments d'un grand fief, dont la constitution, fort avancée vers 1200, profitera finalement à l'unité du royaume de France.

Et c'est bien l'originalité de sa vie féodale qui va donner au futur Languedoc un caractère personnel, plus marqué peut-être qu'il n'a pu l'être en d'autres provinces, affectant son évolution économique, intellectuelle, religieuse, jusqu'au moment où sa culture et sa physionomie se modifieront d'abord sous l'influence prolongée et méthodique de la France du Nord.

Éloignés du siège de la royauté, instable lui-même, oscillant entre Laon, Reims et Paris jusqu'à l'avènement de la troisième race, les seigneurs du Midi languedocien y achèvent plus rapidement et plus complètement qu'ailleurs le morcellement des territoires et de l'autorité.

La plupart de leurs maisons sont fondées dès la mort de Charles le Chauve en 877. Leurs annales éparses, surtout en des documents ecclésiastiques, et quelques chroniques rédigées dans le Nord du royaume, ne fournissent guère qu'une liste de noms, mais encore sait-on, par ces documents, que leurs dynasties sont de bonne heure indépendantes, en fait, du souverain national.

Le dernier acte des Carolingiens qui concerne le Midi date de l'an 955 et il faut attendre 1134 pour voir paraître le premier diplôme capétien relatif à cette région; les troupes féodales du pays de Languedoc ne sont jamais mentionnées qu'après la guerre albigeoise au nombre des contingents fournis à l'autorité monarchique par la haute féodalité.

La barrière du Massif Central avec ses forêts borna pour longtemps l'expansion de la monarchie franque, puis capétienne vers le Sud, malgré le lien subsistant toujours entre l'Auvergne et le Languedoc par les chemins des Cévennes. Les deux dépressions qui auraient donné aux Francs un accès plus facile étaient fermées devant le souverain du Nord par des dominations féodales puissantes : celle du duché d'Aquitaine, à l'Ouest; à l'Est, celles des pays de Gévaudan et Velay, celle du Vivarais rattaché d'abord au royaume des Rodolphins de Bourgogne et devenu, en 1032, terre d'Empire.

De ce côté, deux noms marquent peut-être le souvenir confus d'une limite entre les deux régions et aussi d'une pénétration plus tardive des deux éléments : ceux des communes de Sainte-Croix et de

Saint-Étienne de *Val francisque,* ou *Vallée française,* en Lozère, le long du cours d'un des Gardons supérieurs.

Au Sud du Massif Central, à mesure que s'affaiblit l'action de la royauté, s'opère en toute sécurité ce long travail qui assure d'abord aux mains de leurs titulaires les délégations faites par les rois de la première et de la seconde race : titres et fonctions, commandement militaire et administration de la justice ; puis les passe et les maintient à leurs descendants et successeurs. Les dignités et offices devenus héréditaires ont entraîné avec eux les droits et les revenus régaliens, ont abouti à une souveraineté locale qui ignore, au xe siècle, ou connaît à peine les souverains régnant au Nord de la Loire. Les habitants du Midi regardent ailleurs, vers l'Espagne, l'Italie, l'Afrique, le Levant.

Et, à la faveur de cette séparation d'avec le royaume, le morcellement s'est poursuivi sans obstacles. Sous les grands usurpateurs dont aucun n'est assez puissant pour imposer une hiérarchie réglée, des chefs de rang inférieur se taillent et s'adjugent une place personnelle avec une indépendance quasi complète. Une série d'exemples le prouve : dès la première période d'anarchie, au ixe siècle, on voit rattachés au duché de Provence les comtés de Viviers et d'Uzès ; au duché de Narbonne ou de Septimanie ou marquisat de Gothie, les comtés de Narbonne, Béziers, Agde, Lodève, Nîmes, Maguelone ; au duché d'Aquitaine, les comtés de Toulouse, de Carcassonne, de Razès, d'Albigeois, de Velay et de Gévaudan. Puis les liens se relâchent ; des grands vassaux, le duc de Provence a la

majeure partie de ses possessions en terre d'Empire ;
le duc d'Aquitaine portera son effort vers la Loire,
tandis que se reconstituera au Sud de son Etat l'ancienne Vasconie, le duché de Gascogne ; le marquis
de Gothie se tourne bientôt du côté du Roussillon,
de l'Espagne, et de Barcelone.

C'est donc, semble-t-il, l'indépendance des maisons comtales. Mais les comtes n'en sont pas plus
forts chez eux où continue le travail de dissolution.
Et, fait digne de remarque, leur nombre diminue
avec le temps. Il n'y en avait, d'autre part, jamais
eu beaucoup dans le Midi français, où, sous l'époque
franque, les unités de combat, les *numeri* et les
castra qu'ils commandaient étaient plus rares que
dans le reste du royaume. Vers la fin du x° siècle,
trois familles seulement sont en possession du titre
comtal : celle de Toulouse, celle de Carcassonne,
éteinte vers 934, renouvelée au xıᵉ siècle et qui se
subdivisera bientôt en comtes de Foix et comtes de
Comminges ; celle de Melgueil ou Mauguio, au
diocèse de Maguelone, la plus ancienne, peut-être,
et d'origine franque ou gothique, mais dont le
rôle resta secondaire et les domaines bornés. Le
souvenir attaché à ce comté se fixa surtout quand
il devint terre d'Église.

C'est qu'au-dessous ou à la place des comtes,
leurs lieutenants ou agents à divers degrés, vicomtes
et viguiers, s'étaient haussés à la dignité de com-
mandants indépendants sans contrôle effectif, et,
d'amovibles, s'étaient faits héréditaires.

En une époque où les rapports féodaux n'étaient
pas encore régulièrement fixés, où le suzerain
éminent était trop lointain ou trop faible pour

assurer les obligations de la hiérarchie, cet état de choses peut expliquer à la fois l'instabilité que présentent longtemps les attaches entre les diverses régions du Midi et l'éclosion, comme l'ascension au pouvoir, de bans, de classes et dynasties seigneuriales d'un degré inférieur.

Telle fut, à ses origines, comme le montre A. Molinier, « l'histoire des vicomtes d'Albi et de Nîmes, les Trencavel qui, par mariages, acquisitions, conquêtes heureuses, s'établissent à Carcassonne et dans le Razès, à Agde, à Béziers, multiplient leurs fiefs dans le Toulousain et le Rouergue, sont les adversaires les plus redoutables de leur suzerain, le comte de Toulouse, et ne disparaîtront qu'avec lui dans la crise albigeoise », après avoir essayé un groupement des régions du bas Languedoc.

Tels furent ces vicomtes de Narbonne, héréditaires dès le milieu du xe siècle, luttant au xie contre le puissant archevêque de Narbonne et leur suzerain commun, le marquis de Gothie.

D'autres familles vicomtales ont eu un rayon d'action moins étendu, n'en sont que plus caractéristiques de l'extrême division où s'émiettèrent les seigneuries du pays de Languedoc, mal rattachées entre elles par de lâches liens vassalitiques. Et la plupart de leurs tenures correspondent à des districts de cantonnement de bonne heure pourvus d'une vie autonome, ou à des étapes bien marquées entre la plaine et la montagne.

Ainsi les anciens vicomtes amovibles de Toulouse s'établissent en souverains locaux à Bruniquel, sur l'Aveyron, à l'entrée de la plaine Montalbanaise ; en amont, ceux de Saint-Antonin ; entre Tarn et

Agout, ceux de Lautrec ; sur le versant méridional de la Montagne Noire, ceux de Minerve, trois lignées issues probablement d'anciens viguiers devenus héréditaires.

Au Sud de l'Aude, les seigneurs de Termes en Termenès surveillent le val de l'Orbieu du haut de leur escarpement des Corbières.

La vicomté de Lodève occupe le district et la route gardés jadis par l'ancienne colonie romaine, entre l'Hérault et le causse du Larzac.

Analogue était la situation des seigneurs de Sauve et d'Anduze, les Bermond, qui commandaient aux pénétrations en Cévennes par le Vidourle et le Gardon, des barons d'Hierle occupant les avenues Cévénoles entre Alais et le Vigan.

Quelques vicomtés en pleine montagne ont pour centre un ancien oppidum, comme celle des Polignac qui si longtemps et si obstinément, de leur plate-forme de basalte, disputèrent aux évêques du Puy, les pâturages, les droits de transhumance et les péages entre Loire et Allier supérieur ; celle des vicomtes de Grèze sur le causse de Mende, en lutte aussi avec leur évêque pour la possession de la haute vallée du Lot.

Quelques seigneurs, comme les barons de Montpellier, ont dû leur fortune à l'importance de la cité sur laquelle ils s'appuient. Les Guilhems de Montpellier, d'abord modestes vassaux des évêques de Maguelone, deviennent au xi° siècle plus puissants que leurs séculaires voisins et suzerains, les comtes de Melgueil et l'évêque. C'est une des rares maisons qui aient su conserver l'unité de fief en gardant d'aîné en aîné la dévolution intégrale de l'héritage.

Ce qui donne quelque cohérence à l'histoire de cet infini morcellement, c'est la direction maintenue à leur politique dynastique par les comtes de Toulouse, les Raimond.

Sans doute l'observation appelle des réserves. Comme l'ont démontré les fortes études de M. Calmette sur les origines de plusieurs grandes familles languedociennes, l'union du fief et de la famille n'est jamais bien fixe, à travers mariages, échanges, paréages. Et la maison de Toulouse, comme la plupart de ses contemporaines, n'a pas d'abord le souci de son unité ; mais les partages des biens de famille s'interrompent dès la fin du xi° siècle, et, à partir de ce moment, fut-ce l'effet d'un instinct obscur qui avait guidé les alliances matrimoniales ? de la séparation qui se marquait nettement entre le Midi et le pays d'outre-Loire ? de la pression exercée par le puissant duché d'Aquitaine qui, de Limoges, refoulait vers le Sud la lignée parente et rivale ? toujours est-il que les possessions souvent dissociées, puis rassemblées à nouveau s'orientent en latitude, du Rhône à la Garonne moyenne, occupent la région des passages au pied du Massif Central, entre Méditerranée et Océan, attestent la parenté des populations comme l'analogie des terrains.

Mais cette œuvre n'eut pas de continuité. Elle ne pouvait en avoir : elle ne s'appuyait sur aucun centre de convergence naturelle ; elle fut, de plus, fragmentée par les ambitions et les dynasties locales qui s'échelonnent côte à côte, de la montagne à la mer ; par les autonomies municipales ressuscitées dans les vieilles cités du littoral ou de la plaine. Le lien vassalitique, fort lâche dans le Midi, n'y suffit pas

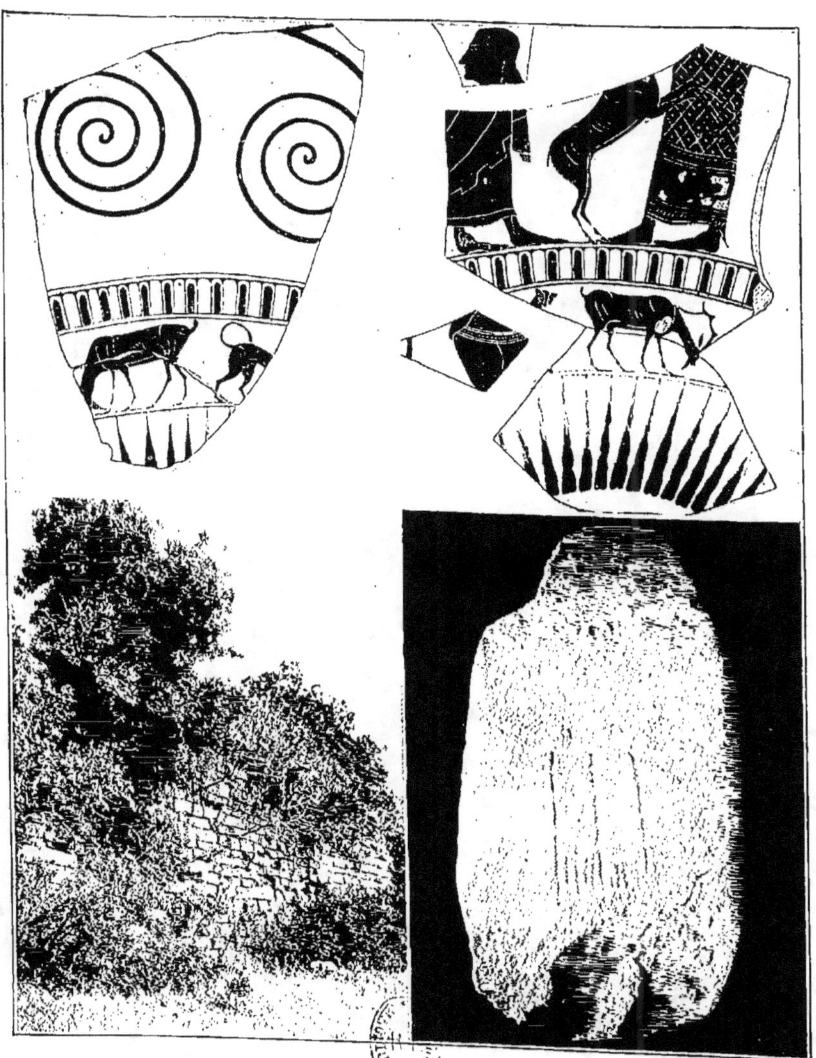

Fragments d'amphore, de fabrication athénienne vers 550 av. J.-C. (Fouilles de Montlaurès, près Narbonne, par M. H. Rouzaud). — Oppidum de Murviel, près Montpellier. (*Soc. Languedoc. de Géo.*). — Statue-menhir des Vidals, près La Salvetat (1re moitié avant-dern. millén. av. J.-C. *Soc. arch. de Montpellier*).

Pl. III.

en effet à tenir lieu d'un groupement d'intérêts communs.

Et c'est pourquoi l'histoire de sa principale maison n'est pas l'histoire du Languedoc, mais plutôt celle *des Languedocs*, pendant la période féodale. Mais la maison des Raimond de Toulouse a comme tracé l'esquisse parfois abandonnée, souvent reprise, de la province future, en fait pressentir l'unité. Les restes de l'armature gallo-romaine, cités, évêchés, juridictions, qui ont subsisté parfois contre la dynastie, serviront, après elle, au travail de reconstitution.

Sous les Raimond, famille de comtes carolingiens, issue d'un comte de Limoges, l'ancienne marche de Toulouse d'où la famille tire son titre devient, malgré son rattachement nominal à la royauté d'outre-Loire, le noyau permanent de possessions temporaires et fragmentaires entre le Rhône et la Garonne. Après le comte Eudes, au début du xe siècle, l'héritage est sans doute scindé en deux parts : le comté de Rouergue, des terres en Quercy et en Albigeois, avec le titre de marquis de Gothie, à l'une des branches de la famille; à l'autre, le comté central, celui de Toulouse, avec ses dépendances dans la marche de Gascogne, des terres dans les pays de Narbonne, de Béziers et même en Quercy et en Albigeois. Mais, dans cette double lignée, une tradition compense en quelque mesure l'effet dissolvant des partages familiaux; c'est l'association d'intérêts. Ainsi que le vieux comte Eudes était resté associé à son frère Raimond, les nouveaux comtes Raimond III, Pons et Ermengaud, puis Guillaume III Taillefer et Raimond II, comte de Rouergue, descendant d'Ermengaud, perpétuent cette union. Et les terres et titres acquis en Provence par la famille de ce dernier, notamment le comté de Saint-Gilles, à la fin du xᵉ siècle, finissent par revenir à ses parents toulousains. Guillaume de Toulouse par son mariage avec Emma, l'héritière du domaine provençal, ajoute ce fief à son comté patrimonial de Toulouse et à la suzeraineté d'une partie du Bas-Languedoc : Lodève, Carcassonne, Nîmes.

L'unité se fait après 1054; le frère cadet de Guillaume IV, Raimond, déjà en possession des biens de Rouergue hérite de son aîné vers 1093 et unit le comté de Saint-Gilles au comté de Toulouse.

On peut donc discerner au cours du xiᵉ siècle, du Rhône au delà de la Garonne, un essai plus ou moins conscient, plus ou moins constant pour constituer un État méditerranéen et nord-pyrénéen, l'état du « pays des passages ».

Dans le morcellement extrême du Midi français, s'était fait jour une idée d'unité. Et dès lors y avait commencé un long travail destiné à la réaliser, à forcer les résistances de vassaux rebelles.

D'où les luttes pour Narbonne, route de l'Espagne, des pèlerinages en Catalogne, de la mer; puis pour Nîmes et le pays nîmois, l'accès au Rhône. L'autorité comtale y est rétablie.

Mais, dans l'ensemble du grand fief, cette autorité déjà précaire par l'indocilité des seigneurs, la forte constitution et les défenses des bourgeoisies urbaines, la divergence des intérêts locaux, menacée par de puissants voisins, comtes de Barcelone, ducs d'Aquitaine, va être compromise par l'aventure de la croisade où les comtes toulousains se jetèrent avec un emportement que n'explique pas la seule ferveur religieuse. Quand le comte Raimond IV, qui avait réalisé depuis 1093 l'unité du fief et portait le double titre de Toulouse et de Saint-Gilles, s'enrôla le premier au concile de Clermont, jurant de ne jamais remettre le pied dans sa seigneurie, il ne cédait pas seulement à son zèle de chevalier chrétien, nourri dans les légendes attachées à l'invasion du *Maure Sarrasin*, témoin quotidien des pieux pèlerinages sur les chemins d'Espagne, voisin des luttes menées dans la péninsule contre l'Infidèle ; il se laissait aller aussi aux souvenirs groupés autour de Marseille, Arles, Maguelone, Narbonne par l'antique et opulent commerce des cités avec le lointain Levant ; aux séductions d'un rêve oriental.

L'Orient le conquit, au détriment de ses intérêts français et toulousains, et la principauté de Tripoli fondée par lui, un des bastions du royaume de Jérusalem, le garda, comme elle garda ses compagnons et quatre de ses descendants au cours d'un demi-siècle : attrait de Byzance qui explique peut-être les relations suspectes du comte avec les Comnène, attrait de Chypre, de la Syrie, et du Saint-Sépulcre, mélange curieux, en ces hauts barons dévots, de mysticisme et de penchant au négoce exotique. Raimond, vieux, épuisé de fatigue et de combats, mourut en Terre Sainte en 1105. Son inquiète et brillante ambition avait renouvelé les rapports du pays du Languedoc avec les pays d'Orient.

Mais l'inventeur probable de la *Sainte Lance*, le compétiteur de Godefroy de Bouillon au trône de Jérusalem avait, en somme, travaillé surtout pour les marchands français et italiens. Il avait sacrifié à ses visions d'outre-mer l'unité de ses États de France, leur sécurité et les forces de la noblesse fidèle nécessaires à leur défense.

Déjà ils étaient attaqués, et par des parents : querelles d'héritage. Le neveu par alliance du vieux comte, le spirituel et licencieux Guillaume IX, duc d'Aquitaine et comte de Poitiers, le premier en date et le plus célèbre des *Troubadours,* s'appuyant sur les droits réels ou supposés de sa femme, conteste à Raimond la suzeraineté comtale du Toulousain qu'il envahit en 1098, évacue en 1100, entraîné un moment, lui aussi, dans l'arrière-croisade.

Le fils de Raimond, Bertrand, avait défendu le fief, même contre les défections de vassaux; mais il allait en compromettre l'unité.

Raimond lui avait en effet laissé un frère, né en Palestine, Alphonse Jourdain (un nom qui sonne la croisade), et que Guilhem de Montpellier amène peu après en France (1107). Par religion de famille ou sous la pression de l'entourage féodal, Bertrand revient à cette tradition de sa lignée, parfois abandonnée, qui prescrivait le partage du fief. Il cède donc à son frère le comté de Rouergue, puis, saisi, à son tour, de la fièvre des croisades, fait voile vers la Palestine. L'heure était mal choisie ; il laissait le champ libre au sceptique duc d'Aquitaine revenu depuis longtemps d'un pèlerinage qu'il tournait en dérision. Guillaume IX s'empara de Toulouse en 1114 et, cette fois, pour six ans.

Mais en face de lui demeurait un prince doué de plus de finesse et de sens politique que son aventureux aîné. Alphonse Jourdain qui sut, pendant près de quarante ans, assurer l'unité de la seigneurie toulousaine, chasse l'envahisseur en 1119.

Le fief restait néanmoins en péril. A la menace des Aquitains succédait celle des Catalans, moins grave, car les prétentions du comte de Barcelone ne visaient pas la suzeraineté de toute la seigneurie, s'appliquaient seulement aux possessions de Provence. Mais les deux ambitions et les deux princes s'unissent bientôt. A ce moment, la maison toulousaine est soutenue par un des seigneurs de cette féodalité de second rang qui avait grandi par l'anarchie du pays, la faiblesse ou l'imprévoyance des suzerains. Le vicomte de Béziers, de la lignée des Trencavel, Bernard Aton, a enlevé Carcassonne au souverain barcelonais, puis l'a perdue. Son intérêt le rapproche du comte toulousain; leurs efforts communs aboutissent à la rentrée d'Alphonse Jourdain à Toulouse en 1123, de Bernard Aton à Carcassonne, l'année suivante.

Quant à la possession de la Provence, elle fut partagée. En 1125, les comtes de Toulouse et de Barcelone font la paix; le souverain espagnol reçoit le comté de Provence, de la Durance à la mer, amorce et tentation d'un État maritime entre Catalogne et Marseille; Alphonse devient, sous le titre de marquis de Provence, seigneur du pays entre la Durance et la Drôme.

Écarté ainsi de la côte où l'afflux de l'Orient était le plus intense, par Marseille, Alphonse, dont le règne se prolongera jusqu'en 1148 paraît concentrer son activité politique sur le Languedoc continental. Vers 1130 il est déjà, dans une certaine

mesure, suzerain reconnu de tout le pays de Toulouse au Rhône et fait à plusieurs reprises accepter
son arbitrage par quelques vassaux ; mais l'occasion
de s'ouvrir à nouveau la mer l'attira vers Melgueil
et Narbonne, où il n'exerçait, ainsi qu'à Montpellier avec son port de Lattes, qu'une autorité indirecte et lointaine. Tombés par succession aux mains
de femmes, les deux fiefs semblaient lui promettre
une occupation facile. Ici l'opposition des vassaux
l'arrêta ; elle s'appuyait sur l'intervention de l'é-
tranger, le comte de Barcelone dont l'influence
sur ce Languedoc oriental est si puissante.

A Melgueil, c'est un des Guilhems de Montpellier qui combat ses plans politiques, craignant
pour sa propre seigneurie un voisin immédiat et
dangereux. Il fait épouser à l'héritière le comte de
Provence, frère de celui de Barcelone. Ainsi se
nouaient les liens qui devaient rattacher si étroitement Montpellier et l'Aragon. A Narbonne, une
coalition de vassaux repousse le suzerain de la cité
un moment occupée par lui (1142).

Six ans plus tard, il abandonne son œuvre ina-
chevée ; l'Orient finit par l'attirer à son tour. Il y
meurt, laissant l'ensemble de ses États à son fils
aîné Raimond V ; mais l'unité de la succession
n'assure ni l'unité, ni la sécurité du fief. Car cet
héritage longtemps isolé des affaires générales du
royaume va y être mêlé, entrer dans le conflit sou-
levé entre deux souverains jusqu'alors lointains, les
rois de France et d'Angleterre.

Le Capétien s'était rapproché : Louis VII, époux
d'Éléonore de Guyenne, avait déjà, avant son avènement au trône, du temps d'Alphonse Jourdain,

soutenu, à main armée, au nom de la princesse, les prétentions des Aquitains sur le comté de Toulouse. Son divorce les fait tomber; mais elles sont reprises par le second mari d'Éléonore, Henri II Plantagenet, et le fief toulousain est menacé par le puissant État anglo-angevin. Ainsi s'annonçaient pour le Languedoc les interventions des princes du Nord destinées, dans un avenir prochain, à en altérer si profondément le caractère.

L'appui que prêtaient à cette première attaque anglaise contre le Midi les barons indociles de Raimond de Toulouse, entre autres, le vicomte de Béziers, un Trencavel, et Guillaume, seigneur de Montpellier, l'attitude hostile du souverain de la Catalogne et de l'Aragon, comte de Barcelone, faisaient au roi de France un devoir et une nécessité de soutenir son vassal qui était en même temps son beau-frère, ayant épousé sa sœur Constance. Le voyage armé de Louis VII à Toulouse où il s'enferma, en compagnie de Raimond, avec des troupes insuffisantes, ne laissa guère à remarquer aux contemporains que l'énergie des Toulousains à défendre leur ville, témoignage d'une solide organisation municipale, commune en ce temps-là aux grandes formations urbaines du Languedoc; les hésitations du Plantagenet qui, très supérieur en forces, finit par reculer devant son suzerain et remonta vers le Nord; mais il y faut signaler l'apparition dans le Midi de ces personnes royales devant qui devaient, plus tard, s'effacer les caractères originaux du grand fief.

Puis les deux histoires et les deux dynasties se séparent pour un certain temps : le roi de Paris ne

pouvait, de si loin, donner une aide efficace et permanente au Toulousain, et le Plantagenet était aux
portes du fief toujours menacé par les intrigues ou
les révoltes des vassaux.

Une trêve avec Raimond Trencavel, le principal
de ses adversaires, donne quelque répit à Raimond V ;
mais la ligue hostile se reforme contre lui autour
du roi d'Aragon dont l'influence grandit chaque
jour dans le Midi et groupe les ressources et les
convoitises du vicomte de Carcassonne, de la vicom-
tesse de Narbonne, du comte de Rodez, du seigneur
de Montpellier. Raimond s'est, d'ailleurs, brouillé
avec son royal beau-frère, ayant renvoyé en France
sa femme Constance.

Alors le grand baron, descendant de fondateurs
d'États orientaux, n'a plus guère d'autre refuge que
la diplomatie souvent dépourvue de nuances et de
transition des gens de ce temps, et cherche du
secours auprès du puissant prince angevin qui
l'avait d'abord mis en péril. Il en trouva l'occasion
dans la révolte des fils de Henri II contre leur père
et alla même, ayant pris parti pour ce dernier,
jusqu'à transférer en 1173 son hommage féodal des
Capétiens aux Plantagenets. C'était là un fait grave
au milieu de seigneurs et de villes qui gardaient
encore un respect au moins extérieur pour le lien
traditionnel de vassalité et chez qui commençait à
s'éveiller comme le sentiment encore confus d'un
patriotisme plus large figuré en la personne royale.
Le comte de Toulouse n'avait, d'ailleurs, vu dans
son acte qu'un expédient ; il y gagnait quelque sécurité et le temps de poursuivre ces réunions de
fiefs qui restent la tradition de sa famille. Les

acquisitions du comté de Melgueil, puis des vicomtés de Nîmes et d'Agde lui avaient ouvert largement l'accès de la mer lorsqu'il lègue, en 1194, à son fils Raimond VI, la totalité de ses domaines.

La maison de Toulouse semble donc un moment atteindre, sous ce dernier prince, l'étendue de ses suzerainetés originelles. Avec moins de souplesse et d'habileté, moins de risques aussi, Raimond VI achève l'œuvre paternelle. Il rend d'abord définitive la séparation entre le comté toulousain et le royaume de France, affirme son indépendance féodale à l'égard de l'ancien suzerain. Son alliance avec la lignée des Plantagenets, où il épouse Jeanne, sœur de Richard Cœur de Lion, lui vaut la restitution du Quercy et la cession de l'Agenais. Il possède la vicomté de Grèzes en Gévaudan, a des droits sur Largentière en Vivarais. Les rivalités des seigneurs languedociens de second ordre vont faire le reste : des minorités mal protégées laissent le champ libre à son action à Carcassonne et à Narbonne. A Montpellier, Pierre II d'Aragon, héritier des Guilhems par son mariage avec leur héritière Marie, est, pour quelque temps, embarrassé entre les mouvements de l'indocile commune et le crédit de son nouveau suzerain, l'évêque de Maguelone. Il n'a ni le pouvoir ni l'énergie de son père Alphonse II et moins de prise sur les féodaux de Languedoc.

Voilà pourquoi, dans les premières années du XIIIᵉ siècle, le comte de Toulouse, si son influence a subi quelques atteintes, du fait de la royauté capétienne, dans le Rouergue, l'Uzège, le Gévaudan et le

Vivarais où les évêques surtout se tournent volontiers, à l'occasion, vers Paris, n'en exerce pas moins une autorité souveraine sur la grande cité et le pays de Toulouse, sur Cahors, Agen, Agde, Nîmes, la partie nord de la Provence, une suprématie effective sur Béziers, Carcassonne, Narbonne.

La guerre des Albigeois va ruiner cet essai d'unité féodale si laborieusement amené près de son terme.

Mais l'œuvre politique était moins originale et beaucoup moins digne d'intérêt que la formation achevée d'une culture propre à cette région, et qui périt dans la guerre des Albigeois avec l'autonomie du Midi français.

A la veille de la croisade albigeoise, en effet, l'ensemble régional qui sera plus tard la province de Languedoc n'apparaît sans doute pas encore pourvu de tous ses caractères administratifs ; les plus apparents lui seront imposés par des conquérants venus du Nord.

Mais les pays et les seigneuries destinés à la former montrent déjà, au-dessus des dynasties seigneuriales, leurs traits anciens, personnels et communs dans la vie sociale, le droit, les mœurs, l'activité économique et intellectuelle avec les seules différences de détail que comportent les diversités secondaires de milieux et d'habitats.

C'est que les hommes y étaient les héritiers d'une civilisation vieille. Rasées ou brûlées, quelques plantes sociales y ont même repoussé à plusieurs reprises, comme, après un incendie de garrigues, les racines tenaces de certains genêts. Et on peut même s'expliquer par là pourquoi n'avait pu s'y établir

qu'à grand labeur et de façon toujours incertaine la
suprématie d'une maison féodale éminente. Le fonds
à hiérarchiser n'y était pas uniforme, comme en
Normandie ou Bourgogne où la conquête avait été
rapide et totale. Tant d'éléments vivaces et divers,
en cette terre pétrie d'antique culture, y étaient
antérieurs à la fondation et au gouvernement des
seigneuries féodales! Telle ville, comme Toulouse,
Narbonne, Béziers, Lodève, Agde, Nîmes, Saint-
Gilles, était déjà centre de population et de marché
ibère ou ligure, puis grec, et volque, plus tard
romain, avant d'être étape de voie militaire, beaucoup plus tard, de pèlerinage. Tout cela était organisé bien avant l'institution du régime féodal, et avait
laissé des traces résistantes, même sous le niveau de
l'unité latine.

Voilà pourquoi aussi, peut-être, au premier coup
d'œil jeté sur l'état du sol et la condition de la propriété rurale, apparaît la fréquence, plus marquée
en Languedoc qu'ailleurs, des alleux, de la propriété
privée « franche et libre », respectée par le régime
romain, en un grand nombre d'endroits, subsistant,
après les invasions, dans le morcellement d'un
grand nombre de *villæ* ou domaines ruraux. La
Narbonnaise n'avait-elle pas été, par les colonies
romaines, le champ d'élection de la petite propriété
privée?

Or, les petits propriétaires, même sous la vague
plus ou moins rapide des invasions successives, semblent avoir pu faire accepter, en une certaine mesure,
leur indépendance, surtout dans la partie méridionale
de la Province. Ils y étaient aidés par leur nombre
même et aussi par le nombre des centres urbains

de petite, moyenne ou grande importance, les premiers formés, ainsi que l'indiquent encore leurs noms actuels, du morcellement de domaines romains; les seconds issus d'une situation propice aux échanges; les derniers répondant à des intérêts plus étendus de transit, de commerce ou d'industrie. Leurs banlieues qui se touchaient avaient une influence protectrice; de tout temps le caractère de populations agglomérées a marqué le sud languedocien. Et ces groupes gênaient l'arbitraire des seigneurs souvent affaiblis par leurs rivalités.

Il en résultait, en outre, dès le xii° siècle, une diminution constatée de la classe des serfs. Nombreux encore dans le Toulousain, le Gévaudan et en général la région montagneuse, ils vont se raréfiant dans les plaines du littoral.

Peu à peu la majeure partie des cultivateurs et artisans a obtenu d'assez bonne heure la liberté personnelle. Avant toutes puissances de la région, l'Église y a contribué largement. C'est elle qui a pris l'initiative, suivie par plusieurs féodaux, des *bastides, villes neuves,* « *salvetats* » *ou sauvetés, villes franches,* ces curieuses communes construites et fortifiées d'un bloc, sur plan géométrique dressé d'avance, où l'homme trouve quelque liberté du travail contre l'abandon au seigneur d'un héritage qu'il serait, isolé, impuissant à défendre.

Mais des concessions de ce genre supposent un type à réaliser dont les éléments et l'idée existent déjà. Cette émancipation des classes rurales et des artisans urbains qui commence avant la guerre albigeoise et se continue après, tint, dès ses débuts, pour une notable part, à l'organisation naissante et aux progrès de jour en jour accrus de la commune en Languedoc. La commune est l'élément essentiel de la région, comme l'a fait ressortir M. Dognon dans l'étude la plus forte et la plus pénétrante qui ait été écrite sur ce pays. Son origine est de l'époque féodale, sans doute; ni les textes, ni les monuments ne permettent de combler l'hiatus ouvert entre la cité ou le municipe gallo-romain et la ville ou le village languedocien du xi° siècle. Son conseil et ses *consuls* sont une adaptation à l'administration urbaine de la cour seigneuriale, et *consulere,* délibérer, qui est de la langue des clercs, explique suffisamment l'usage du mot de *consuls.* Il n'en reste pas moins que, par bien des côtés, elle rappelle l'organisation romaine, souvenir dont ses historiens et ses juristes ont pu abuser aux xvii° et xviii° siècles, mais dont on comprend aisément la source et la persistance.

Quelques anciennes cités gallo-romaines, restées villes de second ordre, au croisement des routes entre pays de cantonnement, telles que Lodève ou Le Puy par exemple; des points d'aboutissement de la montagne à la plaine, comme Saint-Gaudens, Castres, Pézenas, Le Vigan, Alais, Uzès; des stations avoisinant les grands courants commerciaux du Rhône, ainsi que Pont-Saint-Esprit, Beaucaire, Saint-Gilles, ou jalonnant la voie d'est en ouest entre le Rhône et Toulouse, maintinrent ou développèrent leur activité par l'accroissement du transit que permettait, au cours du xii° siècle, malgré les « *routiers* », une intermittente et relative sécurité.

Quelques-unes ont dû un supplément de prospérité à leur situation sur les chemins de pèlerinage qui, empruntant, par segments, d'antiques voies gallo-romaines, renouvelèrent ou créèrent, en plusieurs points, une vie commerciale. Vers Saint-Gilles, depuis Clermont et Brioude, sur la Voie Regordane, le long de la vieille route romaine unissant l'Auvergne à la Narbonnaise, les stations ont pu être déterminées, qui, pendant les xie et xiie siècles, époque de croisades, de la croisade quasi permanente contre le Maure d'Espagne, plus tard encore, s'animèrent à la rencontre des pèlerins et des clercs propagateurs de légendes pieuses, fructueuses pour leurs églises et leurs abbayes, des jongleurs et poètes qui les chantaient; des paysans et des vendeurs nomades apportant leurs denrées dans ces marchés régulièrement ouverts à des dates consacrées par la tradition. M. Bédier a pu les faire surgir des chansons de geste et des actes ecclésiastiques. La principale branche de ce courant qui entraînait tant de chrétiens vers les lieux saints, en particulier vers le tombeau de saint Jacques de Compostelle, descendant de Clermont sur Alais et Nîmes, puis, par Montpellier, Béziers, Narbonne, Lezignan, dépendance de la riche abbaye de la Grasse, Carcassonne, Toulouse, gagnait enfin les ports des Pyrénées et les routes d'Espagne, soit vers Martres-Tolosane, soit vers Dax. Entre ces grandes étapes, plusieurs, de moindre importance, sont retournées à la condition et à la paix de bourgs et de villages agricoles, tels Vézenobre, La Calmette, Nozières, dans le Gard, qui figurent au *Charroi de Nîmes;* l'une d'elles a, du moins, dans son âpre cadre de dolomites, coupées des sillons profonds de l'Hérault et du Verdus, gardé, dans sa solitude, près de l'Aniane de saint Benoît, le nom attaché au fondateur de son sanctuaire; c'est Saint-Guilhem-le-Désert, qui fut, sur cette longue *voie tolosane*, le but et le centre d'une particulière dévotion.

Des villes de second ordre, la plupart au début du XIIIe siècle, ont depuis nombre d'années obtenu des privilèges urbains et des libertés municipales.

Si les éléments des concessions qui les garantissaient sous forme de coutumes ou de chartes apparaissent plus tôt dans le Languedoc occidental et les terres où se marque plus fortement l'action de l'Église, comme à Moissac, Castel-Sarrasin, Conques, Lézat, on voit bientôt se manifester dans toute la région, depuis Albi jusqu'au Rhône, à Béziers, Narbonne, Castres, Carcassonne, Limoux, Lodève, Millau, Mende, Alais, Sommières, Lunel, Beaucaire, des assemblées de *prud'hommes* qui font avec les gens du seigneur, en certaines occasions, une sorte de gouvernement de « la communauté ». Bientôt ces associations de bourgeoisie laïque auront des syndics, plus tard des consuls. De là les résultats lentement obtenus : modération des taxes et des droits seigneuriaux, des frais de justice, garanties de la liberté individuelle et du travail. Ce groupement et cet effort des énergies roturières qui affaiblissait peu à peu les pouvoirs féodaux, s'appuyait souvent sur les *pariages* des seigneurs et leurs rivalités dans un cercle restreint de juridictions, l'alliance des petits nobles et des clercs dépourvus de seigneuries, avec un patriciat bourgeois, une aristocratie marchande ou industrielle, ses corporations de métiers, le personnel de ses ateliers et surtout sur la puissance économique, l'accroissement de la richesse mobilière amenée par le commerce et l'industrie.

C'est, en effet, à ces ressources urbaines, aux fonds ou au crédit des villes que les seigneurs, à la veille ou au lendemain de la guerre ou de la croisade, demandaient les moyens de l'entreprise ou ceux d'en payer les frais. D'où leurs concessions aux bourgeois.

Et nulle part ce vieux fait d'observation historique, l'ascension des classes laborieuses par le prêt du numéraire, ne s'est manifesté plus nettement, avec quelques différences de détail, mais une commune analogie d'aspect, que dans les grandes cités du Midi languedocien, les plus intéressantes de la région à la fin du xiiᵉ siècle : Toulouse, Narbonne, Béziers, Montpellier et Nîmes.

Ce sont, à des degrés divers, des républiques, de bonne heure pourvues, sous une suzeraineté féodale, d'une réelle autonomie. Fait à noter : la principale pièce de leur organisation, le consulat, n'apparaît dans les documents avec quelque suite qu'à une date relativement tardive, en 1131 pour Béziers, 1141 pour Montpellier, trois ans après à Nîmes et sept ans après à Narbonne; les capitouls de Toulouse ne figurent qu'en 1152. Mais le texte des mentions suppose une origine plus ancienne à l'institution, qui fut elle-même précédée du groupement de chapitres bourgeois et de « prud'hommes », comme il se voit aux coutumes du Languedoc occidental, celles de Moissac, par exemple, en 1125. Et ce travail constaté fait des communautés et des consulats en pays de Languedoc les

Les Arènes de Nîmes. — Le Pont du Gard.
(*Phot. Sites et monuments du T. C. F.*)

Pl. IV.

contemporains et non les dérivés des premières communes italiennes. Il y a là, contrairement à l'opinion souvent soutenue, synchronisme, non filiation et imitation. On peut admettre, d'ailleurs, que les causes de formation furent analogues dans les deux pays.

Quoi qu'il en puisse être de cette question d'origine, l'analogie est frappante entre les groupes de personnes municipales en Languedoc et ceux d'outre-Monts aussi bien que de Provence. Les grandes communautés du Midi français sont, sous leurs seigneurs, parfois contre eux, aussi libres d'allures, aussi puissantes que certaines cités italiennes, comme l'a fait remarquer A. Molinier. Elles leur doivent encore aide matérielle et morale, selon la tradition féodale, mais s'administrent elles-mêmes, ont leur politique, jusqu'à leurs forces armées et à leur diplomatie.

Toulouse, où la richesse bourgeoise s'atteste par le développement du quartier de Saint-Sernin, cité active, marché agricole, étape de batellerie et de pèlerinage a su, dès le milieu du xii° siècle, assurer fidèlement et vaillamment contre le souverain anglo-angevin Henri II la défense de son seigneur et d'un roi de France. Mais la « communauté » n'en a pas moins déjà son « conseil commun », son code commercial et pénal, ses règlements de police urbaine, sa justice consulaire, et sa milice sous la bannière de ses 12 consuls ou capitouls. Et cette force armée, en dehors de l'autorité du suzerain, entre en lutte avec les féodaux voisins, les seigneurs de Lomagne, de Villemur; avec des municipalités aussi, ce qui est bien significatif, celles de

Rabastens, Gaillac, Saverdun, les contraint à supprimer les péages qui gênaient le commerce de la grande ville.

Si Carcassonne, où réside la cour des Trencavel, ne semble pas avoir d'aussi bonne heure établi ses libertés municipales, malgré la prospérité de ses faubourgs, halte du transit sur la route d'Espagne, et garde, en dépit de ses révoltes contre ses vicomtes, une physionomie plus féodale, Narbonne au contraire, participant au mouvement des croisades qui renouvelle et entretient ses ressources, évolue vers une émancipation plus marquée. Elle étend autour de la cité où domine l'archevêque l'industrie de ses bourgs, le commerce et la fréquentation scolaire de son quartier juif, l'activité de son port qui distribue en Aquitaine jusqu'à Bordeaux, en Catalogne et en Aragon, les produits du Levant et de l'Italie. Elle compte plus de 30.000 habitants; aussi ses consuls ont-ils leur politique urbaine. En 1166, ils font alliance avec Gênes; en 1173, avec Pise.

Redevenue simple étape de la route commerciale entre Toulouse et le Rhône, donnant à la même dynastie des Trencavel l'appui de sa forte position sur le plateau qui domine le cours de l'Orb, Béziers demande ses revenus à son opulent terroir, à sa culture de vignes, et si elle prend part au mouvement communal du temps, ne s'y fait pas place originale.

C'est surtout Montpellier qui, plus tôt que ses aînées et plus pleinement, favorisée par ses relations avec l'Espagne, l'Italie et l'Orient méditerranéen par les conflits permanents entre ses suzerains,

apparaît comme une république municipale gouvernée, sous les pouvoirs parfois contestés de seigneurs tantôt espagnols, tantôt français, par ses
marchands et ses ouvriers. La rapide fusion économique au xı^e siècle de ses bourgs primitifs, ville de
l'évêque de Maguelone et ville des Guilhems, que
devait bientôt enserrer une « *commune clôture* »
était due à son port, mettant, par le petit fleuve du
Lez, la mer en communication avec la ligne des
lagunes et l'arrière-pays. Le Lez, Lattes et Montpellier suffisaient au cabotage de cette époque, et
Montpellier, devenue l'entrepôt maritime le plus
important du Bas-Languedoc présentait, sur les
pentes sud-est de sa colline, avec ses marchés aux
laines, aux draps, aux étoffes et matières précieuses
d'or et d'argent, aux grains indigènes et exotiques,
aux épices, l'aspect d'un grand bazar oriental « où,
dit le rabbin Benjamin de Tudèle, à la fin du
xıı^e siècle, viennent trafiquer en foule Chrétiens et
Sarrasins, où affluent des Arabes du Gharb, des
marchands de Lombardie, du royaume de la Grande-
Russie, de toutes les parties de l'Égypte, de la terre
d'Israël, de la Grèce, de la Gaule, de l'Espagne,
de l'Angleterre, de Gênes, de Pise, et qui y parlent
toutes les langues ». Autour des quartiers d'industrie et de négoce, des écoles et des couvents, en cette
ville de marchands, d'universitaires et de moines.
Tout ce monde, surtout les ouvriers et les gens de
commerce, malgré leur attachement traditionnel à
leurs seigneurs, la dynastie des Guilhems, veut un
gouvernement favorable à ses intérêts prochains,
goûte peu les ambitions lointaines d'un suzerain
qui regarde vers l'Espagne. Ils se révoltent contre

lui en 1141, réussissent à racheter de lui, à prix d'argent, ses droits supérieurs, font respecter les traités passés entre habitants de Montpellier et citoyens de Gênes, Pise, Nice, Toulon, Hyères, Antibes, décident le mariage de l'héritière Marie de Montpellier avec Pierre II d'Aragon, en 1204, et en profitent pour discuter avec le nouveau seigneur les bases d'une charte communale qu'il jure solennellement. Leurs « consuls de mer » sont les véritables inspirateurs de leur politique.

Spectacle et vie analogues à Nîmes, alors un des quatre marchés les plus actifs du Languedoc oriental avec Alais, Beaucaire et Saint-Gilles, en relation avec Gênes et Pise. Là, unis aux « Chevaliers des Arènes » défenseurs de l'amphithéâtre romain, de bonne heure transformé en forteresse, les bourgeois avaient imposé à la famille vicomtale des Trencavel la reconnaissance de privilèges qui devinrent, à la veille même de la guerre albigeoise, une charte communale, une forme précise d'autonomie urbaine. Raimond VI dut la respecter et Simon de Montfort ne l'abolit point.

La vie sociale, dans l'ensemble de la région, est donc intense et variée. Un des caractères les plus apparents de son activité est d'être surtout laïque. Sans doute l'Église y a marqué d'abord, ainsi que partout en Europe occidentale, comme l'élément le plus puissant et le plus bienfaisant d'organisation et de culture. Mais elle n'y tient plus, à la fin du xiie siècle, le rôle éminent qu'elle a gardé dans le centre et le Nord de la France. Elle reste sans doute une haute personne féodale et, à ce titre, mêlée à l'histoire générale des pays languedociens.

Elle demeure l'institutrice des âmes, mais n'est plus, au même degré, la maîtresse des mœurs.

Recrutés en majeure partie dans le Midi, parents des seigneurs languedociens, ses prélats semblent subir les influences ambiantes. Peut-être la stérilité des études religieuses en ce Languedoc qui, de l'époque carolingienne au xiiie siècle, n'a produit aucun grand théologien, tient-elle à l'action absorbante des cours seigneuriales et des centres urbains d'industrie, de commerce, d'études diverses. Les élans mystiques, ou les rappels à la discipline ecclésiastique y viennent du Nord. La réforme de Grégoire VII n'a pu avant longtemps s'y opérer. D'autre part, ce sont des moines du Nord, qui viennent prêcher la croisade en ce pays situé sur le chemin et à la lisière d'une croisade permanente. Sans doute les princes languedociens s'associent à la croisade prochaine ou lointaine, y perdent même parfois de vue leurs intérêts immédiats, comme ils prodiguent leurs trésors à la fondation de grands monastères et à l'embellissement de cathédrales. Leurs vassaux, leurs chevaliers avec leurs hommes les suivent, braves et fastueux à leur exemple, mais dépourvus de la foi profonde, sceptiques et légers, suspects aux vrais fidèles, ainsi qu'il se peut voir dans les chroniques des croisades.

En cette société s'étend rapidement l'indifférence religieuse par où s'explique, d'ailleurs, une très habituelle tolérance. L'Église ne sait pas mieux défendre sa doctrine et sa discipline contre l'hérésie que ses domaines contre les usurpations incessantes de la féodalité laïque. Les appels de quelques uns de ses hauts dignitaires au suzerain éminent, au roi, qui était trop loin et trop occupé, restent sans résultat bien effectif. Et cette situation pourra même être comptée au premier rang parmi les causes de la guerre albigeoise.

Rien de surprenant, donc, à ce que la culture générale et les arts, sauf l'accompagnement des chants lyriques dont les formules musicales sont d'Église, sauf l'architecture religieuse qui a partout ses traditions et ses règles propres, soient, dans les pays languedociens, d'origine et d'inspiration civiles et séculières.

Telle fut la condition première de ses grandes écoles de Droit et de Médecine qui apparaissent d'abord à Montpellier comme à Bologne et à Salerne, sous la forme de collèges, de corporations professionnelles de maîtres et d'étudiants. De ces *studia*, quelques-uns, ceux de Nîmes et d'Alais, par exemple, bornent leur action à leurs environs immédiats, restent des écoles locales et particulières; d'autres, ceux de Montpellier, dès le milieu du xiiᵉ siècle, plus tard ceux de Toulouse acquièrent, pour leur enseignement et leurs diplômes, une notoriété et une valeur internationales. C'est aux *Universités*, c'est-à-dire aux associations de ces maîtres et de leurs élèves que l'Église conféra, parfois imposa ses règlements, en confirmant la portée générale, universelle de leurs actes scolaires. Elle donnait le titre et gardait la tutelle. Mais son intervention suit la guerre albigeoise, établissant dans le pays conquis sous sa direction la discipline et l'organisation déjà inaugurées par elle dans le Nord, à Paris, notamment. Les statuts du cardinal

Conrad pour les médecins de Montpellier sont de 1220 ; la bulle de Nicolas IV consacrant les titres de l'Université de cette ville date de 1289.

C'est au milieu du xiiie siècle que Grégoire IX réunit en un seul corps les collèges des juristes et des médecins toulousains, les associant à des professeurs de théologie, de philosophie et de grammaire, et institue ainsi d'un bloc l'Université enseignante de Toulouse.

En fait, malgré l'usage des rites religieux qui sont communs à toutes les manifestations corporatives du moyen âge, les premières traces de l'activité scolaire, en région languedocienne, remontent bien plus haut que l'intervention ecclésiastique dans les règlements scolaires. C'est vers 1170 que dans un faubourg de Montpellier vint enseigner le maître de Plaisance ou le « Placentin ». Mais, comme l'a fait remarquer E. Babut, il fallait bien, pour donner place à sa discipline, à son *Corpus juris*, et à ses gloses de Droit romain, qu'une école de Droit y existât déjà, avec des chances de succès, dans un pays que la tradition du droit romain n'avait jamais abandonné, qu'il avait marqué, au contraire, de sa doctrine sur la propriété privée, le mariage et l'héritage. Et c'est en ce sens que l'expression classique de « renaissance du Droit romain » n'est vraie qu'à moitié. Ce droit civil écrit, aisément passé en coutume en un milieu qui avait vécu, pour une part, de la loi romaine, même après les invasions, s'oppose déjà au droit coutumier du Nord.

C'est ce que reconnaît et sanctionne la bulle pontificale de 1289 concédée aux juristes laïques et ecclésiastiques en même temps qu'aux médecins et plutôt en faveur des premiers que des seconds.

Car ceux-ci, les médecins, avaient déjà conquis leur notoriété générale, leur renom dans la chrétienté. Leur enseignement et leur pratique, inspirés ou non des traditions arabes, plus probablement Salernitaines, avait déjà fait loi, et surtout leur science chirurgicale, science laïque fondée sur l'expérience, non sur l'étude exclusive des textes. Une preuve en subsiste dans l'autorité qui, jusque sous Louis XIV, demeure attachée au manuel de chirurgie d'un de leurs maîtres du xive siècle, Guy de Chauliac.

Moins éclatante fut la destinée de la Faculté des Arts que la bulle de 1289 avait admise dans le *studium generale*, celle des professeurs de grammaire, lettres et philosophie. Si quelque mention devait être accordée à l'enseignement littéraire de cette époque en Languedoc, c'est surtout aux écoles de Toulouse qu'il faudrait l'appliquer.

En revanche, c'est au pays tout entier de la langue d'oc, depuis le Limousin jusqu'à la Provence, à l'ensemble de ses régions que revient l'honneur d'une littérature spontanée, originale, œuvre de vrais écrivains et de poètes inspirés, dont la subtilité de passion, l'art et la technique ont eu, sur la culture des peuples romans, une influence aujourd'hui démontrée, avec sa répercussion jusqu'en Allemagne, chez les Minnesinger. Et la future province de Languedoc y peut revendiquer sa large part.

Si en effet, parmi ces *inventeurs* (c'est le sens du mot *troubadour*), le plus ancien en date et le plus célèbre est le comte de Poitiers, duc d'Aquitaine, Guillaume IX; si le légendaire amoureux de la

« princesse lointaine », Jaufre Rudel, est aussi d'Aquitaine ; si l'Auvergne et la Provence en comptent un grand nombre, l'origine de beaucoup d'autres les rattache au Velay et au Languedoc propre. Plus de vingt, parmi ceux dont la vie nous est connue, y sont nés et non des moins réputés.

C'est, d'ailleurs, à la cour des princes languedociens, comtes de Toulouse, de Rodez, d'Astarac, vicomtes de Béziers, de Narbonne, seigneurs de Montpellier, souvent dans leur intimité, parfois à leur école, parfois dans leur entourage d'amuseurs et de jongleurs, que ces princes de la fantaisie errante, capables de promener leurs rêves en Espagne, en Italie, jusqu'en Hongrie et en Orient, trouvent, quelle que soit leur origine et leur condition, asile, hospitalité et compagnie cultivée, initiée aux délicates analyses, à la casuistique inquiète, tourmentée, colorée de la poésie « courtoise ». Limousins, Périgourdins, Provençaux y sont également accueillis, qu'ils soient de noble ou d'obscure naissance, à l'égal des poètes du pays.

Ceux-ci, d'ailleurs, auraient suffi à y représenter et les périodes successives de cette inspiration lyrique et les principaux genres par quoi elle se manifesta : avec Peire Vidal et Raimon de Miraval, la *chanson* d'amour romanesque, aux jours paisibles encore, où l'alliance de mysticisme et de sensualité, la dévotion à la Dame inaccessible s'entoure d'images champêtres, emprunte ses cadres et ses symboles au printemps, aux fleurs et aux oiseaux familiers des rondes populaires, comme le rappelle en termes heureux M. Anglade ; le *sirventes* aussi où le motif n'est plus seulement d'amour, mais de réflexion morale et souvent de censure sociale ; — avec Peire Cardenal, l'indignation patriotique et la satire vengeresse ; — avec Guiraud Riquier, enfin, dernier de la lignée, en son lieu natal et son dernier refuge, Narbonne, l'art presque païen chez ses premiers prédécesseurs, s'exaltant jusqu'à une adoration religieuse et un culte de la femme qui, sous l'influence de la foi restaurée et dans une ambiance de chevalerie orthodoxe, devint le culte de la Vierge.

Ce fut peut-être là, pendant quelque temps après la croisade albigeoise, la forme la plus prenante de la religion en pays de Languedoc, non point seulement pour les seigneurs et les clercs, mais pour le peuple aussi qui cherchait en cet idéal, devenu populaire, une consolation à sa quotidienne misère et l'illuminait d'une vision de pitié féminine, d'éternelle miséricorde et de paradis. Toutes les classes en restent longtemps pénétrées. La Vierge Clémente n'est-elle pas à l'origine de la légende toulousaine et académique de Clémence Isaure, comme de bien d'autres ?

De caractère moins personnel à la région parce que plus soumises dans leur ensemble à la commune discipline religieuse du temps, les formes d'art plastique évoluaient cependant en Languedoc selon les inspirations d'un génie propre, surtout la sculpture, lorsque ce développement fut brusquement arrêté.

Là, plus que dans le reste du royaume, c'est, à cette date, le plein épanouissement de l'art roman ; l'annonce, à peine, de l'art gothique. Étendu en latitude, le Languedoc participe à la fois, dans son ensemble, des traditions de l'école provençale qui, sur

les bords du Rhône, garde les traces d'une richesse
d'ornements léguée par l'art classique, et des écoles
auvergnates et poitevines, plus austères, mais plus
imposantes. L'influence de la première se fait sentir
jusque dans les pays d'Uzès, Montpellier, Alet avec
ses nefs peu élevées, voûtées en berceau sans appui
sur les collatéraux; celle des deux autres, surtout
de l'école auvergnate, avec sa voûte en berceau
épaulée par les voûtes latérales, s'étend sur le reste
de la région. L'école de Languedoc en dérive : même
principe de couverture, avec la même absence de
jours directs sur la nef, la lumière du ciel méridional
simplifiant le problème de l'éclairage, tribunes sur
les bas-côtés, plus d'ampleur et de hardiesse, de
complexité aussi dans la construction des cathédrales et des grandes abbayes et un souci plus marqué de l'ornementation. Ce sont les caractères de
Sainte-Foy de Conques, au chœur couronné de sept
absides, aux hautes arcades; de Saint-Gaudens, du
portail de Saint-Nazaire à Carcassonne, du cloître
d'Elne et d'une partie des bâtiments abbatiaux de
Fontfroide. Le type commun, en ses lignes générales, est celui de Saint-Sernin de Toulouse, la
haute église, bâtie en briques comme celles de tout
le pays toulousain, qui, par ses cinq nefs, ses trois
transepts, les étages successivement rétrécis de son
imposant clocher, donne, en sa tonalité rouge, une
singulière impression de grandeur. En Languedoc
oriental, à l'ensemble réalisé par la tradition purement romane s'ajoute souvent, comme l'a montré
M. Em. Bonnet, la grâce de l'ornementation lom-
barde, les maîtres maçons de Lombardie étant souvent attirés à Montpellier par l'affluence et le séjour

des commerçants de l'Italie du Nord dans ce grand marché.

En quel sens et jusqu'où se serait développée l'inspiration originale de l'art roman dans le milieu languedocien ? L'occupation du pays par les armées croisées et leurs chefs ne permit pas de le savoir, la prolongation de la tradition romane, là où elle s'est produite, n'étant plus faite que de souvenirs, non de renouvellement et de progrès.

Quant à l'architecture militaire, obéissant partout aux mêmes nécessités, elle présente à peu près partout le même aspect. Le fait saillant, qui s'explique par l'extrême morcellement féodal, est le nombre des constructions de ce genre. Les grandes enceintes de cités que le développement des autonomies communales avait multipliées aussi n'ont laissé, en général, que des traces fragmentaires, ayant disparu devant le travail d'unification monarchique et surtout devant l'évolution économique des centres urbains aux temps modernes. Les deux les plus remarquables qui subsistent, les plus complètes peut-être d'Europe, celles de Carcassonne et d'Aigues-Mortes sont, dans leur ensemble, l'œuvre du XIIIᵉ siècle.

Plus libre d'inspiration et de procédés, plus apte, par conséquent, à refléter la physionomie personnelle des régions locales, la sculpture des pays du Languedoc a des ateliers dès le début du XIᵉ siècle. Une série de monuments partiellement conservés, linteaux de Saint-Geniès, fontaine de Saint-André de Sorède, divers chapiteaux préparent et expliquent l'épanouissement de ses écoles à la fin du XIᵉ siècle et au XIIᵉ.

Le foyer principal est à Toulouse, où passa, un moment, la cour de Guillaume d'Aquitaine et son entourage de poètes et d'artistes qui élargit et enrichit encore l'influence de la cour des Raimond.

« La sculpture toulousaine peut être étudiée à Saint-Germain de Toulouse où le Christ en gloire du xie siècle, accosté de chérubins, lourd encore et hiératique, fait songer à une simple transposition agrandie d'ivoires byzantins. Mais l'Ascension qui est du xiie indique déjà une recherche du mouvement dans l'agitation des draperies. Le sentiment de la vie est plus apparent encore au Musée des Augustins avec les sculptures provenant du cloître Saint-Étienne et du cloître de la Daurade qui appartiennent à la fin du xiie siècle. Saint-Étienne, le Campo Santo de la noblesse toulousaine, aurait été, s'il avait survécu à la Révolution, le Musée de la sculpture languedocienne ; il nous reste du moins, figurée entre autres thèmes, la légende de sainte Marie l'Égyptienne, où les formes tendent à se dégager, à s'assouplir, à s'animer ». (Notes de M. A. Joubin.)

Cet art toulousain a surtout survécu dans les grandes figures de Moissac, de Beaulieu (Corrèze), de Cahors, de Souillac et de Carcenac (Lot) qui restèrent en dehors et au nord des limites plus tard fixées à la province de Languedoc. Mais dans le Languedoc propre son influence se retrouve à Saint-Pons de Thomières, Aniane et Saint-Guilhem-le-Désert, dans la porte de Maguelone où le linteau daté de 1178, présente les deux figures de Pierre et de Paul. Là les influences provençales se mêlent aux languedociennes, comme plus tard dans les imposantes décorations de Saint-Gilles.

D'une façon générale, en Languedoc, la tradition romaine subsiste à côté d'inspirations byzantines et orientales. Mais une facilité extrême s'y remarque à transposer en marbre tous les modèles prochains ou lointains, à leur donner un caractère monumental et décoratif, un sens remarquable de la vie et du mouvement. C'est une technique en évolution.

Là encore se pose, avec plus de raison que pour l'architecture religieuse, plus soumise à des règles traditionnelles et générales, avec autant de raison que pour la poésie lyrique, si personnelle au Midi languedocien, l'insoluble question d'un développement ultérieur, de son orientation, de sa puissance.

L'arrêt fut brusque et sans recours. Cette civilisation variée et clémente ne sut pas protéger ses trésors.

Elle y fut impuissante non par défaut de vaillance — les hommes du Midi se battirent bien contre ceux de Simon de Montfort — mais, d'abord, par défaut d'unité, l'effort du haut suzerain, le comte de Toulouse, n'ayant pas abouti à un groupement suffisamment solide des barons de Languedoc. Cette anarchie chronique a, de plus, séparé les barons de leurs villes les plus puissantes. Ces cités mêmes sont restées isolées ; pas de ligues entre elles comme les Flandres en ont donné tant d'exemples, mais souvent, de l'hostilité réciproque. Une police des campagnes mal faite a détaché des seigneurs leurs hommes, les paysans, mal défendus contre les routiers et les bandes laissées sans emploi et sans paie dans les intervalles des guerres féodales. L'Église qui en souffre elle-même ne fournit pas là, comme elle a fait souvent ailleurs, un noyau de défense régionale contre l'invasion. La plupart de ses hauts dignitaires, autant par rancœur d'intérêts lésés que par discipline orthodoxe, vont appeler et soutenir l'invasion, et contre ces populations désunies, déshabituées du métier des armes par la facilité et la douceur des relations sociales, abandonnées à un scepticisme tolérant, le fanatisme armé put, sans grands risques, malgré de furieux sursauts de résistance momentanés et locaux, donner champ à sa pesante chevauchée

VI

| LES ALBIGEOIS. |

La mort d'une culture : la croisade des Albigeois et l'apparition
de la royauté capétienne.

« Divisos ab Ecclesia divisim aggredi », a écrit le
pape défenseur de l'unité chrétienne, Innocent III,
indiquant d'un mot et les raisons et le plan de la
guerre décrétée par lui : une nouveauté, une croisade intérieure à la chrétienté. C'était tout un monde
à ramener à l'unité ecclésiastique.

L'action dévia ; l'hérésie fut sans doute étouffée
dans le sang et le feu ; mais l'emprise féodale du
Nord français sur le Midi français, inspirée et soutenue par l'Église, finit par mettre aux mains, dans
Narbonne, le chef des envahisseurs et l'un des principaux agents de la monarchie pontificale ; puis,
aboutit, par fortune heureuse, à un résultat national, non ultramontain. La royauté capétienne imposa
l'ordre et l'unité à son profit avec la fin des hostilités.

Déjà, plus d'un demi-siècle auparavant, s'étaient
tournés vers elle pour se protéger contre une féodalité laïque, avide et tracassière, les évêques du pays,
surtout ceux de la périphérie du Nord cévenol, de la
Montagne Noire, de l'Albigeois ; et quelques seigneurs du second rang en avaient fait autant. De

Nimes. La Tour Magne. (*Sites et monuments du T. C. F.*). — Tête de Vénus. (*Fouilles de Martres-Tolosane. Communicat. de M. Graillot.* — Nimes. Les Arènes. Vue intérieure. (*Sites et monuments du T. C. F.*).

Pl. V.

l'examen des faits résulte que ce furent les évêques et surtout les chefs d'ordres monastiques, à l'exemple des dignitaires d'Église groupés, pendant l'époque Mérovingienne, autour de l'évêque de Vienne Avitus, qui décidèrent l'intervention de la chrétienté orthodoxe de France contre le Midi hérétique. Dans la région de leur obédience ils n'auraient pu trouver les éléments d'une répression. Leur influence morale y était faible, car leur exemple restait, en général, peu édifiant. Mépris des devoirs canoniques, mœurs relâchées, simonie sont des griefs invoqués contre eux non seulement par les satires de certains troubadours, mais par les aveux du moine chroniqueur Geoffroi de Vigeois, et par les lettres mêmes d'Innocent III, qui incrimine jusqu'au primat de la province, l'archevêque de Narbonne : « Cet homme ne connaît d'autre dieu que l'argent ; il n'a qu'une bourse à la place du cœur ». Parents, pour la plupart, des seigneurs, leurs voisins, ils en avaient gardé le tempérament et les habitudes. La façon de vivre du bas clergé s'en ressentait.

Quant à la féodalité laïque, sa séparation progressive et effective d'avec l'Église, sa convoitise des biens ecclésiastiques, ses violences sont l'effet d'un individualisme brutal qui n'avait permis, même dans ses rangs, qu'une très imparfaite cohésion. Le relâchement du lien vassalitique est une des causes de la défaite finale du Midi et de son suzerain, le comte de Toulouse. Et les grandes communes qui avaient vu peut-être, tout d'abord, dans les nouvelles doctrines et surtout dans une discipline plus large, au moins pour les simples fidèles, un accroissement d'indépendance, ne résistèrent que tard à l'invasion, sauf l'exception de Béziers qu'explique l'influence de son seigneur.

Voilà pourquoi la répression de l'hérésie fut d'abord prêchée, les plaintes des évêques du Midi d'abord coordonnées et enfin la croisade organisée par des étrangers, tels que le légat pontifical, Pierre de Pavie; par des chefs d'ordres monastiques, milices pontificales, tels l'abbé de Clairvaux, Henri, puis, en 1204, Arnaud Amalric, l'abbé de Cîteaux, une puissance de l'Église; par des cénobites qui défendaient l'unité religieuse du monde latin, comme Pierre de Castelnau et Raoul, moines de Fontfroide en Languedoc; enfin par des missionnaires espagnols, le religieux d'Osma, fondateur de l'ordre dominicain, précurseur de l'Inquisition, Dominique de Gusman.

Nul doute que le souci de l'unité religieuse n'inspirât ces soldats de la foi. Mais, derrière eux, il y avait aussi des intérêts. Sans parler du dommage temporel causé aux églises et aux abbayes par la désertion avouée ou tacite de nombreux fidèles, toute la clientèle des pèlerinages et tous les profits commerciaux assurés aux paroisses dans les étapes de leurs routes pouvaient en être troublés, si les princes maîtres de ces stations n'y mettaient bon ordre. Or, la plupart de ces princes furent de bonne heure gagnés à l'hérésie nouvelle et, au premier rang parmi eux, les Trencavel, seigneurs directs de Nîmes, Agde, Béziers, Carcassonne, Albi. Le rôle, dans les préliminaires de la guerre albigeoise, de cette dynastie de second rang, parente de la maison de Toulouse, parfois son alliée, plus souvent son ennemie, n'a, semble-t-il, pas été assez étudié et son importance suffisamment reconnue. C'est elle qui, dès les hostilités ouvertes, est attaquée avec le plus de soudaineté et de violence sans qu'il fût laissé à son chef, comme tout d'abord au comte de Toulouse, licence et temps de s'amender.

Quelle influence avait amené ces princes, comme leur voisin, le comte de Foix, à l'hérésie? Une rivalité d'intérêts matériels avec les évêques et les abbés de la région? les progrès de la nouvelle doctrine dans les rangs de leur bourgeoisie et de leurs paysans riches? Il ne faut pas oublier que cette religion d'origine orientale, slavo-bulgare, à ce qu'on croit, était parvenue jusqu'aux confins de l'Aquitaine, Agen, Albi, Toulouse, par les ports de la côte méditerranéenne, débouchés des États des Trencavel, avait traversé leurs seigneuries, comme celle du comte de Foix, en se propageant de marchés en marchés, attirant à elle les éléments de population où les seigneurs trouvaient le plus clair de leurs revenus. Faut-il supposer, en outre, une instinctive convenance, chez les princes, comme chez beaucoup de leurs sujets, entre leur goût pour l'indépendance et cette liberté de discipline que le *catharisme* laissait à la masse de ses adhérents, n'exigeant que pour les *parfaits*, l'élite, une pratique austère et rigoureuse? Ce qu'il y avait de manichéisme dans les dogmes prêchés et la coexistence professée d'un Dieu du mal et d'un Dieu du bien n'était d'ailleurs pas fait pour les troubler : au moyen âge le Diable n'est-il pas partout?

Quoi qu'il en soit de ces croyances que nous connaissons mal, ne possédant guère sur elles que les renseignements d'ennemis, et qui eurent leurs saints et leurs martyrs, présentant peut-être, avec l'ascétisme outré de la minorité de leurs adeptes, un danger pour la société civile, leur diffusion fut large et rapide : « les personnages les plus considérables de ma terre se sont laissé corrompre », écrivait en 1177 au chapitre général de Clairvaux Raimond V, comte de Toulouse ; « la foule a suivi leur exemple et abandonné la foi, ce qui fait que je n'ose ni ne puis réprimer le mal ».

Aggravé sous son fils Raimond VI, tolérant, dissolu, incohérent ou dissimulé en conduite, bienfaiteur de monastères et spoliateur d'églises et d'abbayes, orthodoxe officiel, secret fauteur de l'hérésie, ce mal avait, dans le principal fief, résisté aux missions, aux anathèmes, aux spectacles de pénitences publiques imposées. Pressé par le pape d'intervenir, Philippe-Auguste, le roi suzerain éminent, autorité civile régulière, pris par ses affaires d'outre-Manche, se récuse. L'entreprise devient œuvre purement ecclésiastique. Elle est déterminée par les légats pontificaux qu'Innocent III désavouera parfois, mais laissera faire. Le meurtre de l'un d'eux, l'archidiacre de Maguelone, Pierre de Castelnau, à Saint-Gilles, décide de l'action qu'avait prêchée aux fidèles le violent Folquet de Marseille, troubadour converti et nommé en 1206 au siège épiscopal de Toulouse. Raimond VI accusé de meurtre, sans preuves, d'ailleurs, est excommunié et les orthodoxes invités à occuper ses domaines. Philippe-Auguste vit le danger qui menaçait l'unité du royaume : « mauvais vassal », écrit-il au pape au sujet du comte ; mais la disposition de ses biens ne concerne pas l'Église. « Condamnez-le comme hérétique ; alors, seulement, vous aurez le droit de publier la sentence et de m'inviter, moi, le suzerain du comte, à confisquer légalement les domaines de mon feudataire. » L'affirmation est importante à la fois pour l'histoire du royaume et pour celle des pays de Languedoc. La politique future de la royauté à l'égard de la future province y est incluse.

Mais la royauté s'en tint là pour le moment et l'expédition armée fut l'œuvre des évêques et des seigneurs du Nord, depuis l'archevêque de Reims, jusqu'à l'évêque de Chartres ; depuis le duc de Bourgogne, jusqu'au petit comte de Leicester titré en Angleterre, Simon de Montfort, sous le commandement du chef d'ordre, légat du Saint-Siège, Arnaud Amalric, abbé de Cîteaux. La croisade intérieure promettait indulgences et bénéfices comme celle d'outre-mer (1209).

L'attaque, dirigée par la vallée du Rhône, atteignit d'abord les Trencavel. Raimond de Toulouse n'avait pu être convaincu d'hérésie et fut admis à faire pénitence moyennant cession au Saint-Siège de sept de ses châteaux et reconnaissance de la suzeraineté pontificale sur le comté de Melgueil. Mais les excuses de Raimond Roger, vicomte de Béziers, et ses protestations d'innocence ne furent même pas écoutées par l'abbé de Cîteaux. C'est donc Béziers que saccagent et brûlent pour l'exemple les envahisseurs, Français, Flamands, Bourguignons, Allemands, grossis de contingents venus d'Aquitaine et d'Auvergne, en un massacre sans distinction d'âge, ni de sexe, ni même, disent les témoignages contemporains, de confession. Sept mille personnes y périrent, et, un point à noter, c'est, au cours de la guerre, l'effectif des victimes. Les vides pratiqués dans les rangs de la population indigène, comblés plus tard à l'aide d'éléments étrangers, aident à comprendre comment purent, de façon si rapide et si durable, s'effacer les traits originaux de la civilisation régionale.

La répression de l'hérésie étendait partout l'occupation armée et les évictions de seigneurs locaux. C'est, après Béziers, Carcassonne qui tombe en septembre 1209, et le possesseur de ces deux villes, le vicomte Raimond Roger, un Trencavel, fait prisonnier, disparaît « on ne sait comment ». Puis ce sont les villes secondaires, Limoux, Montréal, Fanjaux, Castres. L'attaque mord un moment sur le comté de Foix, dont le seigneur était fauteur d'hérésie, avec Mirepoix et Saverdun, puis tourne vers l'Ouest où elle emporte Lombez et Albi, pour revenir en 1210 sur le Languedoc central, les vieilles forteresses de Minerves et de Termes, enfin les châteaux de Cabaret et de Lavaur (1211). Le sort de l'hésésie tenait pour une grande part à la résistance de la noblesse locale. Et, de plus, chacun de ses fiefs pouvait fournir un lot lors du partage entre les conquérants.

Car la croisade prenait de plus en plus, malgré les scrupules de temps à autre manifestés par Innocent III, l'aspect d'une fructueuse entreprise. Elle a son chef laïque, le petit seigneur de Montfort-l'Amauri, Simon, capitaine, diplomate, législateur, d'action surhumaine, semblait-il, et miraculeusement invulnérable. Le miracle abonde en effet dans cette sanglante épopée, mêlé à la cruauté. A côté du supplice de la vieille et charitable dame de Lavaur, la comtesse Giraude, jetée dans un puits que l'on combla, le moine Pierre de Vaux-Cernay raconte, avec le même accent de piété convaincu, le passage victorieux du converti à travers les flammes qui consument l'hérétique obstiné ; la multiplication des vivres au profit des croisés ; les clartés célestes illuminant les corps de chevaliers croisés tombés dans une embuscade ; les guérisons de blessures mortelles ; les signes évidemment divins qui marquent l'action de Simon de Montfort.

Dans ce désastre de la noblesse et des cités languedociennes, restait encore indemne en sa personne le suzerain, le comte de Toulouse épargné jusque-là pour sa pénitence publique, diminué par ses concessions et qui voyait tomber autour de lui ses barons et ses communautés vassales. Il avait pu protéger sa principale ville, Toulouse, dont la piété, attestée par de nombreux sanctuaires, n'en restait pas moins suspecte ; mais la défaite de son allié le comte de Foix à Castelnaudary découvre l'Agenais. Après le concile de Montpellier, en 1211, où il avait refusé de signer sa déchéance, excommunié à son tour, Raimond VI ne possédait plus, en 1212, que Toulouse et Montauban.

L'intervention du roi d'Aragon, le vainqueur de las Navas de Tolosa, seigneur de Montpellier, son beau-frère, ne put ni le sauver, ni rétablir les forces de la chevalerie languedocienne, qu'après quelque réserve et des négociations avec l'Église : inquiet sans doute des progrès de l'expédition des hommes du Nord, il était venu secourir, lorsque Toulouse fut directement menacée. La bataille qui s'engagea au pied des remparts de Muret, le 12 septembre 1213, dans la plaine marécageuse des Pesquiers, ne fut guère qu'un choc de cavalerie où les féodaux du Midi, Catalans et Languedociens, enclins aux combats isolés, mal conduits par des chefs en désaccord, dispersant leurs forces plièrent sous la charge des enthousiastes fanatiques dont Montfort sut grouper et diriger l'élan. Les hommes de pied, milice de Toulousains et de Montalbanais, incapables de soutenir le poids de la masse en mouvement, laissèrent sur le champ de bataille ou dans les eaux de la Garonne 15 ou 20.000 des leurs, sans avoir guère pris à l'action d'autre part qu'une attaque mal combinée sur le château de Muret. Le roi Pierre, mort en brave chevalier dans le combat, ses alliés, les comtes de Toulouse, Foix et Comminges durent céder le terrain et gagner leurs refuges les plus sûrs.

Les historiens et les poètes du Languedoc datent de cette défaite ennoblie par des actes de vaillance la fin de l'indépendance languedocienne. C'en fut seulement l'épisode le plus marquant, celui qui « voila de deuil, selon l'expression du poète catalan Balaguer, la viole et les chants des Troubadours ». En réalité, l'autonomie fragmentaire du pays languedocien était compromise du jour où se démembra, pièce à pièce, la mouvance du comte de Toulouse, où il fut prouvé que ni les seigneurs ni les cités ne sauraient unir leurs efforts et grouper ceux des campagnes contre l'envahisseur. La résistance avait été incohérente, ses manifestations échelonnées sur un espace de dix ans et dispersées sur un vaste territoire. Avant la bataille de Muret, Simon de Montfort était déjà reconnu par le pape vicomte de Béziers et de Carcassonne, successeur des Trencavel, et Arnaud Amalric, l'organisateur ecclésiastique de la croisade, installé dans l'archevêché de Narbonne siège primatial de la province. Si Pierre d'Aragon était seigneur de Montpellier, il ne disposait pas à son gré de sa puissante et indocile bourgeoisie, inclinée déjà vers la politique ultramontaine par l'influence de son beau-père Guilhem VIII, l'homme du pape en Languedoc, mais surtout jalouse de ses libertés. Les forces amenées par lui au secours de ces hérétiques dont il avait à plusieurs reprises fait brûler les frères étaient impuissantes à faire pencher la balance.

D'ailleurs, le partage de la terre conquise, la *conquesta,* comme diront les chroniques romanes du xIII^e siècle, pour désigner le pays entier, et son organisation, avaient déjà commencé. Les distributions préalables de domaines avaient gagné à la cause de Simon le haut clergé languedocien encore hésitant, et retenu sous ses enseignes des barons tentés de le quitter, après leur « quarantaine » plusieurs fois renouvelée, lorsque les *statuts de Pamiers,* en novembre 1212, ratifièrent pour le présent et réglèrent pour l'avenir les coutumes du nouvel État, établirent un gouvernement militaire et sacerdotal, un service régulier d'ost et d'impôts avec un tribut au pape, une police, un ordre enfin inconnu jusque-là et capable, si sévère fût-il, de rallier à son fondateur même les bourgeois des grandes communes qui, moyennant soumission, sentaient leurs intérêts privés mieux protégés.

Peu importe dès lors à l'histoire de la région le drame de conscience, si intéressant pour l'histoire générale, où, dans le concile de Latran, Innocent III semble s'être débattu sous la pression des évêques, leur refusant d'abandonner à Simon de Montfort le domaine direct de la maison de Toulouse, et finissant par n'en garder à Raimond VI que la partie orientale, Beaucaire et Nîmes avec le nord de la Provence.

Mais deux faits arrêtèrent brusquement cette installation en Languedoc d'une dynastie féodale venue du Nord : la mort de Simon devant Toulouse qu'il assiégeait (1218) et l'initiative enfin prise par la royauté.

Philippe-Auguste s'était borné jusque-là à surveiller de loin la marche des affaires, traitant cependant comme un officier royal le chef de la croisade qui faisait rendre la justice au nom du roi. Depuis 1215 il laissait dans les rangs de l'armée croisée son fils Louis, qui aida même Simon de Montfort à prendre possession du duché de Narbonne contre la résistance du nouvel archevêque Arnaud Amalric, puis à faire le siège de Toulouse révoltée, enfin prit part au sac de Marmande, avant de retourner outre-Loire.

Mais la mort de Simon avait compromis la conquête ; son fils Amauri, devant une reprise d'armes victorieuse de Raimond VI, était impuissant à consolider l'œuvre paternelle. Il abandonne ses domaines au roi de France. Le successeur d'Innocent, Honorius III, et les évêques languedociens appelaient la royauté capétienne. Ce fut elle qui hérita ; sortie des embarras et des périls où l'avaient jetée la lutte contre Jean sans Terre et une coalition des princes du Nord, elle va orienter son action vers le Midi et assurer par là l'unité du royaume.

Le pays languedocien, après de profondes saignées, y gagna quelque ordre. Mais ce qu'il y avait en lui de libre, de spontané, d'original, y périt.

L'inspiration des troubadours si éprise des sons, des couleurs, des formes et des rythmes, des subtilités de sentiment et de passion, va s'éteindre en plaintes ou en piétisme. La littérature languedocienne n'aura pas de prose, sauf dans le libellé de délibérations communales, d'actes usuels et de rares chroniques. Son vocabulaire ne s'élèvera pas à l'expression des idées générales, le latin y suffisant alors. Elle a eu ses fleurs colorées et délicates, elle n'arrivera pas jusqu'aux fruits, n'atteindra pas la maturité.

Les arts plastiques, où la tradition soutenait un effort si souvent heureux vers l'expression du mouvement et de la vie, obéiront à des lois importées et suivront une discipline d'école. L'industrie et le commerce, éveillés de tant de points dans les grandes cités et alimentés à des sources si diverses, y seront plus tard réglés par les fondations et les ordonnances royales. Ni les hommes, ni les institutions ne garderont plus au même degré les caractères personnels au pays; ce sera un autre génie. La centralisation qui va commencer effacera ces traits originaux par un bienfait, sans doute, d'ordre général, une fusion plus complète des éléments destinés à former notre France maternelle, mais dont on peut regretter la violence et, en certains domaines, l'effet destructeur. Car, dans son ensemble, la vie de la région languedocienne a été une civilisation avant de se rétrécir aux proportions d'une province.

VII

L'ANNEXION AU ROYAUME

Louis IX. — Alphonse de Poitiers.— Annonce d'une province de Languedoc.

Brisé par les efforts combinés de la féodalité française et de l'Église, le pays de Languedoc ne pouvait opposer à la royauté, entrant à son tour en jeu, qu'une résistance brève et sporadique. Le premier noyau acquis par le roi, fut, dans sa majeure partie, cet héritage des Trencavel que la dynastie des Montfort n'avait pu absorber. L'expédition du prince royal Louis contre le dernier des grands comtes toulousains, Raimond VII, et quelques-uns de ses vassaux restés fidèles, n'aboutit pas, malgré la prise de Marmande et le massacre de ses habitants. Mais elle avait préparé les voies à l'héritier du trône devenu Louis VIII qui, en 1226, après avoir reçu d'Amauri de Montfort un fief trop lourd pour un conquérant d'aventure, le reçut une fois de plus des mains du clergé languedocien, des grandes communautés urbaines et parcourut sans obstacles le territoire ainsi livré. Sa mort n'y changea rien. Trois ans après, Raimond VII se soumet et le traité de Paris (avril 1229) donne à saint Louis tout le bas Languedoc et tout le duché de Narbonne, c'est-à-dire les diocèses de Béziers, Agde, Maguelone, Nîmes et Uzès, la partie de l'Albigeois située au sud du Tarn, moins deux enclaves : la baronnie de Montpellier relevant de l'évêque de Maguelone et possédée par le roi d'Aragon; le comté de Melgueil confisqué par la papauté sur Raimond VI et confié par Innocent III à la garde de l'évêque de Maguelone.

La rébellion se cantonnera en quelques refuges fortifiés de la petite noblesse où se retranchent les *faidits,* bandits et proscrits qui n'ont pas voulu fuir en Aragon ou dans les États laissés encore au comte de Toulouse.

La seule révolte de quelque importance fut le soulèvement de Carcassonne, provoqué en 1240, avec celui du Biterrois, par le vicomte dépossédé, un Trencavel. Mais la vieille cité tient bon sous les ordres du sénéchal royal, Guillaume des Ormes et, à la suite d'une répression sanglante, les armes royales remontent la haute vallée de l'Aude.

Le service que rendit d'abord à cette région le gouvernement de saint Louis fut d'y établir un ordre relatif et de diminuer le mal de la guerre chronique. Ses enquêteurs, au bout de quelques années (1248), s'ils maintinrent les rigueurs des tribunaux ecclésiastiques envers l'hérésie, considérée comme un crime, n'en portèrent pas moins quelque remède aux tracasseries, aux violences et aux exactions des premiers conquérants, ignorants des usages du Midi, de ses traditions converties en droit, peu respectueux des privilèges des villes. Ce gouvernement fut, dans son ensemble, habile et modéré. Il laissa debout les cadres administratifs institués ou adoptés par Simon de Montfort, le premier organisateur du

Languedoc féodal et auxquels les populations s'é-
taient habituées depuis les statuts de Pamiers :
deux sénéchaux, celui de Beaucaire et celui de Carcassonne qui étaient des agents du roi, ne tenant
pas leur office en fief, mais réunissant dans leurs
mains les trois pouvoirs administratif, judiciaire et
militaire ; au-dessous d'eux, dans chaque sénéchaussée, leurs auxiliaires, les viguiers et des officiers subalternes, les *bailes*, exerçant chacun dans
sa circonscription des fonctions analogues, mais subordonnées ; des juges et enfin des châtelains chargés
de la garde des postes fortifiés. Rien ne semble
changé au fond ; si les sénéchaux viennent toujours
de France, la plupart des autres officiers sont du
pays, en connaissent la langue et les mœurs.

Ce n'est donc point encore l'aspect de ce qu'on
est convenu d'appeler la centralisation monarchique.
Mais le travail de la royauté commence du seul
fait que les dépositaires de la puissance publique
sont des officiers royaux. On le voit bien aux progrès
de la juridiction royale dans les diocèses de Nîmes
et d'Uzès, de Maguelone, le pays d'Alais, et même
les régions jusqu'alors mal rattachés à la suzeraineté du roi comme à celle du comte de Toulouse,
Vivarais, Velay, Gévaudan. Le pouvoir des seigneurs locaux y est gêné souvent, souvent diminué
par la revendication des droits royaux. Peu d'obstacles à la poursuite patiente et tenace des intérêts
de la couronne dans les rangs d'une féodalité que la
guerre albigeoise a décimée.

Dans la sénéchaussée de Carcassonne l'assimilation est encore plus aisée ; l'ancienne noblesse a
disparu du Carcassez, du Razès, du Biterrois ; les

barons s'y sont installés de fraîche date par la conquête ; ce sont les compagnons de Simon de Montfort ou leurs fils et ces seigneurs *terriers* n'y ont pas
les racines des vieilles dynasties locales.

Quant aux grandes communes, élément de la vie
féodale au moins aussi important et plus complexe
que l'ensemble du domaine rural, si le nouveau
régime gêne l'extension de leurs franchises municipales et arrête le mouvement consulaire, elles y
gagnent des garanties pour leurs libertés essen-
tielles, surtout pour la sécurité de leur production
industrielle, de leur activité commerciale. Le roi
de France est encore un seigneur pour elles, qui
agit chez elles en seigneur, comme à l'égard de
ses autres vassaux ; mais son autorité est plus lointaine, en tout cas mieux ordonnée, plus constante
et plus sûre pour leur bourgeoisie et leur peuple
d'artisans ou de marchands. Les petites communautés enfin, qui gardent leurs coutumes et leurs
privilèges, sentent le prix d'une protection mieux
réglée. Elle leur est commune à elles et aux paysans contre les routiers et les coureurs d'aventures.
Les progrès économiques, la paix sous la tutelle
royale furent la principale condition de l'union qui
commença dès lors à relier les bourgeoisies du
Midi et la royauté.

Le passage du Languedoc seigneurial au Languedoc royal est marqué par une autre étape. En dehors
de cette part de son domaine où Raimond VII avait
abandonné la suzeraineté, restaient le Toulousain,
l'Albigeois méridional, le Quercy, le Rouergue, et
l'Agenais. Et dans ces limites restreintes le comte,
dernier de son nom, essaie vainement de renouve-

ler, au berceau même de sa race, les vieux pouvoirs
et la vieille dynastie. Pendant plus de vingt ans il
travaille à détruire les effets du traité de Paris qui
avait déjà disposé de sa succession en stipulant le
mariage de son héritière, sa fille Jeanne, avec un
frère du roi, Alphonse de Poitiers. Acquisitions,
fondations de *villes neuves,* productrices de revenus
réservés à la guerre, alliances avec l'étranger, négociations matrimoniales en vue d'assurer à sa seigneurie un héritier mâle, tout fut entrepris en vain.
Sa révolte en 1242, tentée pour appuyer la coalition
du comte de la Marche, des rois d'Aragon et d'Angleterre contre le Capétien, n'aboutit qu'au traité
de Lorris qui consacre sa soumission. Il ne put
même s'affranchir des prises de l'Église qui lui
avait imposé en 1229 l'admission à ses frais, dans
l'Université de Toulouse, de professeurs chargés
de ramener le pays à la doctrine orthodoxe et établi sur ses terres, pour surveiller la foi de ses sujets,
le tribunal de l'Inquisition, confié en 1233 à l'ordre
de Saint-Dominique.

Les années qui lui restaient à vivre, troublées
par le regret de ne pouvoir obtenir du souverain
pontife l'inhumation de son père en terre sainte,
furent traversées par ce rêve d'Orient qui avait hanté
ses devanciers. Et ce survivant des grands féodaux
du Midi mourut en 1249, au moment où il pré-
parait son départ pour la Palestine, lointain refuge
et suprême pensée.

L'héritage revenait à sa fille, en fait au frère du
roi, qui, aux termes du traité de Paris, en avait
l'expectative à défaut d'un hoir mâle dans la maison
de Toulouse. Alphonse de Poitiers ne le gouverna

Maguelone. Portail de l'Église. (*Monuments historiques.*)

Pl. VI.

point autrement que n'eût fait le souverain lui-même ;
division en trois sénéchaussées : Toulouse, l'Agenais, puis Quercy et Rouergue, subordonnés à la
première et, au-dessous, les circonscriptions des
vigueries avec une organisation spéciale de justice,
celle des *jugeries*, que rendaient nécessaires l'établissement récent des conquérants croisés et les
litiges qui en résultaient. La surveillance de la
noblesse et des officiers subalternes et l'espoir d'un
accroissement de revenus amena la création de nombreuses *bastides, villes neuves,* ou *villes franches*
dont le type existait déjà dans le pays, mais dont
la fréquence et l'importance grandirent. Quant aux
libertés municipales et politiques, Alphonse ne les
favorisa pas plus que son frère saint Louis. Il voulut même, à l'exemple de Simon de Montfort, trans-
former dans sa ville principale, Toulouse, le corps
des capitouls électifs en une sorte de commission
de prud'hommes révocables à volonté.

Figure de pénombre, malgré les nombreux documents qui nous restent de sa chancellerie, ce prince
qui fut pourtant un croisé dévot, un chevalier vaillant, en dépit de sa santé précaire, très dévoué à
son frère et seigneur dont il partagea les périls dans
ses deux expéditions d'Orient, laisse surtout l'impression d'un administrateur exact, assez avide et
jaloux de ses droits, mais respectueux de ceux d'au-
trui en ce domaine languedocien, où il ne résidait
pas, qu'il visita seulement deux fois, qu'il façonna,
cependant, par sa discipline, au gouvernement
royal. Au sortir de ses mains, en 1271, le Languedoc occidental, lequel ne fut jamais un apanage,

offre déjà, en quelque mesure, la figure d'une province de la monarchie capétienne.

Et la réunion fut immédiate, malgré les précautions d'esprit féodal que renfermait le testament de sa veuve. Philippe le Hardi l'assura, orientant ainsi, avec plus de continuité vers le Midi, la politique de sa maison qui jusqu'à Louis VIII avait dirigé surtout son action vers les frontières du nord et de l'est. Il n'a, d'ailleurs, sur ce point, qu'à fixer une tradition déjà définie. Ses légistes et ceux de Philippe le Bel vont en préciser et en étendre les effets.

La prise de possession de l'héritage toulousain, diminué de l'Agenais, qui retourne entre les mains du roi d'Angleterre, et du Venaissin, restitué au pape, s'accomplit pacifiquement par les soins de commissaires royaux.

L'occupation momentanée de la baronnie de Montpellier par les troupes royales oblige le roi de Majorque à se reconnaître arrière-vassal de la couronne. Enfin, l'expédition d'Aragon amène pour la première fois la province, d'ailleurs sagement administrée, à entrer dans la politique générale du royaume, à y contribuer par des levées d'hommes et d'argent. Et, déjà, à côté des agents du fisc royal apparaissent les mandataires de la justice royale, délégués pour remplacer les juges d'Alphonse de Poitiers. Ce n'est pas encore le Parlement de Toulouse ; la royauté ne décentralise pas, rattache au contraire à sa « Cour le Roi » les cas de la grande juridiction féodale. Mais le ressort judiciaire de la province qui s'organise va bientôt se déterminer.

C'est surtout sous le règne de Philippe le Bel et de ses fils que ce travail d'assimilation de la région au royaume se marque et se précise. Il sera ralenti par la guerre de Cent ans, pour reprendre plus tard sa force.

Agrandi de la partie de Montpellier que possédait auparavant l'évêque de Maguelone, de la seigneurie de Lunel ; étendant ses *pariages* de juridiction dans les régions du Gévaudan, du Vivarais et du Velay ; mis à l'abri par la force des armes des tentatives du comte de Foix et des derniers mouvements insurrectionnels de communes, comme à Albi, Narbonne, et Carcassonne ; rendu enfin à la foi orthodoxe par l'extinction progressive des doctrines albigeoises et enrichi par surcroît de la plus grosse part des biens confisqués sur l'Ordre du Temple, le domaine royal tend de plus en plus vers l'unité.

Non sans froissements et sans souffrances pour les populations.

L'hérésie albigeoise n'était plus ni un parti, ni un danger. Ses fidèles, épars dans les campagnes, serrés encore en quelques groupes urbains, surtout à Albi, Toulouse, Carcassonne, Narbonne, n'en demeurent pas moins sous la terreur des procédures inquisitoriales qui trop souvent aboutissaient à la torture puis « au mur », captivité temporaire ou perpétuelle et parfois au bûcher. De 1301 à 1304, les enquêtes et les ordonnances de Philippe le Bel tentent en vain de modérer ces excès ; un voyage même du roi n'y parvint pas. Le mouvement du franciscain Bernard Délicieux, qui eut pour centre Carcassonne, n'aboutit qu'à la condamnation de son chef et à des pendaisons de complices. Et si le roi décline en fait la responsabilité de peines prononcées par des tribunaux d'Église, leurs sentences, accompagnées de confiscation, n'étaient pas sans profit pour son trésor.

La persistance de ces rigueurs qui durent jusqu'au milieu du XIVᵉ siècle, l'usage d'une procédure qui avait pour moyens l'arbitraire et le secret, expliquent peut-être en quelque mesure la déformation que semblent avoir subie en Languedoc le caractère des hommes et leur physionomie morale. Tolérants avant la guerre albigeoise, indifférents même assez souvent en matière de confession religieuse, ils étonneront l'opinion par leur fanatisme aux périodes de la Réforme, de la Ligue et de la Contre-Réforme au point que les historiens, Michelet, entre autres, ont cru discerner dans cette sombre ardeur un trait essentiel de leur tempérament. Ce n'est, à tout prendre, qu'une cicatrice de violences subies et une hérédité imposée.

D'autres victimes sont à compter à côté des derniers Albigeois, comprises dans une opération surtout fiscale : les Juifs et les « Lombards » ou marchands et changeurs italiens. Nombreux dans le Languedoc où ils furent parfois les intermédiaires du commerce et de la science entre cette région et l'Orient, l'Italie, l'Afrique du Nord, l'Espagne, les Juifs tolérés d'abord par les officiers royaux, sont, par le dur gouvernement de Philippe le Bel et de ses fils, traqués et dépouillés, sur le double grief d'hérésie et d'usure ; leurs biens et leurs comptoirs sont pillés, leurs grandes écoles de Lunel, Nîmes, Montpellier, Béziers, Narbonne, Carcassonne, Toulouse, dispersées ; et, lorsque la persécution se relâche, la condition des survivants et des rapatriés reste précaire. Elle devait le rester longtemps. Quant aux Lombards dont les banques de crédit et les tables de change étaient un des éléments, souvent coûteux, il est vrai, de l'activité économique, devenus parfois même agents financiers du gouvernement royal ou ses bailleurs de fonds, tel Boccanera, adjudicataire des remparts d'Aigues-Mortes, ils fuient pendant quelques années devant une persécution analogue.

Et la condition des nationaux n'est souvent pas meilleure. Associés par le gouvernement à la politique générale du royaume, ils voient, dans un très court délai, l'impôt royal se substituer aux redevances féodales, ou plutôt s'y ajouter. Leur participation aux dépenses des lointaines guerres d'Angleterre et des Flandres amène à la fois une superposition de taxes et une transformation administrative. Les enquêteurs royaux de saint Louis ont fait place à des agents du fisc chargés de percevoir, parfois durement, des ressources extraordinaires.

Mais du moins y eut-il à cette entrée du pays dans la solidarité nationale de réelles et durables compensations. Et tout d'abord, les éléments d'une institution qui fut, jusqu'à la fin de l'ancien Régime, caractéristique du Languedoc plus que d'aucune autre province de France : les États provinciaux.

Cet organisme dont la première ébauche se peut discerner dans les cours locales consultées par les seigneurs et où prennent place des vassaux laïques, des clercs et des gens de communes ayant une personnalité fondée sur des droits reconnus, est, en certaines occasions, mis en activité et élargi par le suzerain éminent. Les sénéchaux de saint Louis et d'Alphonse de Poitiers en avaient quelquefois usé. Ces représentants des trois « ordres » se sont rencontrés dans les assemblées générales du royaume en 1302, 1308, 1314, sous Philippe le Bel, sans choix ni mandats bien précis, d'ailleurs. Sous Philippe V, une assemblée de cette nature est tenue à Toulouse. Vienne la guerre de Cent ans et la nécessité de contributions régulières à la défense du pays, l'organisme se déterminera, quelques voies d'accès à l'administration des affaires provinciales seront ouvertes aux gens de Languedoc, dont l'unité politique commence à s'entrevoir.

Plus apparent aux yeux des contemporains fut sans doute le rôle joué et l'influence acquise dans le conseil du Roi par ces légistes méridionaux dont la subtilité juridique et la passion semblent servir, au profit de la royauté, une revanche du Midi contre ce monde féodal et ecclésiastique d'où lui était venue sa ruine. Pierre Flotte, Auvergnat, est, comme Pons d'Aumelas, Guillaume de Plasian, Pierre de Belleperche, un élève des écoles d'Alais et de Montpellier, où la tradition des glossateurs bolonais perpétue les principes de l'impérialisme, de la suprématie du prince, qu'en France, ainsi qu'en Italie et en Allemagne, les juristes vont dresser à la fois contre la féodalité et contre l'Église. Guillaume de Nogaret est un Languedocien, de Saint-Félix-de-Caraman, en Lauraguais, un disciple de Montpellier aussi. On a voulu expliquer par des origines albigeoises son gallicanisme violent. Il y suffit de son ambition personnelle et des doctrines du droit romain. L'implacable adversaire de Boniface VIII et des Templiers n'en est pas moins représentatif avec excès et emportement de l'esprit qui dirigea longtemps les actes des officiers administratifs du roi, plus encore que les délibérations de ses tribunaux.

Enfin, de l'influence royale exercée plus directement et plus largement sur la province en formation résultent pour celle-ci quelques avantages économiques. La vie de relations ralentie par la guerre albigeoise n'anime plus avec la même intensité les voies de navigation intérieure entre Arles et Narbonne par Saint-Gilles, les bras du Petit-Rhône et les étangs ; mais la royauté française veut, au fond de la lagune d'où était partie pour la croisade la flotte de saint Louis, entre Marseille et Lattes, indépendantes encore de son pouvoir, un port royal qui puisse appuyer son action sur la Méditerranée, station de commerce, de relâche et de guerre. La charte communale d'Aigues-Mortes date de 1246, et dès la fin du XIIIe siècle l'enceinte protectrice de ses privilèges achève de sortir des sables coupés de tamaris et des eaux fiévreuses.

Déjà à Beaucaire, devenue ville royale, l'activité des importations et des échanges, alimentée par les rapports avec l'Italie, s'accroît dans la foire fondée par les Raimond. Une colonie de Lombards développe à Nîmes, à la faveur de concessions faites par Philippe le Hardi, au préjudice de Montpellier, un génie commercial que les incohérences postérieures du régime ne parviennent pas à décourager.

Plus durement éprouvées par la guerre albigeoise, les régions du centre et de l'Ouest ont plus de peine à se refaire : l'industrie et le commerce de Narbonne déclinent déjà quand la crue de 1316 ensable la branche de l'Aude qui alimentait son port urbain; des troubles municipaux vont retarder le développement économique de Toulouse et du Toulousain, son commerce en gros et sa batellerie, après les ravages des Pastoureaux et les contre-coups de cette insurrection paysanne qui se prolonge en certains points jusqu'en 1320.

Sans doute Carcassonne, la capitale militaire de la province royale, comme Aigues-Mortes en est le port militaire, achève de dresser autour de sa vieille cité, sur les hauteurs dominant la rive droite de l'Aude, sa couronne robuste et accidentée de fortifications; elle abrite sa garnison d'*estagiers* et de châtelains, continue de garder la route d'Espagne et protège la ville bâtie à ses pieds en échiquier dans la plaine, sur l'autre bord du fleuve. Elle couvre vers la Catalogne hostile les industries de drap, avec le commerce et les écoles que les Juifs maintiennent encore près d'elle sous ses hautes murailles.

Mais l'action royale était lointaine et intermittente, insuffisante à réparer dans le domaine économique des forces qu'avait usées l'invasion et dont les éléments vont encore s'appauvrir aux contre-coups de la guerre de Cent ans.

Encore moins pouvait se refaire la spontanéité de création littéraire et artistique, là où le pays s'était montré original. L'inspiration de la poésie provençale y était éteinte quand les Capitouls de Toulouse fondèrent l'Académie du *Gai-Savoir;* une institution artificielle était incapable de la ranimer.

Le souci de combattre les doctrines albigeoises, même après la destruction de leurs fidèles, la nécessité de diminuer, dans ce dessein, l'ignorance ou la négligence séculaires du clergé languedocien, y avaient appelé l'effort de l'Église enseignante. Dans toutes les villes importantes s'élèvent des couvents de Dominicains, d'Augustins, de Carmes, de Franciscains; mais la culture des écoles ouvertes par chacun de ces ordres est spéciale, toute théologique, ne franchit guère l'enceinte des cloîtres, n'atteint même point, par la chaire, la masse des chrétiens pratiquants. Car elle est compliquée, subtile, parfois mystique et n'a laissé après elle en pays de Languedoc qu'un nom, celui de Guillaume Durant.

Dans le domaine des arts plastiques, c'est encore une discipline étrangère qui gagne le Midi. Elle descend du Nord, en suivant les chemins de pèlerinage et les routes de relations des grandes abbayes. Elle substitue la construction gothique à la tradition romane dans les monuments religieux et peu à peu dans les édifices civils. Non sans hésitations, ni sans résistance, surtout à considérer ces derniers, tels l'Hôtel de Ville de Saint-Antonin, et les maisons de Cordes « encore romanes bien que du plein XIIIe siècle ». Il y avait là une question de lumière et de technique en rapport avec l'intensité de la lumière, les constructions dans le Midi n'exigeant point pour leur éclairage les hautes et nombreuses ouvertures nécessaires dans le Nord. Les vitraux si transparents de Saint-Nazaire, à Carcassonne, y sont une exception. Dans l'église de Valmagne on a dû boucher les grandes baies en ogive ; elles donnaient trop de lumière. C'est pourquoi l'imitation du gothique ne fut point parfaite, ni dans le Languedoc aquitain où domine l'appareil en briques, ni surtout dans le Languedoc oriental, plus lumineux, où les matériaux, pierres de teinte claire et de taille aisée, eussent facilité toutes les hardiesses.

La transition entre les deux styles semble marquée en Languedoc par la petite église du Vignogoul (Hérault) dont la construction, commencée en 1211 et recommandée aux fidèles par un légat du Saint-Siège, est postérieure au premier succès de la croisade albigeoise. Les formes romanes y persistent encore, associées aux procédés gothiques. Moins apparentes sont-elles dans les grands vaisseaux de Saint-Étienne de Toulouse, de Saint-Nazaire de Carcassonne, de Saint-Just de Narbonne et de la cathédrale d'Albi, sanctuaire et forteresse à la fois pour la défense de l'évêque, représentant de l'Inquisition en pays ennemi.

Quant à la sculpture, art religieux aussi dans la plupart de ses manifestations, elle ne présente plus les caractères qui aux époques précédentes faisaient reconnaître, dans les œuvres des maîtres, l'école toulousaine ou l'école provençale ou une alliance des deux manières. C'est à Albi, dans la clôture du chœur; à Toulouse, dans les statues de Vierges de saint Michel aux Augustins, à Rodez, la physionomie de l'école bourguignonne descendue du Nord qui s'accuse comme en tant d'autres points du royaume et apparaît à la place du type régional.

Ainsi, au cours du xiiie siècle achève de disparaître la contribution originale et comme personnelle qu'aurait pu sans doute fournir le pays languedocien à la culture générale, si la courbe de sa libre évolution n'avait pas subi une violente rupture. Les temps qui venaient, la sombre époque de la guerre de Cent ans, lui permettront plus d'autonomie dans la crise du royaume, ne lui laisseront pas plus de ressources pour développer son génie propre. Mais cette crise même appellera ses diverses régions déjà organisées à un rôle éminent dans la formation et la défense de l'unité nationale.

VIII

LA GUERRE DE CENT ANS ET LA PROVINCE DE LANGUEDOC

Les premiers contre-coups. — Les premières assemblées d'États périodiques. — La vie extérieure par le commerce ; Jacques Cœur. — L'ordre établi par la Royauté. — La condition des États provinciaux ; les organes administratifs, judiciaires et politiques de la Province. — Louis XI et François Ier.

Dans la période de désordres et de désagrégation que marque à plusieurs reprises pour le royaume de France la guerre de Cent ans, la région de Languedoc pouvait céder à l'attraction du parti anglais maître de pays compris dans l'aire de la langue et de la culture languedociennes. C'était un danger national. Elle resta fidèle au roi de France, souffrit d'abord des contre-coups, puis directement, et défendit le royaume de ses hommes, de son argent, de son loyalisme constant. Elle acheva de devenir française par ses services, fut même, un moment, avec les provinces du Centre, la France contre l'Anglais.

Elle y gagna, dans la crise qui l'isolait, une autonomie financière restreinte, mais qui dura longtemps et lui constitua jusqu'à la fin des trente premières années du XVIIe siècle une physionomie assez originale parmi les provinces françaises : la compétence et l'action de ses États provinciaux dans l'assiette et la répartition des impôts. Et la tradition ainsi fondée subsista, dans la pratique administrative, même après le déclin de l'institution, jusqu'en 1789, pour le bien de la Province.

L'une des raisons de son attitude loyaliste y fut, sans doute, le défaut de grand feudataire, les maisons de haut rang éliminées par la guerre albigeoise, et les familles d'Albret, d'Armagnac et de Foix, si intimement qu'elles aient pénétré dans son histoire intérieure pendant la lutte du Midi pour la cause du roi de France, n'en restant pas moins extérieures à la future province languedocienne et emportées, du reste, vers des ambitions plus lointaines par des alliances royales. Les Montfort, qui avaient formé d'avance certaines parties du Languedoc à la discipline féodale, n'étaient plus là.

Extérieure aussi, la domination anglaise si puissante en Guyenne et à Bordeaux. Les raisons économiques d'où elle tirait là sa force intéressent peu Toulouse, encore moins Narbonne et le bas Languedoc. Et c'est même par opposition à la politique des Plantagenets que se définira avec le plus de netteté le patriotisme du pays languedocien.

Il ne s'émeut d'abord point d'une guerre dont le théâtre est hors de ses limites et de ses relations commerciales, en Agenais et en Périgord.

Il a fourni dès le début des hostilités de l'argent à Philippe VI ; il fournit des hommes et de l'argent quand la chevauchée de Derby et les répercussions de la défaite de Crécy rapprochent les hostilités avec l'échec de Jean de Normandie à Aiguillon (1346).

Et, trois ans plus tard, malgré les imprudences du roi Jean le Bon, l'acquisition de Montpellier par la royauté ferme toutes les avenues qui pouvaient être ouvertes à une intervention espagnole. Déjà s'était évanoui le rêve d'une monarchie franco-ibérique, maîtresse, par Barcelone, plus tard par les Baléares, de la Méditerranée occidentale. Le point d'appui du roi de Majorque sur la côte française, Montpellier, la grande et opulente commune aux allures de république autonome, n'est plus en entier aux mains de ce souverain ; un « recteur royal » venu de France en gouverne une part depuis 1293. La lutte inégale de Jacques III de Majorque contre son parent et suzerain aragonais fait passer entre les mains du roi de France la totalité de la ville et le château de Lattes. La défaite et la mort du prince majorquais allaient entraîner l'acquisition française du port de Lattes, annexe commerciale de sa cité marchande. Sans abandonner encore ni ses privilèges commerciaux, ni son indépendance municipale, ce coin de Languedoc, si longtemps cosmopolite et orienté vers la Méditerranée, n'en reçoit pas moins l'empreinte de la patrie commune et s'habitue à fixer sur le roi, puis sur le royaume de France, son attention, bientôt son attachement avec ses intérêts.

Mais ce qui va faire à la région une âme française, c'est surtout l'invasion étrangère. Sous sa menace à l'Ouest, à l'aspect des villes démantelées sur la frontière d'Aquitaine, la province s'arme, exhausse les vieilles murailles de ses places. Et les ravages de la peste noire dans les rangs de sa population n'arrêtent point ce mouvement de solidarité, le premier qui ait, dans sa longue histoire, présenté un caractère d'ensemble. En dépit de l'impéritie que manifeste le lieutenant royal comte Jean d'Armagnac, quand les bandes anglaises, après leurs incursions jusqu'à Saint-Antonin, se montrent à l'horizon plus prochain, la défense s'organise. Le danger commun amène contre la chevauchée du Prince Noir en 1355, avec sa traînée de pillages et d'incendies, de la Garonne à Narbonne, les hommes d'armes de Béziers, de Montpellier, de la sénéchaussée de Beaucaire. Les brigandages des Compagnies dans les années suivantes fortifient encore ce sentiment nouveau. Déjà une foule de seigneurs du Bas-Languedoc sont tombés à côté du roi Jean en 1356, à la bataille de Poitiers.

Dans toute son étendue, la région si laborieusement unie allait rendre à l'unité française un service aussi spontané, plus durable. Il fut permanent pendant la longue crise qui déchirait le royaume et faillit le perdre. C'est justement l'année 1356 où s'établit avec le plus de netteté cet accord entre les gens des *États* languedociens en faveur de la nation. Par instinct confus peut-être encore, mais puissant, ces représentants des communautés méridionales, qui avaient eu entre leurs mains puissance militaire et autorité financière, sentirent, dans le désarroi où la ruine des seigneurs locaux les avait laissés, le devoir et la nécessité de grouper leurs ressources autour de la couronne et du royaume en péril. Ils voyaient l'Ouest hostile aux mains des Anglais; les gardes du corps du royaume, les ducs d'Anjou, Berry, Orléans, Bourgogne, ennemis;

Paris en proie à une révolution municipale, et la royauté de France menacée dans sa capitale par la guerre du roi Navarrais. Il faut de l'argent pour la sûreté de la région; il en faut en 1358 pour la rançon du souverain pris à Poitiers : les communes ont une longue pratique de ces levées de fonds, de l'entente qui les assure. L'urgence de leurs services, en l'absence des gens d'Église et des nobles éloignés ou dispersés par la guerre étrangère et les discordes féodales, procure à leurs assemblées une périodicité qui fut le point de départ de leur action régulière, une sorte d'autonomie qui s'impose, au moins pour quelques années, au gouverneur royal, le duc de Berry : le vote de l'impôt soumis à leur « consentement ».

En même temps s'établit une distinction entre ce corps d'États, et les États de la France du Nord, ceux de Langued'oil que Charles VII, dès 1437, ne convoquera plus. Leur individualité se détermine ainsi et, quand rentreront dans leurs rangs les représentants des ordres privilégiés, elle sera déjà fixée par l'habileté et l'énergie des grandes villes des trois sénéchaussées telles que Nîmes, Montpellier, Carcassonne, Narbonne, Toulouse.

Elle se manifeste non seulement dans les faits, mais dans la langue; les mots de *respublica, patria Lingue occitane* remplacent dans les documents le mot vague de *partes*, région, indiquent une vie commune à ces pays qui associent leurs efforts pour la même cause. Le traité de Brétigny (1360), en les réduisant des possessions royales de l'Agenais, Bigorre, Quercy, Rouergue, Périgord passées pour dix ans aux mains anglaises, les resserre dans les

Plate-forme et château de Polignac. — Portail de l'Église de St-Gilles.
(*Phot. Sites et monuments du T. C. F.*).

frontières des trois vieilles sénéchaussées, Toulouse, Carcassonne, Beaucaire, habituées déjà à vivre ensemble.

Sans doute ces libertés sont encore précaires. Quelques années plus tard, le duc d'Anjou profita pour essayer de les restreindre, des succès mêmes qu'avaient favorisés l'entente des communes et leurs contributions. Les malheurs publics allaient en amener la restitution et l'accroissement, mais dans des limites géographiques trop restreintes pour qu'elles pussent avoir sur l'évolution politique du royaume une influence réelle.

En attendant, se succèdent en ce Languedoc, désormais séparé de la Guyenne, les ravages et les souffrances : extorsions et violences des Grandes Compagnies ; querelles des maisons de Foix et d'Armagnac ; passage du prétendant au trône de Castille, Henri de Transtamare, avec son escorte de partisans pillards, courses meurtrières de routiers que Du Guesclin n'a pu tous emmener en Espagne contre Don Pèdre ; retour des bandes ramenées d'au delà des Pyrénées contre le Prince Noir ; un long défilé de gens armés et de violences. Les succès mêmes, retraite momentanée des Anglais, reprise des régions de l'Aquitaine, adhésion à la couronne française des grands feudataires de Gascogne, Albret et Armagnac, coûtent cher ; les subsides imposés par le duc d'Anjou excitent au Puy, à Montpellier, à Clermont de Lodève, des révoltes durement réprimées.

Et, pour comble de misères, la mort de Charles V, au moment où il apportait quelque détente à l'oppression de ses lointains sujets et reconnaissait implicitement les franchises de ses Assemblées d'États, livre le pays aux troubles d'une minorité.

L'administration du duc de Berry, très despotique, mêlait le Midi du royaume à la querelle des Bourguignons et des Armagnacs, ces derniers alliés au nouveau Gouverneur. L'intervention du comte de Foix, Gaston Phœbus, contre lui, n'aboutit pas à délivrer le Languedoc de sa tyrannie. La violence du nouveau régime soulève les campagnes et amène la révolte des Tuchins, sorte de Jacquerie méridionale qui eut pour complices quelques nobles ruraux et même des groupes de bourgeoisie urbaine. Elle ensanglante, en 1382 et 1383, les diocèses de Nîmes et de Maguelone.

La répression terrible qui confondit dans les mêmes excès de cruauté les révoltés déclarés et les villes suspectes, aboutit à une amende de 100.000 francs d'or (plus de 1.300.000 francs de notre temps en valeur intrinsèque) et au rétablissement de l'impôt des aides remises par Charles V.

Les États ne peuvent rien contre cette dévorante fiscalité que le Conseil royal, dominé par le duc pendant la minorité de Charles VI, dirigeait contre le pays. Mais leur mécontentement n'est peut-être pas étranger à la retraite du grand seigneur qui y laissait l'anarchie administrative et les routiers en permanence, ni au voyage de Charles VI venu en personne à Montpellier pour se rendre compte de la situation et que Froissart nous montre séduit par l'attrait du Midi languedocien.

Les « réformateurs » nommés par lui et le sage gouvernement du maréchal de Sancerre ont à peine rétabli quelque ordre, que la folie du roi et le retour du duc de Berry livrent une fois de plus la population aux misères entraînées par la lutte des Armagnacs autoritaires, hostiles aux libertés régionales et des Bourguignons plus ménagers en apparence des sentiments populaires. Mais c'est justement de la rivalité des partis, à travers les batailles de leurs chefs, les comtes de Foix et d'Armagnac, que ces libertés peuvent renaître et se manifester à nouveau.

Le péril que court le royaume au traité de Troyes y aide. Il éclaire l'instinct des Méridionaux qui, entre le roi prisonnier des Bourguignons au profit des Anglais, et le Dauphin, chassé de la capitale et du Nord de la France, devenu le roi de Bourges, se prononcent pour le dauphin, car il représente l'unité nationale. En mars 1420, Charles est en Languedoc qu'il ne veut pas perdre. C'est en effet « le membre le plus entier » qui lui reste de son État.

Dès lors le Languedoc a vécu, de cœur avec la vraie France, ce long drame de guerre où il fournit pendant dix ans la plus grande part des ressources nécessaires contre l'étranger. Il y a gagné la reconnaissance de son organisation spéciale d'États, de leur périodicité régulière que n'oseront de longtemps interrompre les gens du Roi, malgré quelques contradictions et quelques essais de réaction. Leur composition est fixée : d'Église, de Noblesse et de Tiers ou Représentants des villes. Après les épreuves subies en commun, le dauphin devenu roi n'osera pas davantage détruire un ensemble coordonné qui donne le mouvement à une province dépassant désormais le particularisme féodal et communal, confondant ses affaires avec celles de la Nation.

Et la région de Languedoc ramenée au territoire des trois vieilles sénéchaussées, Toulouse, Carcassonne, Beaucaire, est bien désormais devenue une province du royaume de France, avec les bénéfices et aussi les disciplines qu'entraînera cette qualité. Elle va être définitivement pourvue de ses organes administratifs et judiciaires, y gagnera quelque permanence d'ordre et de tutelle, y perdra quelque originalité, notamment, comme il s'était vu déjà dans la répression des troubles de Montpellier par Jean d'Anjou, l'initiative jusque-là laissée à ses communes dont l'action demeurera bornée et gênée, malgré les services rendus par elles à la solidarité nationale.

Lorsque furent passées les tristes années que marquent à la fois les progrès de l'invasion étrangère et des discordes civiles ; que la marche victorieuse de Jeanne d'Arc, la délivrance d'Orléans et le sacre de Reims eurent fait entrevoir aux lointains Méridionaux la fin de la « grande pitié qui était au royaume de France » et des sacrifices librement consentis par eux pour s'associer à la défense commune, ils purent attendre avec plus de patience le départ des routiers que Rodrigue de Villandrando entre autres chefs trop fameux, avait installés dans le pillage de leurs terres. Les bandes s'écoulèrent peu à peu, par les soins du roi, les unes vers la Suisse, d'autres vers les dernières campagnes anglaises de Guyenne, ou se fondirent dans la formation des premières compagnies d'ordonnance.

Les Écorcheurs, qui imposent une rançon à Toulouse en 1439, s'éloignent à leur tour ; la reprise de
la Guyenne en 1453 délivre enfin le pays languedocien de l'invasion permanente. Dès le milieu du
xvᵉ siècle, la région était prête à recevoir l'ordre et
la forme monarchiques.

Certaines parties avaient montré une singulière
vitalité. Sans doute les ruines se sont entassées, de
la Garonne au Rhône. Toulouse a perdu la moitié
de ses habitants ; Saint-Gilles qui en avait eu 10.000
n'en conserve plus que 400. Les paroisses désertées
et les abandons de biens ne se comptent plus. Mais,
dans les cantons épargnés, les défrichements, la
mise en culture et le repeuplement reprennent dès
la moindre trêve. Partout, les chemins assurés, le
guetteur descendu de sa tour, l'activité renaît. Et,
fait à noter dans le cours de grandes et longues
guerres, le mouvement commercial, en certains
points, reçoit, des besoins accrus, une impulsion
inaccoutumée. Ce fut le cas de Montpellier, dépeu-
plée pourtant pendant une assez longue période,
et de Jacques Cœur avec qui se renouvelle, en qui
se concentre l'antique animation de la cité et du
littoral.

La guerre avait détourné de là le mouvement des
échanges et la concurrence des marines catalane,
marseillaise, génoise, avait coupé les routes du
Levant. Faute de sécurité, l'arrière-pays n'aurait,
d'ailleurs, assuré aucun débit à l'importation. Jacques Cœur comprit que la paix prochaine allait res-
taurer les conditions du trafic méditerranéen et
pouvait rendre toute son importance à l'un de ses
principaux points d'aboutissement.

Transit des passagers chrétiens et musulmans ; transport des denrées occidentales en Italie et en Orient ; en Occident, des étoffes, des épices, des parfums et des porcelaines achetées à Beyrouth et à Alexandrie, voilà ce qu'il restitua au vieux port de Lattes et à la cité marchande desservie par là, sans compter une véritable traite d'esclaves. Mais il en fit aussi, un moment, comme plus tard, de Marseille, le centre d'un groupe d'exploitations : teinturerie à Montpellier, production intensifiée du sel dans les marais salants de la côte, recherche de l'or dans les rivières cévenoles, courant d'affaires dirigé par Beaucaire, Lyon, et la Bourgogne, la Touraine, bientôt l'Angleterre, dès 1444, année de la trêve. Une légende — inexacte, d'ailleurs, — représente le grand manieur d'argent, aventurier, un peu pirate, guettant du haut d'une tour de son hôtel, dans la rue qui porte son nom à Montpellier, la rentrée de ses flottes sur l'horizon de mer. Elle ne traduit qu'une partie de son activité qui avait trouvé un appui dans les privilèges attachés à ses charges royales, l'intérêt des bourgeois du Midi se reprenant à leurs anciennes organisations et à leurs anciennes clientèles, les députés aux États et les municipalités disposées à lui voter des subventions, à protéger ses marchandises par des immunités et des améliorations de voirie. C'est tout un ensemble de relations économiques servies par des agents habiles, tel son chef d'escadre Jean de Villages qui devint son neveu et porta au Soudan d'Égypte des lettres du roi de France ; tels, les marchands de Montpellier envoyés en mission auprès des souverains de Caramanie, de Tunis, de Bougie, d'Oran et de Fez. Ces initiatives

attestent, avec son génie commercial, le réveil de
la Province ; elles ne peuvent s'y développer que par
le rétablissement de l'ordre qui s'annonce et s'affirme
déjà.

A vrai dire, l'héritage que les rois de France, de
Louis XI à Henri II, allaient achever d'ordonner,
s'était conservé lui-même à leur action. Il avait
fourni les éléments de sa renaissance économique ainsi que l'institution apte à mettre en œuvre
ses ressources pour le service de la Province et du
royaume : l'Assemblée des États. De la royauté il
reçut seulement les organes généraux d'administration politique et judiciaire.

Mais pour l'achèvement de cette œuvre, il fallut
débarrasser la région des interventions armées,
toujours possibles, des féodaux que réduisit Louis XI
et la ruine de la maison d'Armagnac. A partir de
ce prince, le Languedoc diminué de ses pays à
l'Ouest de la Garonne, apanage de Charles, frère
du roi et qui ne revinrent jamais à la sénéchaussée
de Toulouse, fixé à ses limites définitives ne connut
plus ces troubles.

La longue querelle des hoirs de la famille de Foix,
Navarre-Albret et Narbonne, sous Charles VIII,
éprouve durement la région, mais n'y met point en
cause le principe de l'autorité royale.

C'est plutôt la politique extérieure du royaume
qui désormais affecte les affaires du pays : entreprise
de Louis XI pour la conquête du Roussillon et de
la Cerdagne dont la restitution par Charles VIII
à l'Aragon fait du Languedoc, jusqu'au milieu du
XVIIe siècle, une province frontière et l'expose directement à l'invasion espagnole ; guerres d'Italie sous

Charles VIII, Louis XII, François Ier, qui exigent de lourds subsides et appellent périodiquement les ravages de l'ennemi sur le diocèse de Narbonne. Charles-Quint menace la région, en 1536, de deux côtés à la fois, par le Rhône et par le Roussillon, et ses troupes occupent Leucate. Aussi l'importance de cette situation explique-t-elle le voyage de François Ier en 1537 à Montpellier, les négociations de Fitou, entre Narbonne et Perpignan, et l'entrevue des souverains à Aigues-Mortes. C'est la noblesse de Languedoc et ses milices qui servent au siège de Perpignan, en 1542. Quelque sécurité n'est rendue qu'en 1544 par le traité de Crespy.

Cette collaboration de la Province à la politique royale, malgré les charges qu'elle entraînait, n'avait point arrêté l'évolution de l'organisme fourni à l'administration provinciale par les Etats, précisément parce que cette Assemblée avait, dépassant le cadre de ses origines féodales, su comprendre des intérêts généraux ; que les représentants des grandes villes d'abord, puis du clergé et de la noblesse, s'étaient élevés jusqu'à la notion des affaires communes à la région, puis, par moments, jusqu'à l'intelligence des affaires nationales. C'est pourquoi, sous les derniers Valois, ils ont eu la liberté d'étendre leur compétence et d'ordonner leur action. Ils facilitaient celle du roi. Sans doute Louis XI a d'urgence, plus d'une fois, accru et levé les impôts sans leur consentement ; mais il n'a jamais menacé leur existence, ni même leur périodicité comme l'avait fait, en une occasion, Charles VII, vers la fin de son règne. Les exigences de sa politique générale satisfaites,

il se garde de détruire un instrument précieux
d'administration économique d'autant moins suspect à ses yeux que son organisation était surtout l'œuvre d'une oligarchie bourgeoise. Elle y
conserve jusqu'au milieu du xvi° siècle une
action prépondérante par les consuls et mandataires des grandes communes. Les 22 archevêques
et évêques de la Province, les barons dont la plupart appartiennent à la vieille sénéchaussée de
Beaucaire ne peuvent faire ombrage au roi; ils sont
encadrés et surveillés.

Aussi laisse-t-il les États se munir de leurs officiers, les trois syndics de sénéchaussée et, pour
centraliser les affaires, le syndic général. Puis ce
seront le procureur des États au Parlement de Toulouse, et sous Louis XII, au Conseil royal, et, à
partir de 1522, un receveur à la recette et à la
dépense des frais faits par l'Assemblée, le futur
« Trésorier de la Bourse » des États.

Peu à peu se sont établis les « privilèges » de
l'Assemblée : la discussion des levées de deniers
demandés par le roi, « octroyés » par les États
à titre « gratuit », c'est-à-dire précaire lorsque
la royauté est faible, obligatoire lorsque le pouvoir du souverain est incontesté. Mais la tradition de discussion avec les agents royaux subsiste
après Louis XI et « l'octroi » garde l'aspect
d'une sorte de contrat. Le cahier de « doléances »
est toujours admis à l'examen du Conseil royal
pour présenter les réclamations du pays.

De ces privilèges ne restera, les crises de la
monarchie surmontées et la centralisation achevée, qu'une tradition de forme sans pouvoir effec-

tif. Mais dans cette tradition subsistera la faculté, toujours laissée à l'Assemblée, d'asseoir et de répartir l'impôt, après en avoir, en certaines matières, déterminé la base et le mode de perception. Et c'est de là que dériveront au xvii⁰ et au xviii⁰ siècle même, les services rendus par elle à la Province.

Déjà au xv⁰ siècle sont déterminées les circonscriptions financières, les 22 diocèses, correspondant, par leur dessin d'ensemble, aux antiques divisions des *pagi,* puis des *civitates,* fondées, sur la nature, la configuration, le caractère économique du sol, où, dès l'époque gallo-romaine, l'Église avait installé les centres de son action. Et le travail est, dans chacun de ces diocèses *civils,* préparé par son *assiette diocésaine,* assemblée des trois ordres, avec prépondérance des mandataires des grandes communes, qui, dès 1418, avait pris la place et les fonctions des *élus,* agents royaux de répartition et de perception maintenus dans la plupart des autres provinces.

Il se peut aisément comprendre quels avantages étaient donnés au pays languedocien par cette consultation d'hommes qui, mieux que des étrangers, savaient ce que pouvaient rendre la culture, l'industrie régionale, le commerce, en fait de taxes, qu'il s'agît de l'impôt foncier, de la taille, ou des aides, c'est-à-dire, dans l'usage peu à peu établi, la contribution portant sur les objets de consommation, les impôt indirects. Le détail en serait infini, mais on peut dire en somme que, pour l'impôt foncier, la doctrine et la pratique des États et des assiettes aboutit au principe de la

taille *réelle,* de l'acquittement de l'impôt royal
attaché à la propriété foncière, à la terre, à l'im-
meuble, non à la qualité du possesseur. Une terre
roturière ou « rurale » paiera, même entre les
mains d'un noble; une terre noble en sera exempte
même entre les mains d'un roturier. Et l'application en est telle que, probablement, en aucune
partie du royaume l'égalité devant l'impôt foncier
n'a été réalisée comme en Languedoc. Quant aux
impôts indirects : *l'équivalent* ou droits sur la vente
de la viande, du poisson, du vin, qui remplacè-
rent un moment les aides; la gabelle, les taxes
douanières et même les droits domaniaux, des
abonnements et l'octroi d'une somme fixe à payer,
en assurent la rentrée au Trésor royal. Mais le
mode d'assiette et la répartition sont aux mains des
Assemblées provinciales; et, de là, une souplesse
d'accommodation aux ressources, à la production
et aux besoins locaux, des ménagements pour les
circonscriptions pauvres qui adoucissent les levées,
les rendent plus équitables et plus supportables.
Ce fut jusqu'à la Révolution, malgré des conflits et
des injustices particulières inévitables, un bienfait
permanent.

Naturellement, la compétence restreinte des États
n'exclut pas l'action des agents financiers de la
royauté, puisque l'Assemblée n'avait ni la perception, ni la gestion des fonds recueillis, sauf de ceux
consacrés à des besoins régionaux, et ne pouvait
en contrôler l'emploi. De là, pour les deux sources
du revenu de l'Etat en Languedoc, les subsides et
les aides, les *Trésoriers généraux des finances,* et
ceux des *Aides,* nommés d'abord par le Gouver-

neur, représentant du roi, et leurs subordonnés, les receveurs. Ce sont, avant les commissaires que, plus tard, le pouvoir central délégua auprès de l'Assemblée, les intermédiaires entre elle et le Conseil du souverain (1552).

Mais l'action centralisatrice de ce dernier se traduit bientôt d'une façon permanente par les deux institutions qui correspondent aux mêmes branches principales de l'impôt : la Cour des Aides et la Chambres des Comptes, siégeant à Montpellier. Elles en ont le contentieux, la surveillance, absorbent, en les unifiant, le contrôle des pouvoirs auparavant dispersés des agents financiers, dès le milieu du xv⁰ siècle.

Elles jugent en dernier appel, sont souveraines, comme leur aînée par laquelle s'exerce la plus haute prérogative du roi, la justice.

La cour de Parlement de Toulouse accordée, en 1420, par le dauphin Charles aux sollicitations des gens du pays qui voulaient une juridiction de dernier ressort plus proche que celle de la Capitale et plus accessible, prétend aller de pair avec celle de Paris, bien qu'elle siège dans la ville d'un grand vassal disparu et, dès 1444, en a tous les privilèges et toutes les attributions. En réalité elle installe le pouvoir judiciaire du roi dans cette sorte de royaume extérieur, mal rattaché encore au corps de l'État qu'était restée jusqu'à ce moment la région languedocienne. De là son importance primordiale et son caractère où se reconnaissent longtemps à la fois un attachement traditionnel aux « franchises et libertés » du pays et le souci de l'autorité royale, alliance assez originale d'indépendance qui fit souvent ses preuves et de dévouement au souverain que la Compagnie sut défendre contre toute tentative d'empiétement de la part des gouverneurs. C'est par là un organisme politique autant que judiciaire et longtemps mêlé par le Conseil royal lui-même à toutes les affaires importantes de la Province. Cette originalité s'accroît de son mode de jurisprudence, le droit écrit, fondé sur la loi romaine, base du droit privé en Languedoc, et reçu comme un héritage. Si profondément inspiré qu'il fût de la doctrine monarchique, ainsi qu'on l'a vu au temps de Guillaume de Nogaret, ce droit était la garantie de bien des libertés publiques et privées. Le parlement toulousain en applique les maximes en toutes matières, même contre l'intérêt du roi; il confirme, sous François Ier, le franc-alleu sans titre, et le roi se contente d'affirmer auprès des États la théorie contraire; il savait bien qu'il imposerait sa pratique à son gré; et c'est ce qui importait le plus à son Trésor. Il n'y en a pas moins là une manifestation notable de cette hardiesse qui a pu se renouveler à plusieurs reprises, étant compensée par un loyalisme à toute épreuve.

Aussi les gens de la cour avaient-ils une haute importance sociale, fondée sur leurs propriétés, leurs alliances régionales, leurs dynasties de judicature développées en sol provincial, autant que sur leur rôle de magistrats. L'institution est une de celles qui ont pu le mieux conserver à la Province sa personnalité.

Celle des présidiaux, dès 1552, est, au contraire, pour les causes civiles et criminelles de première instance, l'une des marques par où s'affirme la méthode de centralisation monarchique atteignant à peu près partout les vieilles juridictions des sénéchaussées, *jugeries* et *vigueries*. L'établissement progressif de la vénalité des charges qui date de François Ier avait, du reste, déjà altéré en Languedoc, comme ailleurs, le caractère des anciennes magistratures, préparant l'uniformité d'administration.

Autant de subordination fut, à un étage inférieur, réalisé par la mise en tutelle des communes, les restrictions apportées à la juridiction des *capitouls* de Toulouse, des *consuls* de Montpellier, de Nîmes et autres cités, à leur faculté d'imposer et de dépenser pour les besoins locaux. La royauté adulte devait peu se souvenir de l'appui donné à son adolescence et les charges municipales, du coup, furent abandonnées le plus souvent pour les offices du roi.

Le plus haut d'entre eux, celui de gouverneur, fut à son tour atteint par l'évolution du régime et c'était aussi logique. Le gouverneur, homme de guerre, le plus souvent frère ou parent du roi, dans la période d'annexion ou d'assimilation du pays, y représente, à lui seul, le roi, au-dessus de l'administration locale, sous des titres divers, selon les périodes : « Lieutenants », « capitaines » ou « gouverneurs », tels Jean d'Armagnac, le duc d'Anjou, frère de Charles V, le duc de Berry, le comte de Foix, chargés de la levée des impôts, de la justice, aidés de leur conseil, image ou reflet du conseil royal. Puis ce sont de hauts personnages, mais d'ordre secondaire ; cependant contre ceux-ci, comme contre les autres la royauté essaie de prendre des précautions, autant qu'elle peut, et, pour cet objet, les

États et le Parlement de Toulouse la servent. Puis, délivrée de la guerre étrangère, hors de tutelle à l'intérieur, elle s'affranchit de représentants dangereux, en limitant leur pouvoir et, plus tard, la durée de leur séjour en province. La maison de Bourbon, maison royale, possède la charge de 1466 à 1523, mais la perd lors de la trahison du connétable, et François Ier saisit cette occasion instructive pour donner au dauphin, l'héritier désigné du royaume, l'office de gouverneur de Languedoc" « qui est, de notre royaume, le plus grand et autorisé ». En réalité la charge fut exercée par Anne de Montmorency et resta dans sa famille, sauf courts intervalles, jusqu'en 1632. Mais, d'une part, les intervalles ne furent occupés que par des personnages de mince importance, et, d'autre part, la situation des Montmorency, quelque hauts seigneurs qu'ils fussent, ne pouvait être comparée à celle de princes apanagés. Le Languedoc y gagna, sous Anne de Montmorency, d'avoir longtemps pour patron le chef du conseil royal sous François Ier et Henri II, et c'est ainsi que commença de s'établir le lien entre sa famille et la Province.

La situation a cependant diminué avec l'importance du territoire administré ; le gouverneur, qui ne réside pas de façon continue, a un lieutenant général et c'est celui-ci qui se trouve le plus souvent en rapport avec les États du pays et le Parlement de Toulouse.

Ainsi s'affaiblissaient les pouvoirs d'origine, de nature et d'ordre divers qui avaient, même après la guerre albigeoise, donné au pays de Languedoc une individualité parmi les provinces de France. Les guerres de religion et la Ligue vont en prolonger la survie; ce fut en effet une période d'actions particulières et locales, spécialement marquées dans un ensemble de luttes pour des intérêts et des principes généraux. Mais l'évolution du royaume vers l'unité monarchique acheminait le pays languedocien à la règle commune, au-dessus des énergies et des survivances régionales.

Albi. La cathédrale : Vue extérieure de l'abside. — Vue intérieure.
(Sites et monuments du T. C. F.).

Pl. VIII.

IX

LES GUERRES DE RELIGION AU XVIe SIÈCLE

Leur caractère particulier en Languedoc. — La Ligue; retour des tendances régionales et municipales. — Les Montmorency en Languedoc. — Éléments d'unité refaits par Henri IV. — La Renaissance en Languedoc.

L'évolution de la province vers l'uniformité monarchique subit donc un retard de plus d'un demi-siècle; le mouvement était d'ailleurs irrésistible; l'obstacle momentané fut dans un élément nouveau : la Réforme. Pourquoi le Languedoc, surtout les Cévennes et leur littoral, c'est-à-dire le « Bas-Languedoc » sont-ils devenus et restés le principal réduit et le noyau le plus réfractaire du calvinisme en France? Ce n'est point, bien qu'on l'ait quelquefois prétendu, une affaire de tradition et d'hérédité doctrinales, l'effet prolongé des croyances albigeoises. Depuis le milieu du xive siècle, l'Inquisition toujours maintenue n'y avait plus d'hérétiques à poursuivre; les vestiges du Catharisme y restent vagues et la seule survivance d'une vieille terreur religieuse y serait peut-être la méfiance à l'égard des juridictions ecclésiastiques. Aug. Molinier a, d'ailleurs, fait très justement remarquer « que les villes les plus foncièrement catholiques au xvie siècle seront celles qui ont été le plus durement châtiées ; c'est dans les pays le plus épargnés par Montfort que les nouvelles croyances vont se développer avec une rapidité extraordinaire ».

Mais il subsistait là un tempérament inquiet créé par un passé de violences, entretenu par les souvenirs et les légendes populaires. Ce n'est pourtant pas dans les milieux populaires que se recrutent les précurseurs de la foi nouvelle, mais parmi les lettrés, le public des Universités et le clergé régulier, les milices vouées à la défense du Saint-Siège et de l'unité ecclésiastique, surtout Cordeliers et Augustins.

Dès 1531-32, à Toulouse, les professeurs Boyssonné et Nicolas de Caturce (Cahors), un cordelier à Castres, un Augustin à Nîmes sont condamnés pour crime d'hérésie, et l'un des griefs invoqués contre les hérétiques dès 1530 par le Parlement de Toulouse est curieux à relever : « Ils ne croient que l'Écriture ». Dans cette cour de droit écrit, la glose et la tradition l'avaient emporté sur le texte primitif, surtout le sens et la garde des principes d'autorité.

Les idées de réforme dogmatique et surtout disciplinaire n'étaient pas une nouveauté dans les rangs de l'Église et des humanistes.

Mais la Réforme en Languedoc commença de présenter ses véritables caractères, quand, à partir de 1536, les prédicateurs et les « Evangélistes » venus de Genève avec laquelle le Languedoc oriental était en relations commerciales, apportèrent les doctrines vraiment nouvelles : protestation contre la suprématie romaine, les indulgences, *l'idolâtrie* (intercession des saints, messe et dévotions aux images), dogme de la justification par la foi, souveraineté de la conscience individuelle et droit pour chaque fidèle de prendre sa part de la constitution et du gouvernement de sa paroisse et même de son Église.

C'est peut-être cette forme de démocratie religieuse qui explique le mieux les progrès des doctrines et de l'organisation calvinistes en Languedoc, pays où les souvenirs et la fierté des autonomies communales, la pratique des élections municipales survivaient à l'affaiblissement de ces institutions anciennes. Groupes ouvriers des villes et des grands villages, en une région où l'agglomération urbaine a toujours été un trait dominant, ainsi que les ateliers familiaux adonnés, pour la plupart, à des industries complexes, comme le travail des draps qui commande la collaboration; goupes paysans de petits propriétaires associés de temps immémorial surtout sur les pentes des plateaux du Lauraguais, de la Montagne Noire, des terrasses et des vallées cévenoles, pour des cultures exigeant la répartition équitable de l'eau, l'effort consenti et distribué en commun dans le labeur sans cesse renouvelé de soutènement des terres; tous ces cadres sociaux étaient appropriés à recevoir et à conserver une discipline répondant à leurs traditions, à leurs habitudes, à leur goût d'indépendance, à leur éloignement ancien de la contrainte religieuse. Il est à remarquer que les Causses, à la lisière nord du Languedoc et du pays cévenol, région de grandes propriétés et de culture extensive, de population clairsemée, où persiste l'influence des terriens féodaux, n'ont été que très peu entamés par la Réforme ; Marvejols et Mende, où elle a pénétré malgré l'autorité de l'évêque comte de Gévaudan, sont deux groupes urbains commandant des routes dans un désert de hauts plateaux. Le mot de « républicains huguenots » appliqué en 1628 par Condé au fédéralisme huguenot de Languedoc en caractérise bien le tempérament. La propagande est mal combattue par le haut clergé à qui sa gêne financière depuis le Concordat ne permet guère de repeupler ses églises de plus en plus désertes; deux éléments de résistance, plus tard très actifs, pendant la période de la Ligue, mouvement d'allure et de tendances communales en Languedoc, moines, curés et vicaires de paroisse gardent une sorte de réserve. Les moines très nombreux paraissent indécis, partagés jusqu'au concile de Trente et ne sont d'ailleurs pas réorganisés encore en milices de combat; les séculiers très nombreux aussi, un par rue, a-t-on pu dire, dans certaines villes ont, par défaut de culture et de tenue dans de trop nombreux cas, perdu beaucoup de leur influence séculaire. Rien d'étonnant donc à ce que, dès 1560, les Calvinistes, la forme de confession luthérienne moins adaptée au tempérament de la région en ayant vite disparu, tinssent la meilleure partie et la plus peuplée de la Province.

Les rigueurs du Parlement de Toulouse qui avait la charge de procéder contre l'hérésie à la place de l'Inquisition, et mettait un cruel scrupule à dépasser en minutieuse sévérité ce tribunal ecclésiastique; celles des juridictions de second ordre restèrent impuissantes. Les sentences des juges royaux ne semblent pas encore aux yeux de bien des Languedociens personnifier la conscience du roi, et on a vu que, longtemps, l'attachement au roi, à sa personne, à son autorité, représentative de la patrie, fut le lien le plus fort entre le Languedoc et le royaume. Or, la tradition de la royauté vis-à-vis de la Réforme n'est pas encore fondée en 1560. Les remarques de M. Seignobos sur ce point s'appliquent exactement au Languedoc. Des minorités, des courants alternatifs et contradictoires de politique de cour vont pour quelques années la rendre douteuse, et quand elle sera fixée, le calvinisme languedocien aura son organisation, le souvenir de ses martyrs, le sentiment de sa solidarité avec l'Église réformée de France, sa doctrine de combat et ses armes.

Ces dernières, la noblesse seule pouvait les lui donner à ce moment, les milices communales n'existant plus que pour la figure et la parade. Des gentilshommes languedociens beaucoup ont fait les guerres de François Iᵉʳ et Henri II et beaucoup résident dans le pays. Ils possèdent une grande partie des propriétés rurales, tiennent des châteaux encore fortifiés, ont encore un assez grand nombre de tenanciers, sont seuls capables de mettre sur pied et de fondre les recrues paysannes et les recrues urbaines. Ils sont eux aussi attachés à l'autorité personnelle du roi, mais indécis longtemps entre des influences de cour toujours variables. Il était naturel que, sous ce régime, la lutte pour la liberté de conscience et de culte prît l'aspect et eût les effets d'un conflit politique et militaire de partis, exaspéré par l'ardeur des convictions, la rudesse des mœurs et souvent la rivalité des intérêts. Il s'aggrave quand le calvinisme a pénétré dans les châteaux. La noblesse du pays ne donne pas tout d'abord dans l'action; peu de ses hommes dans le tumulte d'Amboise. Les troubles qui amènent, de 1560 à 1562, à Nîmes, Montauban, Montpellier et autres places, les plus violents excès, émeutes, meurtres de prêtres, destructions d'églises, de monuments, et de trésors d'art, assimilés à des « idoles » par d'ignorants sectaires, ont une origine urbaine et un caractère d'agitation communale. La répression par le gouverneur de la Province, le connétable de Montmorency et ses lieutenants, très rigoureuse, fut inefficace, soutenue par des moyens insuffisants et maladroits. Montmorency avait agi comme représentant du roi, membre de son conseil et gardien de l'ordre. Mais les menées de Guise et le massacre de Vassy allaient faire apparaître la guerre civile, y jeter les grands partis de cour et leur clientèle provinciale.

Celle des Montmorency dépassait les limites de la Province, allant de la Bretagne à l'Auvergne, à l'Ile-de-France et à la Bourgogne par les familles apparentées et les possessions; elle comprenait les neveux du maréchal, les Châtillon avec le cardinal de ce nom, Coligny et d'Andelot. Et cette alliance protestante aide à expliquer comment, en certaines périodes, la vieille maison des « premiers barons chrétiens » incline vers une politique de concessions à la réforme. Quelles qu'aient pu être les variations de sa politique, son rôle longtemps prépondérant dans une province depuis longtemps française ne peut être comparé à celui des Guises, « princes étrangers », indécis entre France et Empire, Valois et Habsbourgs et qui mirent en péril le trône national. Leur action ne fut, d'ailleurs, qu'indirecte en Languedoc.

Celle des Bourbons n'y fut que temporaire et épisodique.

Malgré son influence et sa résolution, le vieux maréchal ne peut prévenir les scènes de sauvagerie qui marquent, à Toulouse, en mai 1562, l'expulsion des protestants et feront désormais de la vieille capitale du Languedoc une des forteresses du catholicisme.

Deux soldats assez indifférents en matière de foi, Montluc, mauvais catholique et le baron des Adrets, mauvais protestant, comme le dit justement M. Seignobos, donnent à la guerre un caractère particulier de cruauté dans la région, où les ravages s'étendent rapidement. L'intervention du plus actif des Bourbons, le prince de Condé, aboutit dans le Bas-Languedoc à la défaite, près de Saint-Gilles, des bandes hispano-italiennes qu'amenaient contre lui le comte de Suze et Sommerive. Le parti calviniste achève de prendre une forme militaire et de s'organiser sous le commandement d'un des barons du pays, Crussol, d'une vieille famille du Vivarais, contre cette première intrusion effective de l'étranger. Ainsi avaient commencé ces incursions du dehors que les deux adversaires confessionnels se sont si longtemps reprochées, en usant tous les deux. Le faible effectif de l'armée permanente en France, à cette époque, explique le procédé et en atténue la gravité. Peu de troupes régulières ; les armées de métier et les marchés d'hommes sont alors une force internationale et à la disposition du plus offrant.

Un tel état d'esprit et les violences réciproques font comprendre comment ne pouvaient être écoutés ni l'Édit de janvier 1562, par où l'esprit de tolérance de l'Hospital avait aboli le crime d'hérésie, ni l'Édit de pacification d'Amboise de 1563, consacrant les mêmes principes, ni les négociations de Montmorency-Damville, qui, successeur de son père au gouvernement de Languedoc, essaie de désarmer les deux partis; ni même la tentative de conciliation tentée dans le pays par Catherine de Médicis et Charles IX en personne, encore indécis sur les moyens de répression. Les deux confessions se proscrivent avec acharnement : à Nîmes, c'est la *Michelade,* journée de massacre où périssent 80 catholiques; ailleurs des meurtres de protestants; partout des luttes pour la possession des lieux de culte. L'organisation des religionnaires sous Crussol dans le Bas-Languedoc s'est complétée des levées faites en Languedoc occidental par les vicomtes de Bruniquel, Paulin, Montclar et Caumont, le baron d'Ambres. Ils tiennent en respect Toulouse par Castres et Montauban; Béziers, Montpellier, Nîmes leur donnent la plaine méditerranéenne et l'accès des Cévennes, où Aubenas, Privas, Uzès, Viviers, Mende, Marvejols, les grands bourgs des vallées du Gardon assurent leur situation. Et cet état dans son ensemble avec alternative, entre les partis, dans l'occupation des places, dure jusqu'à la paix de Saint-Germain en Laye, en 1570.

Il est, d'ailleurs, à noter que, malgré la force des

Huguenots en Languedoc, devant laquelle échouè-
rent la politique et les armes de Montmorency-Damville, rien de décisif pour l'issue des guerres de religion en France ne s'engagea dans la Province.
C'est sur les routes de la Guyenne vers Paris, à
Jarnac, à Moncontour que se font les grandes rencontres où les armées du Midi, conduites par les
gentilshommes des deux confessions, servent d'appoint aux adversaires. Mais le Languedoc, dans
toute son étendue, reste, après chaque période de
guerre, comme une vaste forteresse, coupée de
réduits hostiles, toujours ouverte cependant à la
retraite et à la défense de la fédération calviniste.

C'est ce qui se vit après la Saint-Barthélemy et
l'édit de pacification de 1573 que les Huguenots,
instruits par la sanglante trahison de la cour et celle
du Parlement et de la municipalité toulousaine, se
refusèrent à accepter, gardant leurs places fortes,
organisant leur territoire en deux grands gouvernements, Montauban et Nîmes. Les résistances urbaines, suffisantes à cette époque pour arrêter presque
partout les troupes royales, vont prolonger la guerre.

La solidité du groupe offre alors à Damville un
appui contre le crédit menaçant des Guises à la
cour et la défaveur de Charles IX, puis d'Henri III.
Privé de son gouvernement, l'adversaire longtemps
résolu dès Huguenots fait alliance avec l'Assemblée
religionnaire de Millau, ne peut s'entendre à Turin
avec le nouveau roi, et dans un manifeste qui marque et date l'une des origines du nouveau parti,
le *tiers parti,* ou des *Politiques,* prend le rôle d'un
protecteur de la liberté de conscience et d'un réfor-
mateur de l'État.

La formation du parti ligueur, qui commence d'apparaître peu après, semble consacrer la scission de la Province : d'un côté Damville avec les villes protestantes du Gévaudan, des Cévennes, du littoral ; de l'autre, le maréchal de Joyeuse, appuyé sur Toulouse et son Parlement, Carcassonne, le Languedoc occidental catholique : deux armées, deux assemblées d'États, deux gouvernements. La paix de Bergerac puis celle de Nérac en 1579, amenée par la diplomatie de Catherine de Médicis, venue en personne dans le pays, l'habileté de Damville et l'ascendant croissant du jeune roi de Navarre semblent aboutir à l'adoption de principes analogues à ceux qu'avait déjà formulés L'Hospital et annonçant les dispositions de l'Édit de Nantes : reconnaissance de la nouvelle confession, culte des Réformés localisé, et sûretés données à ses fidèles par l'occupation de quinze places ; garantie d'une justice aussi impartiale que le temps pouvait la permettre par l'institution au Parlement toulousain d'une Chambre mi-partie de magistrats des deux croyances pour juger les procès entre catholiques et protestants et qu'on appela la *Chambre de l'Édit*. Effort inutile ; au bout de quelque mois, les rivalités des chefs, les querelles locales, les coups de main de partisans, les brigandages non réprimés des petites garnisons qui pillent sans trop distinguer catholiques et protestants rallument la guerre générale. Le caractère provisoire des concessions stipulées à Nérac pour l'occupation protestante de places de sûreté la rendait inévitable, plus encore l'incohérence de la politique royale, Henri III hésitant sans cesse entre les Guises, chefs de la Ligue,

dont il est le prisonnier, et les Politiques auxquels
commence de se rallier l'état-major calviniste.
L'édit du 18 juillet 1585 qui révoque les garanties
accordées, proscrit le culte réformé et ses minis-
tres, ne laisse aux simples fidèles qu'un délai de six
mois pour se convertir ou s'exiler, était la plus
maladroite des mesures.

L'assassinat des Guise aux seconds États de
Blois ne fit qu'aggraver la situation de la Province;
il y parut, aux yeux des Ultramontains, justifier
les doctrines de la Ligue, légitimer la résistance
contre un souverain meurtrier de défenseurs de
l'Église et y développa l'insurrection communale
pour la protection de l'orthodoxie.

Dès lors, à la fédération protestante des villes
s'opposeront les démocraties urbaines des catholiques, deux faisceaux de républiques, dans la même
province contre l'État. Le Languedoc est retourné,
pour quelques années, à l'émiettement féodal; l'unité
si laborieusement construite se disloque : un gouverneur quasi indépendant, Damville; un gouverneur ligueur à Toulouse, investi par le roi, Joyeuse;
un parlement ligueur à Toulouse, qui laisse massa-
crer par la populace son premier Président Duranti,
resté fidèle au roi; un parlement royaliste à Béziers;
deux assemblées opposées d'États à peu près chaque
année; et, dans cette anarchie révolutionnaire qui
menace à la fois l'autorité royale, les privilèges
nobiliaires et la loi civile au profit de la loi religieuse, le va-et-vient depuis près de quinze ans, à
travers la région dévastée, des troupes les plus
diverses et des chefs les plus imprévus de leur parti
même. On avait vu Damville commander les protes-

tants après les avoir combattus; le duc d'Uzès, huguenot et destructeur d'églises, à la tête d'une force catholique en 1575, tandis que le très orthodoxe Turenne comptait parmi les lieutenants les plus influents de la fédération calviniste. Les contradictions se sont de plus en plus accusées en dix ans et prouvent que le caractère de la lutte a changé; en haut, parmi les chefs, c'est, sauf exceptions célèbres, affaire de ressentiments et d'intérêts; au-dessous, l'intransigeance des deux confessions conserve au combat une sincérité qui n'exclut pas, dans les grandes villes, l'empiètement des municipalités sur l'autorité légale et les deniers de l'État.

Et la mort d'Henri III n'y change d'abord rien; le fanatisme orthodoxe des Toulousains va jusqu'à les mettre aux mains avec le maréchal de Joyeuse; celui des États réunis à Lavaur jusqu'à leur inspirer une déclaration contre Henri IV devenu le roi légitime et à les jeter dans une alliance avec Philippe II. Les troupes espagnoles furent arrêtées, à Leucate, par les royalistes; mais le zèle religieux avait un moment obscurci l'idée de patrie.

La Ligue tint encore, même après la défaite et la mort, à Villemur, au passage du Tarn, du duc de Joyeuse, fils du vieux maréchal. Les milices du clergé régulier réorganisées et entraînées à la lutte lui avaient fourni un nouveau chef, frère cadet du précédent, le capucin Ange de Joyeuse, qui hésite cependant devant une tâche malaisée sous la direction du « roi anonyme », hésitant lui-même, qu'était Mayenne. Il était, d'ailleurs, privé des ressources d'Espagne par le mouvement d'Antonio Perez. Sa trêve d'un an avec Montmorency-Damville semble, dès décembre 1592, acheminer la province à la paix.

La paix vint d'en haut par la mesure politique que fut la conversion d'Henri IV ; mais la fatigue et l'anémie avaient préparé la région à en recevoir le bienfait. La ruine des villes fermées au commerce comme à l'ennemi, surprises de temps à autre, comme le fut Mende par l'aventurier protestant, le capitaine Merle, s'ajoute à la dévastation du « pays plat » par les incursions de pillards des deux confessions cantonnés parfois en de minuscules bicoques. On avait fini par convenir, chaque année, d'une trêve pour le labourage par peur de la famine : un retour aux *trêves de Dieu,* en ce désordre prolongé où revivaient les ravages des garnisons féodales, puis des routiers de la guerre de Cent ans. Et les chroniques du temps en accompagnent le récit de la mention régulière et tristement monotone des *pestes,* c'est-à-dire des épidémies qui suivent les pas des bandes armées.

De guerre lasse, les Politiques l'emportent à partir de 1593, malgré la propagande inapaisée des Capucins, des Cordeliers et de Joyeuse. En 1595 le Parlement de Toulouse se transporte à Castel-Sarrasin pour en fuir les violences ; il y est rejoint par la cour royaliste de Béziers. Joyeuse finit par céder, aide à la conclusion du traité de Folembray (février 1596), moyennant la part qui lui est laissée, le gouvernement des territoires et des places catholiques du pays avec une réunion d'États séparés. Un autre gouvernement, avec ses États aussi, reste aux mains de Damville. Et cette dernière scission du Languedoc dure jusqu'à la rentrée de Joyeuse au couvent en 1599.

Mais dans l'intervalle, Henri IV avait publié l'Édit de Nantes, fixé pour de longues années la condition territoriale, civile et politique des Religionnaires dans la Province, en assurant ainsi l'unité administrative, sinon morale. Les deux gouverneurs avaient d'ailleurs préparé la voie par des mesures de police militaire et d'ordre public fort incomplètes encore, mais suffisantes pour que Montmorency-Damville, devenu connétable, recouvrât la totalité de son gouvernement avec une autorité incontestée, que reconnaissent les États comme le Parlement.

L'Édit de Nantes consacre, dès 1598, cette unité refaite dans l'ensemble. Non point qu'il y fût accepté sans résistance soit des obstinés de la Ligue et des Parlementaires toulousains, soit même de quelques municipalités protestantes comme celle de Montpellier, de 1600 à 1601, soit des groupes de gentilshommes des deux confessions que cette paix imposée laissait sans action et sans espoir de profit.

Le défaut de l'Édit de Nantes, inévitable même dans l'acte le plus libéral que la chrétienté eût vu jusqu'alors, était celui de toutes les transactions politico-religieuses de ce temps. Il laissait la confession et l'église calvinistes à l'état de parti toléré et local, ne l'admettait pas à un droit commun, la formule de liberté étant encore inconnue du monde. Réalisée dans le domaine du droit civil, elle ne l'était pas dans le domaine du droit administratif et cultuel; là les libertés concédées n'étaient que des privilèges.

En ce qui concerne le Languedoc, l'institution de garantie judiciaire donnée déjà par la *Chambre de l'Édit* était restaurée à Castres pour tout le ressort parlementaire.

Le rétablissement d'une paix précaire suffit cependant à protéger, jusque sous Louis XIV, la part que prirent les fidèles des deux confessions à l'activité économique, aux études, à la production d'œuvres artistiques dans la région.

Elles ne peuvent être ni très riches, ni très originales au cours de tant de troubles, ni après les vides laissés par tant de luttes. La tradition scientifique s'y maintient encore dans les grandes corporations enseignantes, celle de la Médecine à Montpellier où le témoignage de son plus illustre étudiant, Rabelais, la curiosité scientifique de son ami le Montpelliérain Rondelet nous attestent la vie intense et variée qui mêlait encore les apports de divers collèges et « *nations* »; celle du droit, à Toulouse, où le grand Cujas (1522-1590) renouvelle, contre le traditiónaliste Forcadel, la science du droit romain par la critique historique des textes dans une maison qui vit passer Dolet, Pasquier et Bodin.

L'esprit de la Renaissance s'associe à celui de la Réforme dans les Académies protestantes de Puylaurens et de Nîmes où enseignèrent Casaubon et Samuel Petit. Mais c'est là une tendance commune à d'autres centres et Cujas lui-même, comme Casaubon, fut un professeur nomade.

Le désir et l'espoir partout ressentis de réaliser

les bienfaits de la paix trouvent en Languedoc une expression pratique, dictée par une longue expérience, dans le célèbre ouvrage d'Olivier de Serres, seigneur du Pradel (Vivarais), *le Théâtre d'agriculture et le Mesnager des champs,* par où le gentilhomme de Villeneuve de Berc fut un des plus précieux collaborateurs de Sully.

Aussi particulière à la région est la forme d'art architectural, brique et pierre, qui caractérise la Renaissance à Toulouse où le maître d'œuvres, le « massonnier » Michel Colin dessine le portail de la Dalbade, où s'élèvent l'hôtel Bernuys avec sa riche façade intérieure et le délicieux hôtel d'Assézat, où travaille, de 1510 à 1570, le puissant Nicolas Bachelier, architecte et sculpteur dont l'œuvre, mise récemment en lumière par M. Graillot, s'étend jusqu'aux boiseries de Saint-Bertrand de Comminges et se caractérise dans l'ordonnance et les figures décoratives du pont Saint-Cyprien.

Carcassonne : Remparts de la Cité. Vue Ouest. — Vue Sud.
(Sites et monuments du T. C. F.).

Pl. IX.

X

L'ACHÈVEMENT DE L'UNITÉ
SOUS LOUIS XIII ET RICHELIEU

Le Calvinisme féodal et municipal ; l'Édit de Grâce. La crise administrative et fiscale ; l'affaire des Élus : l'abaissement des États provinciaux.

Henri IV, en Languedoc, comme ailleurs, avait établi la paix, pas encore l'unité. A sa mort, les cadres, malgré quelques brèches, subsistaient encore de l'organisation politique et militaire des Réformés pour ce mouvement féodal, à forme calviniste, où se laissèrent entraîner quelques municipalités de grandes villes. Quatre ans après lui disparaît le vieux connétable de Montmorency dont l'habileté politique, très informée des intérêts et des sentiments régionaux, aurait pu atténuer la portée de la crise ; et son fils, un jeune homme qui recueillait la survivance de sa haute charge de gouverneur, n'était ni par son autorité, ni par son intelligence, capable de maintenir les traditions et de soutenir le rôle paternel.

De nouveaux chefs dont pas un, sauf le marquis de la Force, n'était, d'ailleurs, Méridional d'origine, Condé, Châtillon, Henri de Rohan et son frère, Soubise, allaient donner le branle aux quatre « provinces » des Religionnaires, avec leurs *colloques* ou réunions de villes fédérées : Bas-Languedoc; Haut-Languedoc et Haute-Guienne; Vivarais et Velay; Cévennes et Gévaudan.

Des troubles annoncent leur action favorisée par la faiblesse d'une régence, puis d'un gouvernement de favoris, à Nîmes et en Vivarais de 1615 à 1619. Le contact entre eux et les populations est assuré par les fidèles de la noblesse locale et les pasteurs dont souvent la culture politique et même juridique double l'influence religieuse. Beaucoup de villes hésitaient d'ailleurs, comme Montpellier et Aigues-Mortes et, d'abord, ne remuèrent pas. En plusieurs points et plusieurs rencontres, ces dispositions pacifiques des communautés calvinistes sont à noter. Mais dès 1620, elles prennent des dispositions de combat qu'expliquent, sans en excuser le caractère, les atteintes portées sous Henri IV même, et surtout depuis sa mort, aux garanties stipulées en leur faveur par l'Édit de Nantes. En ce temps les procès de toute nature, très nombreux, se plaident trop souvent par l'épée et le mousquet. Le synode d'Alais en 1620 resserre encore les doctrines et les sanctions d'orthodoxie les disciplines de lutte; et l'Assemblée de la Rochelle, de dessein et de tenue politiques, malgré le texte des Édits et la défense expresse du roi, ordonne des levées d'hommes et d'argent et appelle aux armes. Le Bas-Languedoc entra dans le soulèvement, surtout, semble-t-il, sous l'influence, parfois violente, de Henri de Rohan que recommandait sa qualité de gendre de Sully. Il allait s'y établir, adossé aux Cévennes dont tira parti son entente de la guerre de montagnes et où Henri de Montmorency était impuissant à le forcer.

La guerre, marquée par l'intervention personnelle de Louis XIII et, comme dans les périodes précédentes, les embarras de l'armée royale devant la résistance des places fortes, aboutit au siège de Montpellier qui tint vigoureusement. L'attitude des villes, bien que le Midi n'eût pas donné tout entier, amena la paix qui confirmait l'Édit de Nantes et laissait aux Réformés La Rochelle et Montauban fortifiées, mais réduisait les défenses de Nîmes, Castres, Uzès, Millau. Montpellier gardait sa vieille enceinte et ses consuls; mais ceux-ci devront désormais être agréés par le gouverneur et les murs de la ville restent sous le canon royal établi dans une nouvelle citadelle. La paix de Montpellier n'est encore qu'une transaction.

Mais en 1624, Richelieu devient premier ministre. Il ne pouvait vouloir ni d'une organisation à base démocratique dans la monarchie, ni, selon sa célèbre formule, d'un « État dans l'État ». Embarrassé d'abord par l'attitude de l'Angleterre, les affaires d'Espagne et les cabales de Cour, il se résout en 1626 à un nouvel accommodement avec le parti réformé, debout de nouveau sous les mêmes chefs, à La Rochelle, en Poitou, en Haut-Languedoc et dans les Cévennes que Rohan avait soulevées d'un élan furieux.

Le règlement final n'intervint que trois ans après. Avec La Rochelle, Rohan réussit encore à gagner, usant, cette fois, de diplomatie et de feinte, Nîmes et les grandes communautés cévénoles qui hésitaient, dont plusieurs refusèrent. Ce fut l'occasion d'une répression très durement menée ; pendant le siège de La Rochelle, on se battit en Languedoc, depuis l'Albigeois et Pamiers jusque sur les bords du Rhône en Vivarais. Le sac de Privas en 1629 montre la sauvagerie de cette guerre et le ressentiment personnel du roi. Isolées par les divers corps des troupes royales, les villes songeaient à des paix séparées lorsque Rohan obtint du sens politique de Richelieu, dans Alais où le roi était entré par capitulation, des conditions générales. L'édit d'Alais (27 juin 1629) n'est pas un traité comme les conventions des époques antérieures ; c'est la concession d'une abolition et d'une *grâce,* d'où le nom qui lui est souvent et justement donné. Acte de ferme et saine politique, il rétablit les droits de l'État, confirme les engagements pris par le souverain dans l'Édit de Nantes, mais ruine les résistances régionales et locales, en prévient le retour par la destruction des murailles entourant les cités rebelles et met fin à la série des guerres religieuses qui furent des guerres civiles. Quatre-vingts ans plus tard l'épisode des Camisards aura un tout autre sens et un tout autre caractère.

Mais les faits avaient montré à Richelieu le danger de ce qui subsistait encore en France de particularisme provincial ; son expérience était d'accord avec ses principes de gouvernement. La province de Languedoc allait payer de l'amoindrissement d'une de ses institutions les plus anciennes les appétits de sa noblesse, l'indocilité de ses villes, les prétentions de ses gouverneurs et de ses corps organisés.

Les mesures de Richelieu à son égard font

d'ailleurs partie d'un ensemble, sont commandées par des nécessités administratives et financières, par le besoin d'argent pour la conduite de la diplomatie et de la guerre et ne procèdent peut-être pas de déductions rigoureuses, malgré ses affirmations posthumes, ni d'un système préalablement construit. Mais elles en ont l'allure et en paraissent un effet logique.

De sa longue collaboration plus ou moins libre ou contrainte selon les circonstances à l'œuvre de la royauté depuis les débuts de la guerre de Cent ans, le Languedoc avait conservé ce que ses juristes nomment complaisamment et un peu fastueusement jusqu'à la veille même de la Révolution, *ses franchises et ses libertés*, un ensemble de compromis, en somme. Ses États où siègent, par tradition, les évêques de ses 22 diocèses et les seigneurs de 22 de ses baronnies avec un nombre de députés de villes et de bourgs égal au total formé par les suffrages des deux ordres qualifiés ne sont sans doute pas un corps représentatif C'est plutôt un Conseil de privilégiés; on y voit figurer les titres plus que les personnes et les intérêts, les évêchés et les baronnies plus que les mandataires du tiers état provincial et une oligarchie bourgeoise plus qu'une représentation sincère du peuple. Ils sont cependant encore, en 1629, investis de pouvoirs généraux et réels en matière de finances, discutent le chiffre de la contribution que le roi demande à la Province, le montant de la plupart des impôts directs; surtout ils gardent la répartition de l'impôt direct par les assemblées d'*assiette,* dans chaque diocèse et, enfin, la faculté d'adapter à la production et à la vie économique de chaque canton le mode de perception de certains impôts indirects, avec celle de les racheter parfois au moyen d'une sorte d'abonnement, de ménager ainsi les contribuables et les réserves de la région.

C'étaient là des attributions utiles au pays entre les mains d'administrateurs expérimentés, votant par tête et non par ordre, en rapport direct, par délégation annuelle en cour, avec le Conseil royal, et dont l'action assurait à la Province une économie réelle, un contrôle sérieux des dépenses générales, une certaine publicité s'inspirant parfois des sentiments populaires, les invoquant toujours. Pas de réelle autonomie financière dans cette assemblée, réunie une fois par an sur convocation du roi, présidée traditionnellement par l'archevêque de Narbonne, primat de la Province, mais surveillée par des Commissaires royaux. Cependant l'autorité que l'usage lui avait attribuée sur les assemblées diocésaines et les Consuls des villes faisait d'elle un intermédiaire entre la commune et l'État, la protectrice des paroisses.

Et la continuité de cette tutelle était assurée dans l'intervalle des sessions par des Commissions permanentes et surtout par les trois Syndics généraux, chargés, avec le Trésorier de la *Bourse* ou caisse de la Province, du travail administratif.

Cet organisme cohérent n'eût pas été pour déplaire à Richelieu, — quelques passages de ses mémoires et les arrangements mêmes d'abord consentis par lui tendraient à le faire croire — sans la discussion régulièrement engagée entre les États et les Commissaires royaux sur le montant de la contribution demandée par le roi et les retards apportés à son vote.

Or, en 1629, il fallait aller vite ; l'urgence des solutions en politique étrangère amène l'urgence des solutions financières à l'intérieur et rend plus gênant que jamais pour l'action comme pour l'unité administrative un passé dont Richelieu s'attache à ruiner la tradition en Bretagne, Bourgogne et Provence. En Languedoc, la vie locale étant plus forte et les précédents mieux établis, plus de résistance était à prévoir. Le cardinal ne l'ignorait pas et que le Parlement de Toulouse, attaché aux privilèges du Languedoc, se refuserait à le servir. Il chercha d'autres instruments à ses desseins.

Il commença donc par réunir en une seule les deux cours fiscales, Cour des Aides et Chambre des Comptes, en fit une sorte de Parlement financier de la Province. Puis, presque immédiatement après, parut l'édit qui mettait les Trésoriers de France, fonctionnaires royaux, à la place des États dans la répartition de la contribution directe payée par la Province. Des fonctionnaires subordonnés, les Élus, vont remplacer les assiettes diocésaines et les receveurs particuliers dans la répartition et la levée de l'impôt payé par chaque diocèse. Comme d'habitude, ces offices étaient vénaux, cédés contre avance pour la revente à un traitant, d'où des frais supplémentaires pour le pays. Privés de la répartition de l'impôt direct et de la juridiction qui s'y rattachait, les États restent un corps sans mandat, une image vaine de franchises disparues. Privés de leurs assemblées d'assiette, les diocèses ne peuvent plus discuter leurs intérêts particuliers, n'atteignent plus à l'action administrative. Les conseils de ville, enfin, sont réduits au rôle d'agents répartiteurs en attendant l'institution des collecteurs officiels de paroisse qui leur enlèveront, moyennant finances, ce reste d'autonomie.

Le conflit était dès lors engagé entre la Province et le gouvernement. Il eut deux phases : résistance légale organisée par les Syndics au nom de l'Assemblée tout entière et soutenue par le Parlement de Toulouse ; rébellion fomentée par quelques évêques, la plupart originaires de la Province, comme Saint-Bonnet de Thoiras, évêque de Nîmes, ou de familles étrangères, italiennes surtout, comme Delbène, du siège d'Albi, agent de la reine mère et de Gaston d'Orléans, et par un certain nombre de seigneurs languedociens. C'est ce mouvement épiscopal et féodal qui fut relié à l'intrigue armée menée par Gaston et la reine mère contre Richelieu. Montmorency, compromis au début de l'affaire, devait périr à l'issue.

Pendant que le gouverneur négocie la suppression des Élus avec le Conseil du roi qu'il sentait obstiné à défendre ses empiétements fiscaux, les syndics des États, soutenus par les remontrances du Parlement de Toulouse, organisent la résistance par un moyen original pour l'époque : l'appel aux communautés, aux conseils des principales villes. Le pouvoir hésita. Plus d'armée à ce moment en Languedoc. Les forces du royaume se dirigeaient vers la Lorraine pour la surveillance de son duc et de Gaston d'Orléans, pour le soutien de Gustave-Adolphe en Allemagne.

L'édit de Vandœuvres (20 septembre 1631) prépare un compromis, le rachat des offices d'Élus, la restauration des États un moment suspendus. Mais était arrêtée déjà une disposition portant création dans chaque diocèse de six commissaires royaux chargés du département des tailles avec les représentants des États et formant la majorité dans ce conseil répartiteur. Ce qui restait d'autonomie financière aux assiettes diocésaines disparaissait et avec elle le lien entre les États et les communautés.

En attendant l'acceptation de l'arrangement par l'Assemblée provinciale, deux hommes de confiance du Cardinal, Miron, l'ancien président du tiers ordre aux Etats généraux de 1614 et Le Camus d'Hémery, le futur surintendant des finances, étaient délégués en Languedoc. Miron, caractère ferme et esprit net, s'acquitta sans faiblesse, mais aussi sans rigueur, de sa mission délicate et emporta l'estime des Etats après avoir contribué à les asservir. Son collègue n'eut pas la même fortune. Son penchant à l'intrigue n'excluait pourtant chez lui ni la prévoyance, ni le tact. Il sut comprendre, et sa correspondance avec Richelieu en fait foi, combien était profond l'attachement de la Province à ses usages, ce sentiment fait de traditions séculaires, de vanités locales, d'instincts encore puissants, sinon très conscients de solidarité. Mais il n'y vit pas d'obstacle à un succès formel de l'administration royale, s'obstina à maintenir aux Commissaires royaux d'assiette le nom d'Elus. D'autres exigences compromirent l'entente du Conseil et des Etats, irritèrent ceux-ci. D'Hémery n'était pas sensible aux mouvements de l'opinion publique, ainsi qu'il devait le prouver pendant la Fronde : c'était un homme d'exécution que les scrupules ne tourmentaient pas.

La crise, précédée d'une revendication inattendue de la nouvelle Cour des Comptes, Aides et Finances en faveur du régime menacé, ne se prononce qu'en juillet 1632, pendant une longue session des États à Pézenas. Jusqu'alors, la résistance des diocèses avait retardé la levée de l'impôt confiée aux Trésoriers de France; mais le conflit restait encore sur le terrain légal. A ce moment y intervient la rébellion d'une partie de l'épiscopat et de la noblesse autour de Montmorency qu'avaient soutenu aussi les grandes communautés. Le 22 juillet, nommant une députation en cour pour y « représenter les maux de la Province », les Etats prièrent Montmorency « d'unir inséparablement ses intérêts à ceux dudit pays ». Mais les communes n'allèrent pas plus loin. Les députés bourgeois dès qu'ils eurent la sensation du crime de lèse-majesté, selon le droit du temps, prirent brusquement leur parti; le mouvement apparaissant ce qu'il était, une intrigue féodale, ils le désavouèrent.

Lentement poussé à la révolte par la duchesse, sa femme, une des Ursins, parente éloignée de Marie de Médicis, et surtout par Delbène, le gouverneur était déjà trop engagé pour reculer. Surveillé par le cardinal qu'avertissent Miron, d'Hémery, l'archevêque de Narbonne, de Rebé, président des États, la marche de Gaston en France le força de se découvrir. Il avait compté sur le secours du duc de Lorraine et celui de l'Espagne qui firent défaut. Il ne pouvait davantage attendre celui des Protestants alors affaiblis, qui avaient, d'ailleurs, reconnu en Richelieu un adversaire politique plutôt qu'un persécuteur bigot et se méfiaient des États parfois trop zélés catholiques. Le Consistoire de Nîmes repoussa les intrigues de Clausel et autres agents de Gaston et maintint dans le devoir les grandes communautés religionnaires des Cévennes. Le groupe des réformés de Castres et de Lauraguais ne s'émut point.

Ainsi tombait l'espoir que les révoltés avaient pu fonder sur cet élément fourni aux guerres civiles par les huguenots et les municipalités bourgeoises. La période militante du calvinisme française touchait à sa fin; l'humeur inquiète des cités était désormais disciplinée.

C'est au milieu de l'indifférence ou de l'hostilité du pays que Gaston, poursuivi par deux maréchaux protestants, la Force et Schomberg, promenait ses troupes indécises et son État-major d'intrigants et d'écervelés. Repoussé partout, il tournoie dans le Rouergue, sur les frontières du Languedoc, où il pénètre sans se laisser arrêter par les prières et les reproches de Montmorency pris au dépourvu.

Son entreprise semblait une folie; l'affaire de Castelnaudary parut un suicide : Montmorency, désespérant de tout, ne se gardait plus. Au hasard des rencontres et « pour faire le coup de pistolet », il donne avec quelques-uns des siens dans l'armée de Schomberg, qui coupait le chemin entre l'Est et l'Ouest de la Province, et surveillait les routes conduisant à l'Espagne. Il chargea « comme un carabin » à la tête de ses fidèles, traversa plusieurs rangs ennemis et tomba frappé de dix-sept blessures. Le vieux comte de Rieux, de la puissante maison de Mérinville, ne pouvant le retenir, s'était fait tuer à ses pieds (1er septembre 1632).

Montmorency pris, le mouvement tomba aussitôt et le roi vint en personne punir les révoltés : d'abord les États dont la constitution est changée par l'édit de Béziers (11 octobre).

La composition de l'Assemblée est désormais aux mains du roi, la durée de sa session, limitée à quinze jours; celle des assiettes diocésaines à huit. C'etait le temps strictement nécessaire aux opérations de comptabilité. Les États n'étaient plus, en effet, qu'une réunion de comptables. S'ils sont admis à payer la suppression des Élus, ils perdent le plus important de leurs privilèges, la discussion de l'impôt et toutes les contributions anciennes deviennent fixes. La répartition en est, dans les assiettes, subordonnée à l'action des Trésoriers de France. Et enfin, la charge de l'agent financier principal de la Province, le Trésorier de la Bourse, devient un office royal.

Ces dispositions, complétées en 1634 par un règlement appliqué à l'administration communale, atteignent à tous les degrés la représentation du pays : dans les États, devenus un bureau répartiteur d'impositions dont ils ne discutaient plus le montant, gardant leur correspondance directe avec le roi; dans les Assemblées diocésaines et communales, entièrement subordonnées au contrôle des bureaux royaux des finances, protégées contre leurs propres entraînements, mais sans défense contre les abus de la fiscalité.

Cette affaire, la plus importante, réglée, vint, dans l'ordre des mesures répressives, le châtiment du gouverneur rebelle, dénouement cruel, mais avant tout logique du drame; ce fut la condamnation à mort de Montmorency. Le duc avait cru pouvoir s'inspirer des exemples fournis par les féodaux des siècles précédents, par ses ancêtres et son père même; leurs révoltes s'étaient si souvent terminées par un traité avec le roi! Il ne vit pas que le droit politique fondé par le cardinal ne laissait plus de place à de pareilles tentatives, « étant le premier des grands du royaume, mais de l'humeur de ceux qui y avaient vécu depuis cent ans ». Son exécution laissa pourtant des regrets en Languedoc. Les lignées de gentilshommes nourris dans la maison du connétable et grandis avec son fils Henri II se sentaient parentes en ce brillant seigneur dont le charme et la bravoure emportée faisaient leur orgueil. Les États l'entouraient d'un respect affectueux pour les traditions glorieuses qui résumaient en lui une part de l'histoire politique de la Province. La franchise de ses manières, son naturel insouciant et prodigue l'avaient rendu populaire, voilant aux yeux de tous l'indécision de son esprit, son inconscience et la faiblesse d'un caractère qui admit la dissimulation.

On ne pouvait décapiter le faux et vicieux Gaston d'Orléans, fils de France, ni les évêques rebelles; le Concordat les protégeait. Des six prélats compromis, un seul, Delbène, le plus coupable, l'artisan de la conspiration, fut exilé, non sans retour.

Richelieu était mieux armé contre la noblesse provinciale dont les plus hauts représentants, tels les Polignacs, étaient déjà disciplinés et à la cour. Par les soins des intendants, appuyés de colonnes militaires, du Vivarais jusqu'au delà du Lauraguais, les châteaux furent démantelés, les maisons fortes rasées, et l'œuvre ne cessa pas de quelques années. Elle a couronné de ruines parfois fort belles les sommets qui se dressent le long de l'actuelle voie ferrée, d'Alais à Clermont-Ferrand. Les biens confisqués étaient distribués aux gentilshommes qui s'étaient signalés par leur fidélité, comme les biens de Montmorency le furent à ses parents. Richelieu, par cette mesure, établissait dans la Province des dynasties locales attachées à son œuvre par l'origine de leur fortune. C'est, sur des proportions restreintes, ce qu'avait autrefois fait Simon de Montfort. Et, de plus, il détruisait une « clientèle », brisait, comme a dit Michelet, les vieux attachements de vassal à seigneur, de client à patron, de *domestique* à maître. « Nul maître désormais que le roi de l'État. »

Et ce travail de nivellement va se poursuivre. L'autorité du gouverneur reste intacte en apparence. Mais après Schomberg, homme de confiance dont il ne fallait pas diminuer les moyens d'action, dès 1632, les gouverneurs résidant peu désormais, l'exercice effectif de la charge passe au lieutenant général et l'office de ce dernier est subdivisé en trois commandements.

Le parlement de Toulouse est épuré avec soin. La cour financière constituée par Richelieu est de nouveau scindée en deux corps : Cour des Comptes et Cour des Aides.

Les évêques étonnèrent par leur docilité ; quelques-uns, comme de Rébé, sont pensionnés. La noblesse est bientôt domestiquée ; dès 1633, l'un de ses représentants les plus qualifiés, le comte de Bioule, se fait recommander à Richelieu par le gouverneur. Le tiers ordre est à la solde du gouvernement, qui paie sa complaisance sur les deniers du pays. Pourquoi eût-il fait plus de résistance que les barons et le clergé? Il n'était plus ni d'humeur ni de force à se montrer indépendant.

D'ailleurs l'action de l'administration royale s'exerce sur lui dans les municipalités avec d'autant plus de force que la composition restreinte des corps électoraux lui donne plus de moyens d'agir. Peu à peu, dans les villes principales, la charge de premier consul, qui procure l'entrée aux États, est le plus souvent dévolue aux plus importants des fonctionnaires d'État. Le chaperon et la robe consulaires ne sont bientôt plus que des décorations destinées à récompenser les services officiels de gens bien pensants, en attendant que ces insignes deviennent la marque d'un office vénal.

Lorsque au mois d'octobre 1649, sous l'influence de la Fronde, l'édit de 1632 fut révoqué, les États et le pays étaient disciplinés depuis longtemps.

Les États recouvraient la permission de discuter le chiffre des impôts extraordinaires demandés à la Province. En fait, la survivance de cette liberté inquiétait peu le gouvernement, puisqu'il n'en devait être fait qu'un usage inoffensif et que le simulacre d'une discussion engagée dans l'Assemblée ne servait plus qu'à faire ressortir la docilité des États. La nomination de leur Trésorier de la Bourse a été rendue aux députés. Mais doit-il être autre chose que l'administrateur expérimenté d'une banque provinciale dont le crédit appuiera souvent celui du roi?

C'est à partir de 1649, en effet, que le service des emprunts faits par la Province pour le compte du roi reçoit une organisation régulière.

L'édit de 1632 était donc révoqué en principe ; dans la réalité, les intendants agirent comme s'il ne l'était pas. L'autorité des États et celle des assemblées diocésaines, celle du gouverneur et, dans le domaine politique, celle du parlement et des cours souveraines, tout étant abattu, firent place à un pouvoir anonyme qui était une délégation du prince. La province s'efface de plus en plus devant la généralité, circonscription administrative et financière, à peu près uniforme partout dans le royaume ; les anciens pouvoirs devant son chef, l'Intendant ; les traditions régionales, devant la loi de la monarchie.

La Vierge d'ivoire de l'Église de Villeneuve-lès-Avignon (*XIV° S.*). (*Associat. franç. pour l'avan. des Sciences. Nîmes et le Gard.*) — Aigues-Mortes : Vue des remparts. — La Tour de Constance. (*Sites et monuments du T. C. F.*).

Pl. X.

XI

LE LANGUEDOC SOUS LOUIS XIV

L'organisation de l'Intendance : de Bezons, Daguesseau, Basville. — La collaboration des États. — Les résultats économiques. — Excès de centralisation. — L'uniformité intolérante. — Affaires jansénistes. — Persécution des protestants. — La guerre des Camisards.

Le régime et la « forme » de la Province au sens latin du mot sont donc déterminés, dans leurs traits essentiels, jusqu'à la Révolution : une capitale judiciaire, Toulouse, avec son Parlement; une capitale administrative, Montpellier, où les États fixent désormais, à l'ordinaire, le siège de leurs sessions et l'Intendant celui de sa résidence. Là, l'agent royal évitait le contact journalier et les heurts possibles avec la compagnie de magistrats que leurs alliances et leurs propriétés locales, leur autorité traditionnelle, leur solidarité d'intérêts maintenaient encore puissants.

D'autre part, la position centrale de Montpellier rendait plus aisée à l'administrateur l'expédition des affaires; Toulouse était à la périphérie, Nîmes aussi, et suspecte, en outre, par la persistance et le groupement des influences calvinistes.

La période de moins de vingt ans qui comprend la régence d'Anne d'Autriche et le ministère de

Mazarin comprend aussi les derniers sursauts ou réflexes d'indocilité corporative, municipale et féodale de la Province : conflits de juridiction entre le Parlement et les officiers administratifs du roi ; émeutes où les Hôtels de Ville de Toulouse et de Montpellier laissèrent une part de leurs privilèges électoraux ; brigandages locaux où la violence des seigneurs montagnards paraît encore par places. Tout cela s'efface devant les arrêts du Conseil Royal et, dès le règne personnel de Louis XIV, l'apparition de la Commission judiciaire ambulatoire qui tint les *Grands jours* de justice du Puy et de Nîmes. Entre temps l'agitation de la Fronde unit un moment les Cours souveraines et les États de la Province dans une opposition commune aux règles et aux institutions administratives de la royauté, puis brouilla les deux corps. Elle n'aboutit auprès du Conseil royal qu'à une concession de pure forme : la révocation de l'Édit de Béziers et la restitution apparente des « antiques » privilèges revendiqués par l'Assemblée provinciale. Celle-ci avait compris que le Parlement défendait un monopole et, lors du mouvement de Condé en Guyenne, se garda bien de renouveler l'expérience faite avec Montmorency.

Et l'ordre fut rétabli par les intendants, menacés, mis un moment en péril, demeurés en place. Le gouverneur n'y fut pour rien.

Ni Gaston d'Orléans qui ne pouvait prétendre à aucune considération en Languedoc, ni ses successeurs, le prince de Conti, puis le duc de Verneuil pourvus du titre pour le prestige et les profits qui s'y attachaient, n'y auront une influence réelle.

Ils ouvrent la série des princes qui ne résideront pas, des patrons lointains et décoratifs, laissant à leurs lieutenants généraux le soin de diriger les opérations militaires ou de police armée dans les rares occasions où elles deviennent nécessaires.

L'artisan de l'œuvre royale reste l'Intendant. Sous Richelieu la mission des intendants en Languedoc n'est encore indiquée par aucun titre spécial. La mention d'Intendant de justice, police et finances n'est attachée à leur nom qu'en 1633. Mais ils ont sous leur direction des délégués, sans mandat ni responsabilité bien précis qui règlent déjà les comptes des diocèses et des communes et surveillent la gestion des offices royaux. Leurs ordonnances et celles de leurs successeurs vont devenir pour le Languedoc ce qu'était pour les provinces romaines l'édit du proconsul ou du propréteur.

Quand Mazarin, vers la fin de son ministère, eut réuni en une seule intendance les deux généralités de Toulouse et de Montpellier, ce pouvoir s'accrut encore. Ses titulaires successifs feront désormais en souverains la police du pays, informeront le roi sur les membres des cours souveraines et des tribunaux de second ordre, pourvoiront à la levée et à la répartition des troupes, au paiement des garnisons; régleront les conditions d'exercice de la religion protestante et, en général, la manière d'être des hérétiques; seront les intermédiaires entre le souverain et l'Assemblée provinciale, interviendront enfin sans contrôle efficace dans les élections et les débats consulaires, seront, dans toute l'acception, toute l'étendue du terme, les mandataires directs du Roi « pour les affaires concernant le bien et le repos de ses sujets », autant dire toutes leurs affaires.

Après le légiste et historien Bosquet, le futur évêque de Lodève et de Montpellier, surveillant informé et habile de ce qui restait encore avant la Fronde de tradition et de tendance féodales dans l'épiscopat languedocien, trois hommes surtout organisèrent, en l'étendant de plus en plus, la fonction et son rendement : Bazin de Bezons, Daguesseau et Basville. L'action des deux derniers fut, dans l'ordre économique, facilitée par l'abdication définitive, en fait, des prétentions politiques qu'avait soutenues l'Assemblée provinciale jusqu'au lendemain de la Fronde.

C'est sous Bazin de Bezons, mêlé encore, dans les débuts de son action, aux dernières protestations de l'esprit provincial, que s'achève la réduction des résistances parlementaires et municipales aux règlements et à la discipline de la monarchie. L'ingérence du Parlement toulousain dans les questions d'impôts et d'élections consulaires est arrêtée dès 1653, comme le furent, à plusieurs reprises, les mouvements des grandes villes en faveur des traditions et « franchises » municipales à Toulouse, Carcassonne, Nîmes.

L'intérêt du Trésor amène aussi, comme il s'était déjà vu si souvent, un amoindrissement des *privilèges* restitués en apparence aux États par la révocation de l'Edit de Béziers.

Et cette discipline assurée permet déjà à l'agent du pouvoir souverain les réformes et les initia-

tives économiques. Elles vont atténuer, en quelque
mesure, les misères si longtemps accumulées sur
le pays, après les troubles religieux, par les guerres
de Catalogne et les dix ans d'anarchie qui avaient
marqué la minorité de Louis XIV ; elles correspon-
daient au plan général de Colbert. C'est dès 1666,
avec les premiers travaux pour le canal des Deux-
Mers, la vaste enquête de M. de Froidour dont
l'objet est la restauration des forêts de la couronne
et la réforme de l'administration forestière, puis
la réfection de l'antique voie romaine, la Regordane, entre l'Auvergne et le Bas-Languedoc, à
travers le Velay et le Gévaudan ; les essais d'aménagement sur le cours supérieur de la Loire pour le
flottage des bois ; enfin les tentatives pour faire
revivre, par des ateliers d'État, les industries
locales du Velay, bonnets et dentelles, contre les
procédés arriérés des corporations urbaines.

C'est aussi à cette date et sous la même direction que s'établit en Languedoc le système des
entreprises industrielles d'État, des manufactures
privilégiées destinées à retenir ou à appeler en
France l'argent que les industries similaires apportaient à l'étranger. La Province fut même, selon
la remarque de M. Boissonnade, l'un des champs
d'expérience de Colbert.

Et l'un des mérites éminents de Daguesseau
(1673-1685) fut de l'y approprier. Son influence,
fondée sur une largeur d'esprit et une compétence
reconnues, une sûreté et une aménité de caractère
appréciées, seront le lien entre l'Assemblée provinciale, encore méfiante et revêche ; surtout dans
les rangs du Tiers, et le pouvoir souverain. Il

devint comme l'instituteur des États à leur rôle économique et, sans parvenir encore à les dépouiller de leur esprit de routine et d'égoïsme particulariste, sut préparer en eux un précieux instrument d'administration. L'institution restée debout inspirait quelque confiance aux populations dont le contact avec les agents du gouvernement était peut-être moins dur qu'ailleurs et leur laissait quelque illusion d'autonomie.

Deux manufactures royales, soutenues par les subsides de l'État, celle de Carcassonne et Conques et celle de Saptes près de Carcassonne, sont déjà fondées à l'arrivée de l'intendant en Languedoc. Elles doivent servir l'idée de Colbert de supplanter en Espagne, en Italie, surtout dans le Levant la production hollandaise et anglaise des draps. La région était bien choisie, depuis longtemps le littoral était un pays *drapier*, utilisant la main-d'œuvre des Cévennes et des hauts plateaux que l'agriculture, de faible rendement, n'absorbait pas tout entière, et la matière première fournie par leurs troupeaux. De tout temps la laine du Languedoc montagneux avait été utilisée par l'industrie locale des *cadis*, bure grossière, « couleur de la bête », c'est-à-dire non teinte. Puis des étoffes plus fines s'étaient tissées et teintes à Castres, Saint-Pons, Bédarieux, Lodève et Clermont d'Hérault, jusqu'à Alais et Nîmes, aux aboutissants de la montagne sur la plaine, sans compter les ateliers de *fustaine* et de serge à Montpellier. Les troubles de la Province avaient tari les sources de production, fermé les marchés. Renouveler cette activité, la réglementer, la subventionner, lui fournir des débouchés fut l'affaire de l'administration royale qui réorganise l'ancienne manufacture de Saptes datant de Henri IV, fonde celle de Villeneuvette-lez-Clermont qui garde encore quelque chose de sa discipline quasi monastique; et les draps fins, *londres* et *londrins* s'en vont en Espagne, en Italie, surtout dans le Levant (1500 pièces de Saptes et Carcassonne en 1672). Et, lorsque fléchira le système sous l'abus même du monopole, la minutie exagérée des règlements et les charges des guerres extérieures, l'intendant saura associer les États à son soutien, obtenir leur contribution pécuniaire à une œuvre devenue nationale. Plus tard, la crise persistant, il y intéresse les grands capitalistes de la région, Pennautier, le trésorier de l'Assemblée provinciale, receveur du Clergé de France, l'un des financiers de haut rang qui déjà sous Louis XIV font pressentir, à Paris, le rôle et l'élégance des fermiers généraux de la Régence et de Louis XV; d'autres considérables traitants encore, tels que le trop hardi Pouget, et Le Secq, mêlés aux affaires de la Province, à côté de ceux qu'y engageait l'influence directe de Colbert. Il sauva ainsi les entreprises qui, après avoir éprouvé des traverses pendant quelques années, fournirent au Languedoc et au royaume, durant le cours du xviiie siècle, des éléments notables d'activité et de richesse.

L'industrie de la soie n'eut pas la même fortune; elle était peut-être trop étroitement liée à l'initiative protestante pour recevoir les encouragements officiels et pécuniaires du gouvernement et des États. Elle fut d'ailleurs sacrifiée de bonne heure à la fabrication et au commerce de Lyon par la perception sur les produits de taxes douanières exagérées et un itinéraire absurde imposé à la matière première. Celle que fournissaient les Cévennes n'était, en effet, pas suffisante, malgré les plantations de mûriers subventionnées par le roi depuis Henri IV et inaugurées par Brocard, un habitant de Nîmes. Elle fut, d'ailleurs, détournée vers Lyon. Malgré ces entraves, Daguesseau usant de quelque intelligente tolérance, Nîmes où s'était concentré le travail de la soierie comptait, en 1681, 132 moulins de soie et 1.100 métiers de taffetas. L'abus des règlements et surtout la révocation de l'Edit de Nantes allaient ruiner pour plus de cinquante ans cette industrie qui ne recouvrera qu'au milieu du xviiie siècle sa vitalité, grâce à un régime moins étroit et moins exclusif.

Les États n'interviennent pas non plus, pendant cette période, dans les recherches et les exploitations de mines, surtout de mines de cuivre et de plomb, tentées sous l'impulsion de Colbert et soutenues par des groupements de capitalistes, la plupart personnages officiels de la finance royale ou provinciale. Elles donnèrent peu de résultat, furent vite réduites ou abandonnées et l'heure industrielle de la houille n'était pas encore venue.

Mais où l'action et la collaboration des États reprennent une large place dans le gouvernement économique de la Province, c'est le soin des travaux publics, chemins, canaux, ports. Leur construction et leur entretien étaient chez eux une tradition. Depuis le milieu du xvie siècle (1548) s'ajoutent aux fonds des « leudes et péages » affectés par la royauté à ce service les contributions des communautés, assiettes, diocèses, sénéchaussées suivant l'importance des travaux à exécuter en chacune de ces circonscription, qui ont leurs agents de direction et de surveillance. L'Assemblée provinciale dans son ensemble n'en fait qu'à partir de 1685 l'un des objets ordinaires de ses délibérations. Là encore Daguesseau avait préparé le terrain. Le témoignage le plus célèbre en est dans la part que prirent les États à l'ouverture du Canal des Deux-Mers livré à la navigation en 1681. Le projet déjà ancien avait été précisé dans son principal moyen d'exécution, la concentration des eaux de la Montagne Noire au bassin de Saint-Ferréol par Riquet de Bonrepos, que ses voyages en Languedoc pour la surveillance des gabelles avaient mis au courant des grands traits du relief languedocien. On a parfois reproché aux États leurs hésitations en face de l'entreprise, leur complaisance à écouter les réclamations de propriétaires lésés ou simplement routiniers. Mais la royauté n'avait-elle pas, elle-même, montré quelque froideur devant les dépenses de l'entreprise? Vauban, qui était au courant, a pu dire que « l'entrepreneur, qui avait été aussi l'inventeur, n'a été ni conduit, ni aidé comme il le devait être ». Quoi qu'il en soit, sur les 13 millions de livres de travaux autorisés, les États en fournirent 6 millions 300.000, et comme l'allocation royale ainsi que le solde des dépassements étaient en majeure partie pris sur les gabelles de Languedoc, augmentées à cette occasion, ce fut la Province surtout qui paya pour cette voie de navigation érigée en fief royal et l'aménagement du port de Cette où elle

aboutissait. Elle ne fut d'ailleurs ni voie internationale, ni même route de grand cabotage. Le pro-
tectionnisme du temps s'y opposait et la rivalité de
province à province, les Bordelais ne voulant point
recevoir les vins du Languedoc, ni les Languedociens les blés de Guyenne. Notre temps n'a, d'ailleurs, pas su mieux utiliser ce magnifique instrument de relations. Son action la plus prochaine et
la plus utile fut de réduire, le long de la région,
suivant son axe en latitude, le prix des charrois.

Sous Lamoignon de Basville, fils du premier président au Parlement de Paris et dont l'origine,
l'éducation, les relations, l'influence attestent l'importance attachée en 1685 à l'intendance de Languedoc, les éléments du gouvernement économique
et politique achèvent de se grouper autour de
l'agent royal.

Sa dure et intelligente énergie, la persistance de
son action (1685-1718) en font l'unité à tel point
que, jusqu'en 1789, rien n'a été changé dans la Province, ou peu de chose, de la tradition établie par
lui. Ce ne fut ni sans rigueurs, ni sans mutilations
même de la vie provinciale que l'ordre conforme à
l'idéal administratif du temps y fut ainsi assuré.

La tâche était facilitée à l'intendant par la discipline de l'épiscopat, où seul le cardinal archevêque
de Narbonne, président des États, de la puissante
famille italienne de Bonzi, depuis longtemps ins-
tallée, comme d'autres familles italiennes, dans les
évêchés de Languedoc, aurait pu le tenir en échec.
Mais Bonzi, ami de Colbert, dut rester, après la
mort du ministre, le collaborateur de la politique
officielle; sa faveur en cour y était attachée, et au

bout de quelques années, les faiblesses de sa vie privée, quelques complaisances pour des intérêts de
parents ruinèrent son crédit au profit d'un adversaire qui avait la confiance du Conseil royal, restait
correct et froid et savait se garder. Les gouverneurs
successifs, M. de Verneuil, fils naturel d'Henri IV,
puis le duc du Maine, fils naturel de Louis XIV,
étaient moins gênants encore par leur absence et
leur abstention. Ce qui eût pu, dans les rangs de la
noblesse, soutenir quelque opposition n'y songeait
plus, absorbé par l'attraction et le service de Versailles.

Quant à la noblesse de second rang, elle était
aussi docile que les députés des villes et pour les
mêmes raisons : la vanité constatée ou le peu de
souci d'une indépendance réelle et les libéralités
qui, jointes à l'indemnité d'assistance, récompen-
saient la bonne tenue dans les États.

La féodalité « officière », gens du Parlement et
des Cours de Finances, a sa compétence définie par
la nature des espèces juridiques et ne tente plus d'en
sortir, laissant même les cas d'exception au tribunal
de l'intendant qui reçoit, pour les juger, délégation
du Conseil royal, et lui abandonnant l'inspection et
la vérification des comptes communaux et diocé-
sains.

C'est pourquoi Basville put, à son aise, selon les
indications qu'il recevait du Contrôleur général
après les avoir souvent suggérées, aménager, au
profit du Trésor, le vieux système d'assiette et de
perception des impôts qui tous, sauf les droits domaniaux et douaniers, relèvent en quelque mesure de
l'action des États. Il maintient les cadres des impo-

sitions qu'il appelle lui-même « fixes et certaines »
comprises dans l'*octroi* des États au roi, un vieux
terme qui conserve le souvenir d'une tradition, consentement de l'Assemblée provinciale à l'impôt,
mais est vide de réalité, car le chiffre de cette contribution est depuis longtemps accepté d'avance. Ce
sont : l'*aide*, l'ancienne redevance féodale qu'avait
augmentée la guerre de Cent ans, avec son supplément, une part de l'*équivalent* ou taxe de consommation destinée d'abord à compenser le paiement
de l'aide et qui avait fini par s'y ajouter; l'*octroi* proprement dit qui représentait la part du Languedoc dans la « taille permanente » établie sous
Charles VII, avec la *crue de l'octroi*, ou *taillon*,
pour la subsistance des troupes; les réparations des
places fortes; les frais de garnison; les appointe-
ments du gouverneur et des lieutenants généraux,
toutes dépenses d'État. La province y ajoutait les
traitements des députés, indemnités ou « montres »
(1.500 livres pour chacun des évêques et des barons;
600 pour les députés du Tiers).

Il résulte des comptes de Basville pour 1696 que
ces articles s'élevaient au total de 1.126.204 livres.

L'intendant a, en outre, consolidé les bases des
impositions qu'il désigne comme « arbitraires et
incertaines » et qui l'étaient en théorie, par une
fiction verbale toujours respectée dans sa forme, un
rite jalousement conservé. Censées discutables
quant à leur principe et quant à leur chiffre, elles
sont, en fait, votées selon les demandes des commissaires royaux, mais après observations de l'Assemblée comme le fait remarquer Monin dans son
étude si informée et si suggestive sur l'administra-

tion de Basville : « du moins les remontrances de
l'Assemblée peuvent se faire entendre, sinon
exaucer; elle garde des droits analogues à ceux
des Parlements lorsqu'une ordonnance était pré-
sentée à l'enregistrement. Elle adresse au roi, des
« cahiers de doléances ». Le Conseil royal était
averti et ne le fut pas toujours en vain. C'est le
caractère qui distingue le *don gratuit,* la capitation et le dixième.

Le *don gratuit,* c'est-à-dire la contribution volon-
taire, accordée sans conséquence pour l'avenir,
représente, en réalité, la part du Languedoc dans
l'ancien impôt de la taille. Il est devenu fixe, sauf
concession du contrôleur général qui se produisit
parfois. Une tentative d'opposition faite en 1698
par un maire de Toulouse, Daspe, et que Basville
qualifie de « petit cas » parut surannée, fut aisément arrêtée par l'intendant. A ce moment le montant en est fixé à 3.000.000 de livres, ce qui est le
plus fort contingent des pays d'États de France et
plus du double de la somme levée en Bretagne
(1.200.000 livres) et en Bourgogne (800.000 livres)
pour le même objet.

La *capitation,* dont l'idée, suggérée en 1695 à
l'Assemblée par les agents royaux, est comme une
première tentative de la monarchie pour restreindre
les privilèges en matière d'impôts, ne pouvait être
que bien accueillie dans un pays de taille réelle.
Mais mal appliquée, fondée sur un classement trop
souvent arbitraire, elle ne rendit pas ce qu'on en
avait espéré. L'impôt du *dixième,* excellente idée
de Vauban, véritable taxe sur le revenu, analogue
à l'*income tax* des Anglais, présenta des vices ana-

logues d'assiette. En Languedoc, du moins, ces contributions, communes à tout le royaume, furent-elles peut-être moins lourdes qu'ailleurs, car elles purent être rachetées par les États et payées chaque année sous la forme d'un abonnement dont la répartition et la perception furent laissées, sous le contrôle de l'Assemblée provinciale et de la Cour des Comptes, aux Assemblées diocésaines.

Et c'est peut-être cette faculté de rachat et d'abonnement accordée aux États pour le paiement, la répartition et la levée de plusieurs catégories de deniers publics qui fut, pour les 2.500 communautés de la Province jusqu'à la fin de l'Ancien Régime, le principal bénéfice de l'autonomie très limitée et très relative concédée au pays languedocien. Ce système, qui s'étendait jusqu'à la constitution en ferme d'un impôt de consommation, l'*équivalent* de l'aide, resté aux mains de l'Assemblée, n'excluait sans doute tout à fait ni la faveur, ni l'arbitraire. Mais il permettait de doser et de proportionner en quelque mesure aux ressources des groupes de contribuables et, selon les nécessités des temps, l'assiette et la perception des charges. Le trésor n'en recevait aucun dommage, la recette globale lui étant assurée par la fortune de la Province et la solidarité, dans chaque paroisse, des collecteurs responsables. Le gouvernement tenait moins au principe même et à la forme de l'impôt qu'à son produit et, ce produit, il l'encaissait sans déchets de perception, sans cotes irrecouvrables, car les États fournissaient ce fonds entier, prenant à leur compte les débets et leur recouvrement. C'est le procédé appliqué par eux à l'ensemble des *affaires extraordinaires,* créations d'offices, emprunts, et autres expédients fiscaux de la monarchie. Sa souplesse, la facilité qu'il offrait parfois à des réductions et remises consenties par l'État devant la sûreté des rentrées allégèrent en plus d'une occasion pour le pays languedocien le poids des charges publiques, firent enfin de sa gestion financière une véritable banque régionale dont le crédit appuya plus d'une fois celui du roi jusque sous Louis XVI.

Vers la fin du xvııᵉ siècle, les fonds dont plus de la moitié passent par leur intermédiaire forment un élément notable du revenu national, près de 14 millions de livres sur 140 environ qui figurent au budget de l'État. Et comme une partie en revient à la Province pour y solder les dépenses d'État, que plusieurs de celles-ci, par exemple les subventions à l'industrie, aux travaux publics se joignent aux contributions fournies directement par l'Assemblée provinciale pour le même objet et employées par ses agents, on voit que le système financier de cette Assemblée mettait aux mains de l'intendant un instrument précieux d'activité économique.

Il n'était plus guère que cela et ne fut pas davantage jusqu'à la fin de l'Ancien Régime. Aux contemporains, surtout aux Languedociens les tenues d'Assemblées à Montpellier, par leur cérémonial vénérable, purent faire illusion sur la survivance de « franchises » traditionnelles : messe solennelle d'ouverture, précédée de visites protocolaires, accompagnée de la musique de chapelle au service des États ; séances d'apparat présidées par l'archevêque-primat de Narbonne, ayant à sa droite, en rochet et en camail, les vingt-deux autres prélats de la Province ou leurs représentants. Là, avec les titulaires des antiques métropoles, siègent les chefs des diocèses plus récents créés par Jean XXII ; avec Toulouse : Lavaur, Mirepoix, Saint-Papoul, Rieux, Montauban ; avec Narbonne : Saint-Pons de Thomières, Alet et les évêques des diocèses anciens relevant de la même province ecclésiastique : Limoux, Carcassonne, Agde, Béziers, Lodève, Montpellier, Nîmes, Uzès ; là ont leur place aussi les suffragants de métropoles étrangères au Languedoc : Albi, archevêché depuis 1676, Castres, Mende et Le Puy qui relèvent de Bourges ; Viviers, de Vienne ; Comminges, d'Auch. (A partir de 1688, la création de l'évêché d'Alais augmenta d'une unité le nombre des prélats ; elle eut pour conséquence un supplément égal de représentation dans les rangs de la noblesse et du Tiers.)

A la gauche de l'archevêque président-né, la noblesse comprenant « les deux premiers nobles », un comte, celui d'Alais, un vicomte, celui de Polignac et vingt barons (c'est leur titre commun dans les États, quel que fût celui de leur maison, telles la maison de Crussol, avec le duc d'Uzès, et celle de Lévis, avec le marquis de Mirepoix, « maréchal » héréditaire « de la Foi » depuis la guerre albigeoise). Ils siègent l'épée au côté, comme leurs mandataires nobles dans le cas de délégation.

En face des ordres privilégiés, sur des sièges plus bas, mais égaux en nombre à ces personnes de qualité et disposant d'un chiffre de voix égal au

Cordes. Maisons privées. — St-Antonin. Hôtel de Ville. — Toulouse. Cloître des Jacobins. (*Sites et monuments du T. C. F.*).

Pl. XI.

total de leurs suffrages, les représentants des
« diocèses » civils, députés des conseils de villes
désignées par la tradition, en costume d'apparat,
chaperons consulaires et habits de cérémonie.

Les harangues des commissaires royaux, les
éloges traditionnels de Sa Majesté et des hauts
personnages de la Province et les réponses du
président échangés, le travail commençait selon
une méthode séculaire. Les affaires réparties entre
les commissions, les subsides au roi accordés après
avoir été discutés, pour la forme, la bénédiction de
l'archevêque-président clôturait la session. Les
détails d'application restaient confiés aux vingt-
trois assiettes diocésaines d'après les instructions
de l'Assemblée et sous la surveillance des trois
syndics généraux des Etats exercée à côté du contrôle que gardaient les officiers de l'administration
royale.

Plus que la mise en scène surannée, propre à
frapper les imaginations complaisantes, c'est ce
règlement d'affaires, cette adaptation de leur détail
à la vie économique de la Province qui importait.

Il faut néanmoins constater que le mouvement de
la production ne répondit pas de tous points, jusqu'au milieu du xviiie siècle à ce qu'on aurait pu
attendre de cette liberté relative d'administration
et de l'aisance qu'elle laissait à l'emploi des fonds.
Trop de gênes traditionnelles, trop de règlements
techniques, un excès de tutelle l'entravaient dans
l'agriculture, l'industrie, le commerce, sans compter
la guerre à l'état permanent sur les frontières, et les
vides faits à l'intérieur par la persécution religieuse.
Si intelligent, si laborieux, si influent qu'il fût,

Basville ne pouvait changer des principes de gouvernement qui étaient, d'ailleurs, les siens pour une grande part. Son affaire principale était, en outre, de garder jalousement les droits du roi et de concilier, parfois par des moyens de fortune, les arrêts du Conseil avec l'état et les ressources des populations.

Plus exact et clairvoyant que novateur, il ne changea rien aux régimes des grains et l'incertitude qui régna longtemps sur la circulation des blés n'était pas de nature à encourager la culture des terres à céréales. Il a beau incriminer l'indolence des laboureurs du Toulousain et, dans la crise de disette de 1709, obliger par ordonnances aux semailles de blé, le rendement de la Province ne correspondit jamais à sa puissance de production. La culture de la vigne, même dans la zone du littoral, est loin de l'importance qu'elle a prise depuis. Encouragée par Basville, mais avec une réserve, sa destination pour les terrains maigres, elle sera à certains moments gênée au xviii° siècle par les prescriptions des intendants. Labourage et pâturage restèrent longtemps sans distinction bien critique des régions, la formule exclusive de l'activité agricole en France.

Cette production rencontrait d'ailleurs, comme tant d'autres, l'obstacle des douanes intérieures. La consommation des grains de Languedoc n'est cependant pas entièrement locale. Basville, dans le célèbre mémoire de 1698, donne à sa valeur un chiffre moyen de 1.200.000 livres sur lesquelles 400.000 livres sont absorbées par l'exportation. Mais l'exportation des vins (830.000 livres) est précisément égale à la valeur de production. Il en est de même pour les eaux-de-vie, depuis longtemps fort réputées (440.000 l.) et des liqueurs que fabriquent surtout Montpellier et Nîmes.

Au-dessus des vignobles, les dernières pentes des Cévennes et des Corbières, ceinture ensoleillée dès garrigues jusqu'à leur nivellement dans la plaine côtière où descend le vert argenté de l'olivier, fournissent pour 2.000.000 de livres d'huile dont un million seulement est exporté. La comparaison de ces chiffres est à rapprocher de celle qui peut s'établir entre la valeur de production des châtaigneraies, à l'étage supérieur : 150.000 livres à la récolte, et 60.000 à l'exportation; entre les 120.000 livres de fruits comestibles, prunes surtout, dans le Languedoc occidental, et l'exportation de ce produit se montant à 60.000 livres. La différence renseigne sur la nourriture coutumière des habitants, spécialement des ruraux.

Le commerce des bêtes à laine qui atteint 1 million de livres en laisse 660.000 à l'exportation. L'écart s'explique, selon Basville, par le soin de conserver aux manufactures du pays une quantité suffisante de laine. Aussi la Province, pour la consommation des centres urbains et l'usage agricole, est-elle tributaire du Limousin, du Rouergue, de l'Auvergne, en ce qui concerne les bœufs et les moutons, et son importation s'élève à 1.240.000 livres.

Pas de grands élevages en effet, sauf dans le Languedoc océanique, plaines du Montalbanais et du Toulousain, plateaux de l'Albigeois et fraîche vallée largement ouverte entre Sidobre et Montagne-Noire; les pentes des Cévennes n'offrent que des prairies laborieusement arrosées par les *béals,* rigoles d'eaux captées sur les hauteurs ou dérivées des rivières à des niveaux étagés.

Là, la culture industrielle du mûrier devait suivre les variations du travail de la soierie, avec lenteur cependant ; la durée de croissance de l'arbre et l'utilisation de sa feuille pour la nourriture et l'entretien des bestiaux le maintenaient. D'autres cultures aujourd'hui disparues peuvent être signalées, celle du pastel et celle du safran, déjà en voie de décroissance.

Quant à l'industrie, sa nature et ses caractères ont été déjà définis : très variés avec prépondérance de la draperie (4.100.000 livres de tissus grossiers, 8.400 000 livres de draps fins); de la tannerie (1.800.000 livres); de la soierie (environ 1.000.000 de livres). Basville, qui donne ces chiffres pour l'année 1697, se garde de mettre en cause les abus de règlements inquisitoriaux, d'une protection à outrance, encore moins les dommages qu'avaient entraînés l'établissement de l'uniformité religieuse et l'émigration qui en résultait.

Il est moins réservé pour ce qui touche au commerce, indique nettement les défauts d'un système qui subordonne l'activité des négociants languedociens aux intérêts de Marseille, où les marchandises importées par eux sont soumises à un entrepôt préalable avant d'être distribuées; qui gêne leur circulation par la confusion et la diversité des tarifs de douane, notamment aux péages du Rhône; qui restreint l'importation des laines d'Espagne par des droits excessifs. Les réformes sollicitées par lui ne seront accomplies qu'au xviiie siècle et dans une mesure restreinte.

Si limitée soit-elle, cette activité économique de la Province atteint déjà un chiffre significatif : 27 millions de livres pour la production dont une valeur de 14 millions est exportée. L'importation y est estimée à 5 millions 200.000 livres environ, toutes évaluations approximatives, du reste ; Basville a soin de prévenir que les bureaux de péage sur les registres desquels il a établi ses calculs ne comprennent pas les frontières de la Province dans toute leur étendue et que, d'autre part, une forte part des transactions se fait en foire de Beaucaire, où la franchise presque complète de droits ne permet pas la précision des renseignements. C'est sur l'opinion courante que l'intendant se fonde — et il en avertit ses lecteurs — pour attribuer un chiffre de plus de 6 millions de livres aux affaires traitées dans ce rendez-vous des activités commerciales qui anime pour quelques jours la petite ville d'un intense mouvement de foule exotique ; y mêle aux Allemands, Italiens, Espagnols les costumes levantins, à peu près oubliés depuis la fin du xve siècle des anciens ports de Narbonne et de Montpellier ; y fait reluire, à côté des étoffes et des épices, les monnaies étrangères et les pierres précieuses d'Orient et resta, aux yeux des Languedociens, jusqu'à l'établissement des chemins de fer, comme un rêve d'annuelle féerie.

Les résultats de statistiques semblent donc être inférieurs à la valeur réelle des échanges en Languedoc. La correspondance de l'intendant avec le contrôleur général et les rapports inédits de ses subdélégués ne pourraient les rectifier que sur des points de détail.

Les routes du transit s'embranchaient sur le chemin de poste qui, de Toulouse, par Castelnaudary, Carcassonne, Béziers, Montpellier, Nîmes, Uzès, aboutissait à Pont-St-Esprit. C'était l'artère centrale qui, du Rhône à la Garonne, suivait l'antique direction de la via Domitia avec prolongements vers l'Espagne à Narbonne, vers Bordeaux par Agen ; vers la Loire par Périgueux et Poitiers ; on n'avait pas conservé le tracé transversal établi par Rome entre Cahors, Rodez et Lyon, centre des Gaules à l'époque romaine. La route d'Auvergne elle-même, de Nîmes à Clermont par Villefort, la vieille route Regordane reconstituée ne s'achève que sous Basville, en même temps que, devant les précautions stratégiques imposées par les soulèvements prévus dans les Cévennes, se resserre le réseau jusqu'alors assez lâche des chemins secondaires, destiné à desservir pour le transport du canon royal, le massif cévénol jusqu'aux Causses du Tarn et de la Lozère, les hautes vallées de l'Hérault, du Vidourle, des deux Gardons et de la Céze. Les communications entre le reste des pays de cantonnement demeurent difficiles et lentes. Chaque diocèse pourvoyait comme il le pouvait à cette voirie rurale.

Malgré les efforts de l'administration royale les conditions de la vie, dans leur ensemble, ne favorisent pas un accroissement de population que Basville paraît, dans son Mémoire, avoir exagéré, comme l'avaient fait ses subdélégués dans quelques-uns de leurs rapports.

Quoi qu'il en soit, et en l'état des documents, ses renseignements peuvent nous donner une idée approximative de ce qu'était de son temps la population languedocienne : 1.545.442 habitants répartis en 2.547 paroisses; proportion très inégale entre les divers chefs-lieux de diocèses (Toulouse compte 18.040 familles; Montpellier, 13.083; Nîmes, 12.590; Narbonne tombée à 1.626; Uzès, à 794. Écarts analogues entre la population des diocèses : celui du Puy a 209.115 habitants; celui de Comminges : 3.690).

Les classes que l'Intendant établit, selon les idées de son temps, donnent cinq groupes : les gentilshommes sont au nombre de 4.485 dont 15 au plus ont 20.000 livres de rente. L'attraction de la cour avait déjà vidé le pays de ses hauts barons; ils n'y revenaient, de temps à autre, que pour la tenue des États; le reste vit maigrement sur ses terres ou dispute, dans les villes, aux riches bourgeois, aux anoblis et aux officiers de judicature les charges municipales mises en vente par l'édit de 1692 et dont l'exercice est rémunéré parfois par de gros profits. 10.800 bourgeois se répartissent entre les grandes villes ou font valoir leurs biens fonciers dans les centres urbains de second ordre. Les marchands (et sous ce titre on comptait les industriels) l'emportent en proportion numérique sur les bourgeois dans les diocèses industriels et commerçants à la fois, comme Lodève, Lavaur et Carcassonne, mais n'atteignent pas le chiffre des bourgeois dans les cités importantes, telles que Toulouse, Montpellier, Nîmes, ou gardant encore une population attachée aux souvenirs d'une vie communale autrefois puissante, comme Béziers, Castres, Albi, Narbonne. Les travailleurs manuels se partagent en 91.148 *laboureurs* et 76.700 *artisans*, les premiers prédominant dans le Lauraguais et les plaines littorales ; les seconds groupés dans les diocèses de population industrielle plus dense, les centres urbains de premier rang, comme Toulouse, les districts drapiers ou filateurs et tisseurs de soie, tels que Mende, Nîmes, Alais, Saint-Pons et Saint-Papoul.

L'Église reste riche avec ses 2.569.000 livres de revenu annuel où comptent 90.000 livres pour l'archevêché de Narbonne, 80.000 pour celui d'Albi, 35.000 pour celui de Toulouse, 39.000 pour l'évêché de Mende, 35.000 pour celui de Castres, 32.000 pour celui de Montpellier. Sa puissance s'est affirmée par l'établissement de l'uniformité religieuse ; elle la maintient dans toutes les communautés de Languedoc par ses curés et desservants, par ses missions, ses 235 couvents d'hommes, ses 103 couvents de religieuses. Elle est enfin prépondérante, par son influence, dans les États.

Mais elle est disciplinée désormais ; son action s'est exercée depuis de longues années avec l'appui et sous la direction de l'intendant.

Le Parlement provincial l'est aussi ; son ressort, diminué depuis la constitution de la Guyenne en province, s'étend encore sur les sénéchaussées de Toulouse, Castelnaudary, Carcassonne, Limoux, Béziers, Nîmes, Montpellier et le Puy, démembrements et subdivisions des 3 anciennes sénéchaussées du pays, et il comprend 132 magistrats et officiers judiciaires. Mais, si l'administration royale affecte pour son autorité un respect toujours apparent, elle ne lui en a pas moins enlevé, par les appels en conseil du roi et les *committimus,* la connaissance de causes qui lui revenaient de droit ;

surtout elle a, par des délégations spéciales, attribué
à l'intendant l'instruction et le jugement de procès,
les mesures de haute police qui ressortissaient à la
juridiction parlementaire. La féodalité officière se
maintient par la tradition, la vénalité des charges,
la fortune acquise et les alliances de famille ; elle
n'en a pas moins perdu son initiative et son indépendance. Le Premier Président, reçu à son entrée
dans sa ville de Toulouse, avec les honneurs rendus
à la personne d'un prince du sang, n'en est pas
moins devenu un agent du gouvernement, consulté
souvent, écouté parfois, mais n'a plus de pouvoir, ni
même d'influence politique.

Mais l'établissement de cette obéissance uniforme
n'alla, on le sait, ni sans difficultés pour le roi, ni
sans dommages pour le royaume, en particulier
dans le Languedoc.

Il s'était, entre temps, marqué par un caractère
de fiscalité apparent, parmi de nombreux exemples,
dans la ruine des derniers restes d'autonomie municipale. Depuis longtemps, sans doute, d'étroites
limites avaient été tracées avant Henri IV, et par
lui surtout, aux villes dans leur pouvoir d'emprunter et d'imposer.

Ce règlement rigoureusement maintenu par le
contrôle permanent de l'Intendance, s'il avait assuré
une gestion plus prudente de leurs finances, y avait
affaibli l'initiative des municipalités jusqu'à l'é-
teindre, déshabitué les particuliers de leur contrôle, et amoindri l'intérêt qu'ils avaient longtemps
porté aux affaires communales.

L'édit d'août 1692 qui transformait, dans toutes
les villes du royaume, pour un profit purement

fiscal la dignité de maire ou de consul et les principales fonctions municipales en offices perpétuels, en charges vénales, abolit du même coup les dernières traditions des libertés urbaines, tellement était cohérent et de jeu spontané le système destiné à fondre tous les éléments de la vie nationale dans l'action unique du pouvoir central.

Mais en Languedoc plus qu'ailleurs était sensible cette atteinte définitive portée aux « libertés » anciennes. Car là, c'était aux mandats électifs, si étroite pût en être la source, que tenait la représentation des cités dans les États provinciaux. Les nouveaux magistrats n'y représenteraient plus ni l'assemblée communale, ni le *corps de ville,* comme avaient fait jusqu'alors les consuls, mais seulement l'argent de notables fortunés et le bon vouloir de l'intendant.

En outre, on craignait là, comme ailleurs, en un pays qui souffrait de la multiplicité des offices, l'avènement et l'accroissement d'une nouvelle féodalité *officière,* héréditaire et à charge au commun par l'immunité de l'impôt et les profits de la fonction.

La mesure n'y passa donc pas inaperçue comme tant d'autres. Elle avait été d'ailleurs précédée en bien des lieux, à Montpellier sous Richelieu, déjà; à Nîmes, où le conflit religieux donnait sans cesse au pouvoir le prétexte d'intervenir; à Toulouse aussi, et, tout récemment, de coups d'autorité contre le régime des élections encore conservé et les compétences des magistrats urbains. Il faut reconnaître que leur administration donnait prise à l'intervention des agents royaux. Celle-ci fut sans ménagements. A Toulouse, Basville, de 1687 à 1688, met la nomination des Capitouls entre les mains des bureaux du Contrôle général, c'est-à-dire en ses mains propres, soumet à l'autorisation préalable les dépenses communales et règle la police urbaine.

Néanmoins, malgré la vigueur manifestée, l'exécution de l'édit établissant la vénalité de ces antiques dignités communales rencontra les oppositions dont l'époque pouvait encore permettre l'apparence.

Plus utilement les villes rachetèrent à plusieurs reprises pour les abolir, ces charges qui renaissaient avec obstination. Ce sera le régime du XVIII° siècle : de Tocqueville signale depuis Louis XIV sept rachats en quatre-vingts ans. Le Languedoc en a opéré d'autres en détail.

Moins de complications pour la paroisse rurale : un notable désigné par le subdélégué de l'intendant, le plus souvent, l'administre, conservant, dans certains bourgs, le nom de consul.

Ce nivellement avait fini par user l'intérêt séculaire, encore très vivant au temps de la Ligue, que portait le Languedocien aux affaires communales. Mais il ne fut plus accepté sans protestations lorsqu'il se heurta aux consciences en matière de foi.

On a vu comment, depuis la guerre albigeoise, s'était modifié en Languedoc le tempérament d'abord tolérant, facile, et même parfois indifférent ou sceptique des populations en face des diversités de pratique cultuelle et de dogme. Les troubles religieux avaient gardé dès lors, dans la région, un caractère plus passionné.

Dans cet ordre de faits l'agitation janséniste n'émut que quelques âmes dans le clergé et les classes cultivées ; la persécution des Protestants atteignit les couches les plus profondes du peuple.

Ce fut pourtant la résistance de l'évêque d'Alet, Pavillon, qui tint un moment en suspens l'affaire célèbre de la « paix de l'Église », le désaveu public de la doctrine janséniste imposé par le roi à l'unanimité de son épiscopat. Le sincère et ferme prélat, qui avait, non sans péril, rétabli l'ordre dans son clergé, lutté contre les violences et les mœurs dissolues de la petite noblesse de son diocèse, combattu les empiétements des Dominicains sur les droits de l'ordinaire, se prêtait mal à l'accommodement oblique par lequel sembla s'assoupir, en 1668, la querelle dogmatique. Entre temps, il avait pris une initiative qui lui valut, peut-être, de la part des Jésuites, plus d'hostilité que son attachement à la doctrine condamnée et surtout à la tolérance : la fondation d'une sorte de séminaire de filles chrétiennes formées à répandre dans les campagnes un enseignement élémentaire qui s'étendait aux principes de la religion et de la morale. C'était une atteinte à l'un des monopoles que s'était déjà attribués l'Ordre de Jésus dans la Province et le fondateur ne pouvait compter sur l'appui de ses confrères, tous façonnés à la docilité politique sous l'œil du primat de Narbonne, le cardinal de Bonzi.

On le vit bien lorsque Pavillon, Parisien d'origine, mais, par son long ministère, devenu Languedocien de sympathies et même de préjugés, voulut défendre ce qu'il croyait être un privilège historique de son siège : l'exemption du droit de régale, ouvrant ainsi un débat que Bossuet appelait une affaire « légère dans le fond » mais d'autant plus grave, en réalité, qu'avec l'autorité du roi elle engageait les intérêts du fisc. Il n'eut pour tenant dans sa querelle et assistant dans les amertumes dont furent comblées son extrême vieillesse et son agonie que son voisin, l'évêque de Pamiers, Caulet, son ancien compagnon de luttes, destiné aux mêmes rigueurs et à la même fin, trois ans plus tard, en 1680. Les regrets et les plaintes de son peuple de fidèles qui en fit un saint s'éteignirent sans effet ; Alet était un petit évêché.

L'époque devenait, d'ailleurs, de moins en moins clémente à ces tentatives d'indépendance doctrinale ou pratique, fussent-elles même discrètes. C'était le caractère de l'intéressante fondation de Mme de Mondonville et du pieux abbé de Ciron, l'Institut des Filles de l'Enfance, asile de charité et d'instruction, par ce dernier objet suspect à l'ordre de Jésus qui, avec l'aide complaisante de l'archevêque de Toulouse, obtint la ruine de l'œuvre. Sa tendance à garder la simplicité et la pureté de la croyance et de la vie pieuse, à les dégager des formes d'un matérialisme de plus en plus envahissant, donnait à son enseignement et à sa discipline un air de jansénisme, mais lui avait, dès 1662, mérité la sympathie et la confiance de prélats scrupuleux et d'intègres pères de famille, parmi lesquels Daguesseau. La modeste congrégation et ses pensionnaires furent brutalement dispersées en 1686 par la police, préludant ainsi aux scènes qui ont accompagné la destruction de Port-Royal des Champs.

L'acte avait suivi de près la révocation de l'Édit de Nantes et garde également la marque du temps.

Mais, de bien autre portée que les troubles jansénistes en Languedoc, la Révocation intéresse et modifie la manière d'être de la Province jusque dans son activité économique et y présente des traits particuliers, originaux.

Ce fut, sans doute là, comme dans le reste du royaume, l'aboutissement d'une politique de réaction contre la Réforme ; mais c'est là que furent inventés et tout d'abord mis en pratique les moyens de la procédure menée pendant près d'un quart de siècle contre l'existence légale des Réformés. On l'a prouvé ailleurs et on n'y insistera pas ici. Il suffit de rappeler que, dès 1662, était fixée, dans le traité du P. Jésuite Bernard Meynier, publié à Pézenas (*De l'exécution de l'Édit de Nantes dans le Bas-Languedoc*), la méthode désormais employée contre le culte réformé.

C'est le premier arsenal de cette jurisprudence étendue depuis à une foule de cas, compliquée, minutieuse, substituant l'argutie à la constatation des faits et des principes, qui fut appliquée aux litiges ouverts, même après l'Édit de Nantes, entre les deux confessions. Suivie par les deux commissaires mi-partie chargés de les régler en commun, au nom du roi, mais vraiment trop inégaux en autorité, l'intendant catholique et un simple juge protestant de présidial, elle inspira aussi le Conséil royal en appel et, sous les apparences d'une logique formelle, resserra par degrés, implacablement jusqu'à un régime de violence déclarée vers 1680,

la condition civile, religieuse, sociale des calvinistes, les réduisit à une sorte d'asphyxie morale.

Si les applications en furent d'abord faites en
Languedoc pour être ensuite généralisées, c'est
que, dans cette province, pourvue d'une apparente
autonomie, les Calvinistes étaient encore une force
organisée. Ils avaient depuis longtemps cessé
d'être un parti politique. Mazarin, entre autres,
avait publiquement reconnu leur fidélité. Mais le
nombre et l'importance de leurs églises, la part
qu'ils continuaient de prendre à l'administration
provinciale et municipale, la puissance économique
de leurs centres industriels, tels que Nîmes et
Castres, inquiétaient et choquaient l'opinion orthodoxe ; par-dessus tout leur existence semblait,
grave grief à cette date, une atteinte à la doctrine
de jour en jour précisée de l'uniformité politique
et religieuse.

En dehors même du reproche de fédéralisme que
l'on faisait à leur constitution ecclésiastique, en
dehors du principe démocratique suivi dans le
choix de leurs pasteurs et de leurs administrateurs,
c'en était assez pour expliquer les quelque quatre
cents édits, arrêts et déclarations portés contre
eux dans les vingt-cinq années qui précèdent la
révocation de l'Édit de Nantes et il n'est pas étonnant que plus du tiers en aient été fondés sur des
espèces languedociennes.

Il fallait d'abord leur interdire l'entrée des
États provinciaux. Découronnés de leur haute
noblesse ralliée à la confession de la majorité, ils
n'y pouvaient avoir accès que par la représentation

des villes. On y pourvoit par leur exclusion du consulat de premier rang dans les cités, avant même la déclaration de 1664 qui fait catholiques toutes les communes de France et, par là, chasse les Réformés des conseils de ville, comme des offices urbains et des assiettes diocésaines, leur ôte tout contrôle d'intérêts financiers. Les États vont désormais encadrer les initiatives hostiles aux Religionnaires.

Une fois les Réformés bannis des États, des assiettes et des municipalités, la victoire de leurs adversaires est fort avancée. S'ils occupent encore des offices publics, qui étaient alors une propriété, le roi intervient, qui les en expulse.

Leurs droits civiques ainsi anéantis, peut se poursuivre sans déviation le programme qui détruira par une action méthodique et tenace leurs hôpitaux, leurs écoles en même temps que leurs temples, la liberté de leur culte, l'administration de leurs églises. Ce fut plus spécialement l'œuvre du Clergé catholique et le détail en serait infini. Mais s'il a, depuis longtemps, inspiré et réclamé l'ensemble des mesures, il semble qu'il n'ait pas tout fait, ni même peut-être tout voulu d'abord. A côté de lui les gens du roi, officiers de justice et intendants ont eu leur part personnelle et leurs initiatives aussi. Les documents laissés par Daguesseau prouvent assez que cet homme pieux et bon, accessible plus tard aux regrets, n'a pas obéi inconsciemment et passivement à l'inspiration du Clergé sur lequel il s'explique avec assez de liberté. Mais pour lui, comme pour les parlementaires de Toulouse et la majorité des juges de présidiaux, l'ortho-

Toulouse. Hôtel de Pierre. (*Sites et monuments du T. C. F.*). — Uzès. Façade de
« la Duché ». Attribuée à Philibert Delorme. (*Cliché Roger, dans Nîmes et le Gard.*
— Toulouse. Hôtel d'Assézat. (*Sites et monuments du T. C. F.*).

Pl. XII.

doxie est un dogme politique autant que religieux une forme de la fidélité au roi.

Restait aux Religionnaires l'exercice d'une activité économique laissée aux Juifs au cours de la même époque. Mais là, les rivalités d'intérêts privés n'avaient pas attendu le signal d'en haut. Elles l'avaient souvent suggéré et provoqué. Compagnies de tout ordre et corps de métier sont naturellement ennemis d'une production plus féconde en certains endroits, parce que plus ingénieuse, dont les calvinistes font preuve et qu'ils doivent justement à la surveillance et à l'hostilité dont ils sont entourés. Les favorables témoignages de Colbert ne sauvent pas l'industrie et le commerce protestants. La profession de foi devient un instrument de concurrence économique, élimine par degrés des corporations ouvrières les hérétiques, souvent contre le gré de l'Intendant, comme il s'est vu à Nîmes et à Montpellier, en attendant que fussent atteints Castres et les bourgs industriels échelonnés le long du Tarn, de l'Orb, de l'Hérault, du Vidourle, du Gard et des affluents rhodaniens. Les restrictions s'accentuent en 1669 par la déclaration royale du 1er février; en août, le roi essaie de fermer sa frontière : l'émigration avait commencé. C'est qu'en plusieurs villes, il fallait être orthodoxe pour ne pas mourir de faim. Puis s'accroissent l'intensité des missions; les achats de conversions où la caisse des États, mieux fournie que celle de Pellisson, va largement contribuer; les enquêtes de la Propagation de la Foi qui joue en Languedoc le rôle tenu auparavant, ailleurs, par la Congrégation du Saint-Sacrement et en continue les traditions. Dix ans après, les dernières garanties de justice en appel tombaient avec la *Chambre de l'Édit*, la juridiction mi-partie établie par l'Édit de Nantes pour la Province. L'intendant allait juger —, ce fut le cas de Daguesseau en plusieurs rencontres —, la coutume ordinaire de Basville « avec tels membres du présidial qu'il lui plairait de choisir » en matière criminelle. En matière administrative et civile, il savait pouvoir compter sur le pouvoir royal.

En 1680 fut franchie la limite jusqu'alors indécise entre la poursuite juridique et la persécution. Les mesures de rigueur prises dans les cinq années qui précèdent la Révocation de l'Édit de Nantes ne sont plus, d'ailleurs, dans la même proportion, inspirées par la condition des religionnaires languedociens.

Elles ont une portée générale, nationale. Mais en Languedoc, comme ailleurs, la procédure agressive aboutissait logiquement à la violence non encore à l'exécution militaire, s'en tenait à la gêne ou à la suppression des plus élémentaires droits civils et humains, même celui de mourir en paix et à la contrainte quotidienne de la conscience. L'oppression s'étendait aux plus petits villages. On ne voulait pas laisser le calvinisme à l'état de religion rurale.

Quand les décisions extrêmes d'application nationale eurent fermé aux Religionnaires, avec l'accès de leurs temples, celui de tous les métiers et de toutes les professions, des incidents inévitables se produisirent, qu'on exploita, parmi les 182.000 fidèles comptés par Daguesseau dans les Cévennes et sur les plaines du littoral. Une abjuration suspecte avait entraîné, à Montpellier, l'incarcération

momentanée du corps pastoral et un mouvement
populaire; une protestation collective en Vivarais
amena la première effusion de sang. La direction
des affaires échappait à l'intendant et passait au
gouverneur militaire, Noailles, et aux chefs de corps
assemblés en hâte; l'un d'eux, Saint-Rhue, regar-
dait l'expédition « comme une partie de chasse »,
ainsi que l'a écrit Daguesseau qui, attristé et
découragé se retira devant les dures dépêches de
Louvois sur « sa patience ». Il laissa la place à
Basville dont l'œuvre de combat et de répression
devait durer jusqu'a la Régence.

Et ce fut alors la *dragonnade* qui envahit Nîmes,
puis la Province entière, le soldat au service d'un
rituel, les pillages et les pendaisons, les cruautés
isolées ou collectives, un pays de France traité
par des professionnels des guerres de frontières
comme une région ennemie, des garnisons à
demeure de dragons rouges, dragons bleus,
Croates, un cauchemar d'uniformes, tandis que la
persécution se doublait d'une affaire où l'on spé-
culait sur les biens des églises abolies et des émigrés.

Cette monotone préface de la Révocation de
l'Édit de Nantes ne diffère d'ailleurs pas, en ses
traits essentiels, du régime appliqué autre part, en
Béarn ou en Poitou, par exemple. Mais plus qu'ailleurs, peut-être, les préliminaires et l'acte entraî-
nèrent un dommage grave et prolongé dans les
ressources économiques et intellectuelles de la Province. La ruine des ateliers huguenots et l'émigration frappent, de Nîmes à Castres, l'industrie du
drap, tandis que celle des soieries est atteinte à la

fois dans les campagnes cévenoles productives de la matière première et dans les centres urbains où elle était mise en œuvre. Tout un peuple d'ouvriers avait fui avec ses patrons, et le paysan plus attaché au sol, à qui, d'ailleurs, manquaient souvent les avances pour l'exil, ruiné, ne renouvelait plus les cultures et les élèves nécessaires. La dispersion trop fréquente et violente de la famille, si fortement constituée en Cévennes, rend définitives les pertes.

Basville essaie dans son Mémoire de dissimuler ce déficit ; il le laisse apparaître dans sa correspondance avec le Contrôleur général.

On sait que parmi les émigrants qui apportèrent en Brandebourg, en Hesse, en Hollande, en Angleterre, en Suisse, le bienfait de leurs procédés industriels ou agricoles, la place la plus large appartient peut-être au contingent languedocien.

Mais on compte aussi dans ses rangs une élite intellectuelle où le goût du protestantisme lettré pour les discussions religieuses unit les noms du pathétique prédicateur Saurin, du sceptique et érudit Bayle, du philosophe tolérant Abauzit ; où figurent des hommes de haute culture, tels que Rapin de Thoiras et l'historien Graverol ; des politiques et des diplomates, tels que les Labouchère et les Romilly.

En 1700, lorsque fut institué un Conseil de Commerce pour tout le royaume, comprenant, avec plusieurs secrétaires d'État, les représentants des grandes villes industrielles et commerçantes de France, aucune ville de Languedoc n'y avait trouvé place. Il fallut, en 1703, les instances de l'Assemblée provinciale pour en obtenir une qu'occupa un négociant de Nîmes et, plus généralement, le syndic de la Province en exercice.

Les conversions en détail et en masse de régions désarmées à l'avance, surprises d'ailleurs, ne pouvant croire à la ruine entière de leur culte, leur soumission prompte avaient pu faire illusion à Louis XIV; leur énergie allait se révéler par la guerre des Cévennes.

Dès septembre 1685 le « miracle » si laborieusement et durement préparé de l'unanime orthodoxie recevait un démenti qui se prolongea. Le culte proscrit s'était réfugié dans les solitudes, au « Désert », selon l'expression biblique, et s'y maintiendra près d'un siècle. Les recherches, les « battues », les procès criminels avec leur conclusion, pendaison ou envoi aux galères, ne pourront guère contre l'obstination de ces assemblées clandestines. Une protestation éparse et puissante semble sortir du sol languedocien, depuis le Lauraguais jusqu'aux pentes cévenoles inclinées vers le Rhône et la mer.

Peu à peu, sous la pression de la disette en pays de montagne et de la crainte incessante, l'hallucination envahit les cerveaux des faibles. Des « voix » et des chants, des psalmodies timides, d'autant plus pénétrants, sont entendus sortant des « combes » boisées ou emportées par le vent du haut des plateaux; elles passent sur les villages et leur influence contagieuse gagne des enfants, des femmes. C'est le « prophétisme » qui commence, du Vivarais aux pays des Gardons, le délire des visions et des révélations d'en haut, la parole directe du Dieu au fidèle, une forme du mysticisme des primitifs.

Ce n'est pas encore l'appel à la résistance, et Basville, qui avait fait des études de théologie, ne comprend rien à ces « fols que l'on arrête pour s'exposer à de tels châtiments sans nécessité ». Il avait pris tout de même des précautions contre un mouvement. Moins simpliste que le lieutenant du roi, Noailles, qui proposa un moment de dépeupler les Cévennes pour en améliorer l'esprit, il fit tracer un réseau de routes dans les régions montagneuses où le canon du roi aurait accès, construire trois forts à Nîmes, Saint-Hippolyte, Alais, organisa des milices et poursuivit, non sans « ennui » et lassitude, sa besogne ininterrompue d'enquêtes, procès et condamnations, tandis que se créait l'évêché d'Alais, en 1694, comme une nouvelle forteresse au centre du pays hérétique.

Un moment, en 1699, semble se relâcher, à la Cour et dans les rangs de l'épiscopat, la rigueur de cette politique de contrainte en matière de foi ; mais le régime de tolérance ou plutôt de relative impunité n'atteignit pas le Languedoc.

La majorité de ses évêques et surtout un intendant dont le zèle était au fond plus monarchique que clérical, tenaient avant tout à l'uniformité cultuelle. La tolérance eût semblé à l'intendant une faute de service. Et, d'ailleurs, devant leurs yeux est un moment apparu le revenant d'un lointain passé, l'Albigéisme.

La persécution continua donc et aboutit à une révolte, après avoir provoqué les projets de résistance de l'avocat nîmois Brousson, les coups de main isolés du « prédicant » laïque Vivent et de ses compagnons coupables d'avoir, pour leur cause, comme autrefois Condé et Turenne, fait appel à l'étranger en armes.

Le mouvement tout spontané, tout démocratique, sans analogie avec les précédentes guerres religieuses, partit de la chaumière, de l'atelier rural. En pays calviniste des Cévennes, les dévastations méthodiques empêchaient chaque année la formation des avances nécessaires à des populations de paysans pour assurer la subsistance de l'année suivante, mettaient la famille aussi près de la famine que de son champ inculte. La désertion du petit atelier de village aggrave la désertion forcée du foyer, avec la crise économique atteignant par les ruines, les exils et les bannissements, le peu de commerce entretenu avec la clientèle des villes.

« Cependant les groupes épars et clandestins qui restaient de la communauté religieuse, toujours sous la surveillance et la terreur, ne se soulèveront qu'au moment où leur sera fermé, avec leurs maisons de prières, leurs cimetières confessionnels et leurs tombes privées, l'asile de la conscience individuelle ; quand ils verront jusque chez eux méconnaître, dans l'emportement du zèle convertisseur, et le respect de la pudeur et le respect de la vie humaine ; quand ils verront aussi des portions de leurs biens de famille, la portion des émigrants, passer en des mains étrangères ou qu'ils jugeront impures, le champ héréditaire, la vigne, le pré, l'oliveraie profiter aux agents d'une régie, aux acquéreurs de terres que l'arbitraire administratif a rendues vacantes, aux parents déloyaux qu'une orthodoxie intéressée a institués héritiers des martyrs et des fugitifs. Et ce sera alors le soulèvement instinctif des laboureurs, bergers, bûcherons, des cardeurs de laine et des petits artisans dans les Cévennes, la guerre camisarde. » (P. Gachon, *Préliminaires de la Révocation de l'Édit de Nantes en Languedoc*.)

Il débuta, en juillet 1702, par un meurtre, un acte de violence qui répondait à des actes de violence, l'assassinat de l'abbé du Cheyla, archiprêtre des Cévennes, tempérament d'inquisiteur, pourvoyeur célèbre de procès et de supplices.

Et là se vit bien l'effet de cette rigueur maladroite qui avait eu pour objet principal de priver cette population de ses pasteurs et de les bannir. A leur enseignement a succédé la véhémence des « prédicants » et des « prophètes » dont le fonds commun est surtout l'inspiration biblique, non point la mansuétude des préceptes évangéliques, le souffle pur, grandiose et doux qui traverse le Sermon sur la montagne, mais les visions et les images terribles de l'Ancien Testament, cette farouche histoire des fléaux de Dieu. Et si elles étaient dans leur cadre, au milieu de ces paysages bibliques, austères et lumineux que les Cévennes déroulent sur leurs pentes entre les Causses et la Méditerranée, elles n'en marquent pas moins d'un caractère trop reconnaissable l'action souvent impitoyable des révoltés.

Le même esprit, dont la majorité de leurs pasteurs exilés blâme la tendance, incline plusieurs de leurs chefs vers l'espoir d'un secours miraculeux dont l'instrument ne pouvait être que l'étranger.

Mais l'étranger abandonna à lui-même le mouvement qu'un de ses agents, l'aventurier abbé de la Bourlie, avait probablement encouragé, que ne soutinrent avec quelque suite ni le duc de Savoie, ni les Anglais un moment intervenus. Quant aux bandes de paysans, leur désespoir armé reste loyaliste, croit le roi trompé, mal informé de leurs misères, borne son effort à la défense de leur foi, seul idéal de ces âmes confinées dans l'horizon de leur village. « Si le roi savait ! » ont dit quelques-uns en tombant sous le feu ; et au moment de combattre ses troupes, ils priaient pour lui.

Leur recrutement est élémentaire. Des groupes se forment spontanément sous la conduite de capitaines de fortune, paysans comme eux, Espérandieu, Castanet, Jean Cavalier, berger, puis garçon boulanger de vingt ans, et dont quelques-uns, comme Morel dit Catinat, Laporte, Roland, Ravanel, ont autrefois servi ; puis, s'ils sont défaits, se dispersent, insaisissables, pour se reformer sur un autre point. La population rurale complice fournit les vivres, les refuges, les recrues, dont la source principale est, comme l'a remarqué Basville, la « jeunesse des villages ». On n'avait pas, en effet, « éteint l'hérésie » par la suppression des écoles huguenotes ; le foyer de famille y avait suppléé et l'enseignement du père et de la mère, resté d'autant plus puissant qu'il était anxieux et secret. Le neveu de Laporte, Roland, qui fut peut-être l'âme intelligente et organisatrice du mouvement, a reçu cette éducation dans son humble maison du Mas Soubeyran, près d'Anduze.

Leur stratégie est plus compliquée et buissonnière que savante. Fondée sur l'habitude des sentiers et des raccourcis à travers bois et ravins, la connaissance des grottes du calcaire qui servent de magasins et de poudrières, elle évolue dans le réseau des seize routes militaires par où Basville avait d'avance ouvert l'accès des grands cols et des hauts plateaux et déroute les troupes accoutumées aux larges champs de bataille rangée.

Cavalier, qui unissait à son ascendant de « prédicant » et de « prophète » des qualités de chef de partisans, peut ainsi promener ses faibles troupes des hautes vallées de l'Hérault et des Gardons aux portes de Nîmes et vaincre à plusieurs reprises, avec 1.500 ou 2.000 hommes, des détachements tirés d'un effectif vingtuple que le roi avait placé successivement sous le commandement d'un lieutenant général, le comte de Broglie, puis d'un maréchal de France, Montrevel. La destruction méthodique en plein hiver de 466 fermes, hameaux et villages cévenols eut pour seul effet de rejeter vers la plaine les habitants en état de combattre; la défaite d'un contingent important de troupes royales sur le Gardon, en 1704, suivit.

Mais Cavalier reste confiné dans le Bas-Languedoc. Son parti ne peut joindre ni les rebelles du Vivarais, ni ceux du Dauphiné. Le mouvement devait s'éteindre sur place, comme un incendie de forêt isolée. C'est ce que comprit le maréchal de Villars, successeur de Montrevel : il négocia, obtint la défection de Cavalier par l'octroi d'un brevet de colonel et d'une pension, en provoqua d'autres par la promesse d'une amnistie et d'une tolérance relative et annonça à la Cour la fin de la guerre.

Son affirmation n'était qu'à moitié sincère, comme ses promesses. L'amnistie fut fort restreinte ; la tolérance n'aboutit qu'à la liberté de l'exil accordée pour un temps.

La défection de Cavalier laissa intacte la résolution des autres capitaines de bandes qu'il fallut poursuivre et supplicier. L'épuisement des insurgés et de leur pays amena seul une soumission apparente que ne put interrompre le complot du « dernier des Bourbons protestants », le marquis de Miremont, un Bourbon-Malauze. C'est dès 1705 que Miremont tente en Languedoc, avec complicité des principaux chefs secrètement rentrés de l'étranger, un soulèvement de caractère à la fois politique et religieux. L'Angleterre et les Provinces Unies interviennent en vain dans le Vivarais en 1709 et un coup de main anglais échoue en 1710 sur Cette et Agde.

Mais sous cette tranquillité de surface persistait l'attachement à la croyance et au culte proscrits. Les sévérités de discipline et de surveillance qui se renouvellent dans les dernières années de Louis XIV n'y peuvent rien. Il y a, en Languedoc, de moins en moins de « Réunis » ou de « Nouveaux Convertis » effectifs. Les pasteurs et les prédicants reviennent en secret, font une propagande prudente dans l'intérêt de leur foi, y ramènent les fidèles défaillants, y maintiennent les fermes croyants et leurs enfants. Après Pierre Corteiz et à ses côtés, Antoine Court, un paysan du Vivarais, va ranimer en Languedoc l'Église du Désert.

Faute d'une solution fondée sur les principes de la liberté de conscience, le protestantisme doit, en

Languedoc plus qu'ailleurs, pendant le cours du xviiiᵉ siècle, à travers les alternances de ménagements et de rigueur, rester, selon la juste expression de M. Rébelliau, un des « embarras » de la monarchie.

Dans la Province, cette longue lutte s'ajoute aux causes qui ont arrêté longtemps la mise en valeur et le développement de ses ressources et de son individualité. Quand l'esprit français atteint sa maturité classique, le Languedoc ne fournit plus que des éléments secondaires à l'œuvre nationale. Il tarde à retrouver sa personnalité, appauvri d'invention littéraire et artistique. Il y avait eu, au xiiiᵉ et au xivᵉ siècle, une culture languedocienne; il n'y en avait plus au xviiᵉ siècle. Avec les vers forts et pleins, parfois pénétrants, du président Maynard qui meurt en 1648, l'inspiration poétique y semble épuisée et l'œuvre de Goudelin ou Goudouli n'y rouvre pas encore les sources de la poésie romane, pas plus que ne pouvait renouveler le caractère original des productions littéraires l'érection des Jeux Floraux de Toulouse en Académie. Pellisson, comme Brueys et Palaprat, a surtout vécu et écrit à Paris. Quant au grand mathématicien de Toulouse, Fermat, c'est un génie solitaire en un ordre de connaissances tout général.

En un autre domaine, le Languedoc du xviiᵉ siècle a eu sans doute ses gloires; mais ses érudits, tels que l'évêque de Lodève, Plantavit de la Pause et, à un degré plus éminent, Samuel Petit et l'auteur du Franc-Alleu, de Caseneuve, qui fait pressentir Montfaucon, n'ont pas dû à leur milieu leurs qualités, pas plus que l'un des pères de la critique moderne, le sceptique Bayle, n'y a rencontré les germes ou les éveils de sa curiosité vagabonde et féconde.

Aucun nom significatif, pendant cent ans, de méthodes nouvelles dans les grandes Universités. Basville se plaint de cette décadence, blâme le recrutement trop confiné des professeurs et regrette le temps des élections plus libres et mieux informées dans le personnel enseignant.

Regrets analogues chez lui pour les études préparatoires; il condamne les collèges des petites villes, où ni l'éducation, ni la discipline ne peuvent satisfaire. Il ne formule pas d'appréciation sur ceux des grandes villes qui étaient pour la plupart entre les mains des Jésuites, tandis que les Pères de l'Oratoire n'en dirigeaient qu'un. L'Ordre de Jésus qui, du moins, enseignait bien le latin conventionnel, hérité des Cicéroniens de la Renaissance, avait achevé de fonder son monopole d'éducation sur la ruine des écoles et des Académies protestantes, comme celle de Nîmes où avaient professé Samuel Petit et Casaubon. Dans ses instituts multipliés, il continua de marquer en Languedoc, comme ailleurs, les jeunes esprits d'une empreinte uniforme.

Elle est apparente encore jusque dans les arts plastiques, l'architecture religieuse surtout, où les églises du xviie siècle construites à Toulouse, reconstruites à Montpellier qui avait subi les ravages d'un calvinisme iconoclaste, présentent dans leur ensemble, l'aspect de ces œuvres que le goût dit « Jésuite » n'a pu, malgré l'emploi de l'ordre composite, doter ni de vraie richesse, ni de grandeur. Les édifices officiels n'offrent pas plus de distinction de style, en restent, dans les exemplaires réduits et manquant, par conséquent, de majesté, à la formule solennelle et générale des architectes de Paris et de Versailles, aux lignes quasi abstraites des façades où ne peut se lire rien de la destination ou de la disposition intérieure. L'arc de triomphe de l'entrée du Peyrou, à Montpellier, demeure lourd même dans la lumière qui en atténue les massives proportions. Si, à Toulouse, la Cour du Capitole et le Pont-Neuf ont un caractère plus original, c'est qu'ils datent du début du siècle.

Par bonheur ce « grand goût » admirable dans un cadre proportionné, fâcheux ailleurs, n'a pas gâté dans leur arrangement intérieur les demeures privées, hôtels des hauts fonctionnaires, magistrats et financiers de Toulouse, Montpellier, Nîmes et même de villes secondaires telles que Béziers et Pézenas.

A Montpellier, notamment, sous la direction ou l'inspiration d'un élève de Mansard, né à Paris, mais fixé à Montpellier et adopté par la cité, d'Aviler, architecte de haute-valeur, qui eut le sens de l'ordonnance noble, mais aussi celui des harmonies naturelles, et sut comprendre la beauté enclose dans l'horizon du Peyrou, des demeures opulentes et quelques châteaux des environs allient à la tradition italo-classique la sévère élégance de leurs cours intérieures et la grâce de leurs escaliers dont les larges baies ouvertes s'expliquent par le climat du Midi. Et là, comme à Toulouse et à Nîmes, les ouvriers d'art, ferronniers, décorateurs en bois ou en gypse apportaient une collaboration dont des règles trop générales d'école n'avaient pas appauvri l'invention et la fantaisie souvent charmantes.

Quant à la sculpture et à la peinture, des noms d'artistes connus prouvent dans la Province l'existence d'ateliers où ils ont certainement fait leur premier apprentissage. Mais pour ne retenir que les noms les plus marquants, le grand talent de Sébastien Bourdon ne s'est guère exercé à Montpellier où il était né; ses élèves et compatriotes Ranc et Raoux y ont travaillé, mais peu séjourné; le Toulousain de Troy fournit seul l'exemple d'un Languedocien qui reste attaché à la Province, sous le patronage des États.

CHAPITRE XII

LE LANGUEDOC AU |XVIIIᵉ SIÈCLE

*Développement économique et intellectuel. — Rôle des États.
La Révolution; la fin de la Province.*

Les *Tables de Chaulnes* dont l'inspiration tout au
moins est de Fénelon, ensemble de réformes présenté en 1711 au dauphin, proposent, pour chaque
province, des *États*, « comme en Languedoc : on
n'y est pas moins soumis qu'ailleurs, on y est moins
épuisé ». C'était prévoir l'activité du Languedoc, sa
forme et ses bénéfices pendant le siècle qui venait
de s'ouvrir.

Entrée assez tard dans cette égalité diffuse qui est
le régime commun du royaume, cette province garde
encore quelques traits particuliers de son ancienne
condition régionale dont le principal est le souci
d'une solidarité d'intérêts, avec le souvenir d'une
personnalité traditionnelle. L'autorité royale s'y
exerce sur le peuple, comme ailleurs, sans obstacles,
mais non sans intermédiaire : à côté de l'Intendant dont Basville a fixé le type qui perdra de sa
rigueur avec le temps, les affaires courantes re-
çoivent encore l'influence et, en une assez large
mesure, la direction de ce groupe officieux et per-

Consul de Montpellier en costume de cérémonie (XVIIᵉ s.). (*Communication de M. Em. Bonnet. Portraits
des Consuls de Montpellier.*) — Capitouls de Toulouse (XVIᵉ s.). (*Communication de M. Graillot.*)

manent que M. Dutil appelle justement, dans son étude si informée sur la vie économique du Languedoc au xviiie siècle, « l'état-major » de l'Assemblée provinciale. Ce sont les évêques, souvent leurs représentants, les vicaires généraux dans chaque diocèse et les syndics des trois sénéchaussées, les trois syndics généraux dont les fonctions et l'expérience se sont maintenues en de véritables dynasties, telles celle des Joubert pour le Bas-Languedoc des Montferrier à Carcassonne, des Favier et des Lafage à Toulouse. L'adaptation des ordres et des agents royaux à la région se faisait par eux. Aristocratique d'origine et de tradition, ce pouvoir ne répondra plus aux principes qui amenèrent la fin de la monarchie. Mais, en attendant, c'est encore celui qui sera le plus accessible à l'évolution des idées; les cours souveraines ne montreront plus guère d'indépendance que pour la défense de leurs privilèges, parfois de leur dignité, et la masse de la population, sauf une minorité de gens « éclairés », accrue d'ailleurs de jour en jour dans les villes, ne suivra que de loin le mouvement, sans s'y mêler.

La docilité politique des grands corps depuis longtemps acquise et l'indifférence de la foule expliquent comment la conspiration et l'arrestation du duc du Maine, gouverneur lointain de la Province, n'y rencontrèrent que peu d'écho, pas plus que la mort de Louis XIV n'y avait éveillé de regrets, ou la proclamation de la Régence provoqué d'émotion. Le même calme accueille les prétentions de Philippe V d'Espagne à la couronne de France et son appel aux Parlements et aux États Généraux. On n'était plus au temps de la Ligue, ni dupe de ce qui parut un anachronisme intéressé. L'Assemblée provinciale ne se préoccupe que des conséquences fiscales pouvant résulter, pour une province limitrophe de l'Espagne, de la guerre déclarée en 1719 à cette puissance. Le Régent sut en alléger le poids.

Et dès lors fonctionne, sans trop de heurts, à travers les multiples incidents et accidents de la vie régionale, jusqu'aux approches de la Révolution, le mécanisme administratif dont tant d'épreuves avaient façonné et ajusté les pièces. Le jeu n'en sera suspendu que deux ans (1750) au milieu du siècle et par décision royale. Il fallut le rétablir : on ne pouvait plus que malaisément s'en passer.

Quant aux cours souveraines de justice civile et criminelle et de finances, avec les tribunaux et bureaux subordonnés, leur rôle est depuis longtemps borné à leurs compétences spéciales. Car la haute police, surtout en matière religieuse, comme la tutelle administrative et le contentieux administratif, sont aux mains des intendants, qui n'y souffrent ni contrôle ni collaboration des corps provinciaux, sauf cependant celle des évêques quand il s'agit d'hérésie.

L'activité autrefois si étendue et si variée des gens de robe en Languedoc se réduit donc aux proportions d'un domaine restreint.

L'Assemblée provinciale, concentrée en une sorte de Comité directeur, offrait un moyen de gouvernement plus souple, de compétence moins nettement définie et par conséquent plus étendue, donc de plus commode emploi.

Aussi les intendants successifs, Louis de Bernage, successeur de Basville (1718-1725), Bernage de Saint-Maurice (1725-1743), Le Nain (1743-1750) et même Saint-Priest (1750-1786) pourtant nommé à son poste pendant une suspension des États, les ont-ils associés à une notable part de leur œuvre.

Et d'abord au contrôle de l'administration communale, en dépit des souvenirs attachés à leur action sur les communes pendant la Ligue et la révolte de Montmorency.

En 1734, une commission permanente analogue à une formation temporaire de 1662 comprend, avec les gens du roi, commandant en chef, intendant, trésoriers de France, un évêque, un baron, deux députés du tiers et les trois syndics généraux. Elle est chargée de vérifier la situation des communes, de dresser l'état de leurs dettes, d'examiner leurs dépenses, de connaître de leurs revenus et de leur emploi, de reviser les comptes des collecteurs, de recenser les biens abandonnés (nombreux en certains cantons) et d'étudier les moyens de les remettre en valeur. Son influence pendant la seconde moitié du xviii⁰ siècle fut, sous la direction de l'agent royal, un moyen d'améliorer la gestion des affaires communales.

Les concessions du pouvoir à l'Assemblée provinciale ne vont d'ailleurs pas jusqu'à lui rendre la moindre part de l'autonomie financière qu'elle avait toujours réclamée.

Car — et ce sera le défaut persistant de l'institution, le principal grief formulé contre elle par l'opinion à la fin du siècle — l'Assemblée garde toujours, de ses origines féodales, une tendance à la distinction de qualités, de classes et de catégories établies entre les personnes et les biens en matière d'impôts.

Cette tradition lui fournit même le seul terrain où elle se trouve d'accord avec le Parlement financier de la Province pour s'opposer, dans la mesure de son influence et de ses pouvoirs, à la création d'impôts royaux, qui, comme le dixième et les vingtièmes, substitués à ce dernier, étaient, au fond, un progrès de l'administration fiscale, une tentative plus ou moins sincère d'équité dans la répartition des charges, une taxe sur le revenu, proportionnelle aux ressources du contribuable, non attachée à sa qualité.

Mais ce qui lui demeurait encore de sa compétence allait lui permettre de continuer et d'accroître en collaboration avec l'Intendance les services déjà rendus à la production, à la circulation des produits, à l'assistance publique, à l'instruction publique dans la Province. C'est la souplesse de son système de fermes, d'assiette et de perception appliqué aux fonds provinciaux; d'abonnements et de rachats appliqué aux créations bursales du fisc royal; d'emprunts et d'amortissements, de surveillance, de gestion et d'économie qui laisse à la Province la faculté, sa quotité payée à l'impôt national sous toutes ses formes, de trouver des ressources pour les œuvres régionales inspirées par l'opinion éclairée. Alors qu'épuisé d'hommes et d'argent le reste du royaume fournissait à grand'peine des contributions sans cesse diminuées par des cotes irrecouvrables et des armées affamées, les fonds, après tous les prélèvements du fisc royal, sont encore en excès dans la caisse provinciale. Il y en reste assez pour entretenir le mouvement d'une véritable banque dont le principal débiteur est l'État. Elle a prêté à

Louis XIV, puis au Régent. Elle ne cessa pas de donner son appui financier à la monarchie, qui finit par ne pouvoir emprunter sans fournir, parmi ses garanties, celle du Languedoc. De 1776 à 1788, le Trésor royal empruntera à la Province 104.408.000 livres et, au 1er juin 1789, lui devait encore 69 millions. Cette banque présentait des sûretés telles que les fonds affluaient à la caisse de son gérant, le *Trésorier de la Bourse* des États, malgré la modicité relative de l'intérêt servi par lui, les fonds des familles, ceux des veuves et des mineurs, comme au plus solide des placements. La plupart des intendants de la Province furent ses clients pour une portion de leur fortune privée.

Si l'on ajoute aux bénéfices de cette gestion les remises faites par le Trésor royal à la Province pour les services intérieurs qu'elle prenait à son compte, notamment 800.000 livres sur les 1.600.000, produit de la capitation, on voit que les ressources ne manquaient pas à l'initiative de l'Assemblée. Une de ses publications officielles à la fin de l'ancien régime, le *Compte rendu des impositions et dépenses générales de la Province de Languedoc,* nous fait connaître cette situation financière pour 1789. Sur les 17.326.000 l. que le Languedoc paie annuellement au Trésor royal, la part votée par les États est de 12.791.000 l. en chiffres ronds, plus 1 million 624.000 l. que la Province affecte à son administration intérieure.

Elle peut donc fournir à ce que l'Assemblée appelle les *dépenses pour la perfection et l'encouragement des arts, sciences, commerce, manufactures, usines, haras et autres établissements utiles,* traçant ainsi elle-même le cadre de son activité dans le domaine intellectuel et économique, titre incomplet, d'ailleurs, car il omet ou sous-entend le service de la voirie et des travaux publics, qui fut toujours de tous le plus largement pourvu.

Cette œuvre rencontre d'abord des obstacles : ceux que le siècle finissant léguait au nouveau et ceux qui eurent pour cause les expériences brusquées du régime récent. Gêné par l'étroitesse des règlements dont Basville se plaignait déjà en les appliquant, le mouvement des affaires ne reçut pas d'impulsion de l'initiative économique prise par Law. Le « système » ne pouvait profiter à une région qui n'avait pas de grand port, où la spéculation sur les valeurs tenait peu de place, où les modes de production et de vente avaient peu varié quand il apparut. Le cours forcé des billets rendit pénibles les transactions quotidiennes des campagnes, le paiement semainier des ouvriers, l'acquittement des impôts ; leur dépréciation aggrava la crise en amoindrissant les réserves des capitalistes et des maisons hospitalières.

A ces épreuves s'ajoutent, vers la même date (1720-22) et au cours des années suivantes, des fléaux qu'une organisation moins éclairée et d'effet moins rapide eussent, aux époques précédentes, moins heureusement combattus : la peste de Marseille, confinée dès ses débuts, par des cordons sanitaires, dans quelques districts du Bas-Languedoc et du Gévaudan, enfin écartée par les mesures d'hygiène et de prophylaxie prises sous la direction de l'École de médecine de Montpellier ; une invasion de sauterelles sur le littoral, puis en

1727 et 1728 des orages et des inondations qui ravagèrent les diocèses de Toulouse et d'Albi et dont la solidarité régionale atténua les dommages dans les cantons atteints. Ces accidents retardent, sans l'arrêter, l'évolution économique de la Province qui l'amène peu à peu, dans l'ensemble, à une condition meilleure.

Le mouvement peut se constater dès le milieu du siècle.

La culture s'étend sous l'influence de l'Intendance et des Etats qui accordent, l'une, des exemptions d'impôt ; les autres, des encouragements sous diverses formes au travail de défrichement. Il fallut même, vers 1780, restreindre cette activité qui menaçait, en certains endroits, les pâturages nécessaires à l'élève du mouton, les bois, et entamait, en dépit des anciens règlements royaux, les communaux des paroisses, trop facilement aliénés. C'est l'effet des idées nouvelles, d'une renaissance de faveur pour l'agriculture, d'une réaction contre le Colbertisme propagée par la diffusion lointaine des théories physiocratiques.

Des précisions sur les résultats atteints ne pourraient être que fragmentaires ; le progrès se manifeste en quelques points de l'Albigeois, par exemple, du Toulousain, du Lauraguais, du diocèse de Montpellier où l'amélioration des terres accroît leur rendement en céréales. Dans l'ensemble, le manque de capitaux, l'isolement du petit propriétaire paysan qui n'a pas d'avances et demeure, d'ailleurs, routinier, un système de métayages favorisant les calculs à courte échéance, les charges de la fiscalité féodale ou royale sont autant d'obstacles à la production. Elle devient cependant plus active quand s'élève le prix des denrées soit par la dépréciation progressive des métaux précieux, soit par la facilité accrue des transports et la modération progressive des tarifs douaniers. Aux approches de la Révolution, la consommation de la Province assurée, il y reste encore environ 1.800.000 quintaux de grain à la disposition du commerce. C'est peu, sans doute, en regard de l'étendue des terrains cultivables, mais l'époque n'était pas éloignée où l'on s'était parfois trouvé en face de la famine.

Une nouvelle ressource s'était d'ailleurs révélée : la culture de la vigne, encore de bien faible importance, si on la compare au prodigieux rendement qui se remarque dans le Bas-Languedoc au milieu du xixe siècle, et qui est d'abord restreinte par la surveillance des intendants, réservée dans leurs règlements à des terrains spéciaux. Mais elle dépasse déjà la consommation familiale et locale, fournit au commerce et alimente l'industrie croissante des eaux-de-vie. Si les cultures industrielles, sauf celle du mûrier dans les vallées du Vivarais et sur les pentes méridionales des Cévennes, ne se développent pas selon les mêmes proportions, il n'en est pas moins facile de constater une hausse dans la valeur des fonds de terre et les prix de la journée de travail rurale, d'où plus d'aisance dans les campagnes.

L'intervention administrative, tardive dans l'activité agricole, s'était au contraire produite de bonne heure dans le domaine de l'industrie et du commerce et fort intensifiée sous Colbert dont la tradition et les règlements subsistaient. Mais là, l'initiative privée fut plus fréquente et plus hardie, et, dès le milieu du siècle, rompit ou relâcha le réseau des gênes traditionnelles. Là aussi s'exerça avec une sollicitude particulière l'influence des États de Languedoc. Le gouvernement le reconnaissait d'ailleurs volontiers, et plus volontiers encore, leur abandonnait le soin « des encouragements du commerce et des manufactures qui sont utiles à leur province », en raison des « avantages dont les pays d'Etats jouissent par préférence aux pays d'Élections ». Ce sont les propres termes du contrôleur général Bertin en 1762.

Il est intéressant de suivre, à travers les documents du temps sur ce sujet, très nombreux et abondants et, plus commodément, à travers la critique qu'en fait M. Dutil (*État économique du Languedoc à la fin de l'Ancien Régime*), la lutte engagée dès le milieu du siècle, dès la nomination de Vincent de Gournay à l'intendance du commerce, entre le système réglementaire de fabrication et l'ingéniosité des fabricants pour échapper à ses minuties. Les inspecteurs officiels chargés de le maintenir se laissent peu à peu gagner aux idées nouvelles, se relâchent de leur rigueur ; les intendants de la Province, après le sévère et formaliste Le Nain, hésitent entre leur attachement aux traditions et la tolérance de procédés, l'admission de libertés qu'ils désapprouvaient la plupart du temps.

A Nîmes, d'abord, dans l'industrie de la soie, puis à Montpellier, à Lodève, Clermont, Carcassonne, dans l'industrie drapière, les idées nouvelles se font jour, non sans contradiction, parfois, avec la défense de monopoles locaux dont les bénéficiaires, malgré leurs professions de foi libérales, demandent le maintien. C'est une tendance générale, encouragée par les États qui voient surtout dans la liberté du travail un moyen d'accroître la production de la Province; par des inspecteurs officiels eux-mêmes tels que l'Anglais Holker fils en 1773. Quelques années auparavant Roland de la Platière, le futur ministre girondin, moins indulgent, avait dans une mission semblable, rencontré des difficultés. Les opinions connues de Turgot sur la matière ne pouvaient que précipiter le mouvement et Necker eut quelque peine à établir un régime transactionnel.

Sans doute la négligence dans l'application des règlements, mal prévenue ou mal réprimée par la tolérance administrative, entraînait des malfaçons, que ne pouvait combattre la concurrence sous un régime de privilèges royaux et de monopoles corporatifs. L'inspecteur Holker père, bien que favorable aux idées libérales, s'en plaint en 1764. Elles nuisent à la vente des draps en Orient.

La production accrue depuis 1734 dans l'industrie drapière jusqu'à atteindre 11.520 ballots en 1763, d'une valeur d'environ 3 millions de livres, baisse dans les années suivantes pour ne se relever que pendant une assez courte période et baisse encore aux approches de 1788. La décadence des industries annexes de la *petite draperie* est analogue et synchronique, sauf pour Mazamet où la variété et la bonne qualité de fabrication assurent le débit. Cette déchéance économique peut recevoir aussi d'autres explications, notamment la concurrence anglaise et hollandaise favorisée par les conséquences du traité de Paris et surtout l'obstacle apporté à la circulation des produits par le monopole de Marseille, seul entrepôt et seule voie de transit, énergiquement mais vainement *combattu par les* États provinciaux en faveur de Cette, port languedocien.

Elle atteint moins les soieries, dont le centre principal était à Nîmes où l'avait créé surtout l'initiative des fabricants protestants, mais qui se travaillaient aussi en Vivarais, à Lavaur, à Toulouse. La production ne fléchit que devant la concurrence des étoffes de coton, moins durables, mais moins chères. Les chiffres de 3.500 métiers à Nîmes et de 7 à 8.000.000 de livres en valeur pour la Province donnent une idée de son importance. Et cependant la consommation de ces articles était surtout régionale : sa situation de *province réputée étrangère,* en style administratif des douanes, nuisait au Languedoc, opposant à la diffusion de ses produits en France une barrière de tarifs hostiles. Et les relations commerciales au delà des frontières françaises ne compensaient pas ce désavantage. Malgré le Pacte de famille, ses échanges avec l'Espagne avaient souffert de la concurrence anglaise. Ceux qu'il faisait avec la Suisse et l'Allemagne étaient tributaires de Lyon, comme ses rapports avec le Levant dépendaient de Marseille. Il en était ainsi pour la bonneterie dont les foyers de production étaient surtout à Nîmes, Ganges et les Basses-Cévennes; pour les toiles tissées, en Albigeois et en Gévaudan; en Vivarais, à Aubenas, où se file et se teint aussi le coton; à Montpellier.

Contre ces conditions défavorables et pour le

développement des ressources provinciales l'effort des États est aussi soutenu que bien ordonné par leur commission des manufactures : subventions aux industries actives; allocations ou avances pour les créations nouvelles comme celle des forges au charbon et des fabriques de produits chimiques près Alais; frais d'enquêtes et d'études sur les procédés nouveaux; mission payée en 1774 à M. de Genssane, correspondant de l'Académie des Sciences, pour des recherches sur les gisements miniers de la Province et leur mise en valeur; d'où naquit l'industrie houillère du Languedoc déjà pressentie par les marquis de Solages et de Carmaux; établissement de chaires de physique expérimentale à Montpellier et à Toulouse, ainsi que d'une chaire de chimie docimastique, appliquée à la minéralogie, à Montpellier, en 1785. Ce fut celle de Chaptal. Parmi les artisans eux-mêmes, les ouvriers d'industries spéciales et délicates à Nîmes, dans les diocèses de Carcassonne, Lodève Saint-Pons obtiennent la remise du tiers ou du quart de leur cote dans la répartition du vingtième : la Province payait pour eux.

Mais où elle intervient avec une suite particulière fondée sur sa tradition, c'est dans les travaux de voirie et l'entretien ou la création des organes de l'activité commerciale. Aux routes stratégiques ouvertes par Basville des Basses-Cévennes en direction du Velay et de l'Auvergne, il faut ajouter le tracé de Toulouse à Montpellier par Castres, parallèle dans la plus grande partie de son parcours à l'antique voie littorale de la Garonne au Rhône; les groupes, qui rattachent celle-ci au Rouergue;

celui qui la met en communication par Narbonne avec la mer, les Pyrénées et l'Espagne. Et la dépense pour cet objet qui n'est pas compensée par un système de corvées va s'accroissant de 1750 à 1789, absorbe la majeure partie des fonds consacrés aux travaux publics, c'est-à-dire plus de 9 millions de livres. La solidité, le luxe même de cette œuvre excita, on le sait, l'étonnement et l'admiration des étrangers ; on connaît le témoignage de l'Anglais Arthur Yung sur ce point. Si le réseau n'est pas encore assez serré pour les besoins de la vie rurale, c'est que l'effort est à peu près uniquement fourni par la Province pour ses chemins de grande communication et n'a pu s'appliquer d'abord aux exigences locales. Le soin de satisfaire à celles-ci est abandonné à chacun des diocèses qui n'ont pas toujours des ressources suffisantes pour cette charge, surtout dans les cantons accidentés du Languedoc montagneux.

La question des ponts était plus complexe encore, à cause du régime torrentiel des rivières du Bas-Languedoc ; le pont de Lavaur sur l'Agout, celui de Gignac sur l'Hérault supérieur témoignent cependant de la sollicitude croissante des États au XVIIIᵉ siècle pour accroître la rapidité des échanges. Ils s'efforcent aussi d'en augmenter l'importance et d'en réduire les frais en complétant, mais avec les moyens imparfaits dont l'époque disposait, la voie de navigation ouverte par Riquet, la raccordent avec Narbonne en direction du port de la Nouvelle, avec Aigues-Mortes par le canal des Étangs et celui de la Radelle, amorcent le prolongement de la ligne d'eau vers le Rhône.

Quant aux ports, c'est, après des essais infructueux contre l'ensablement de La Nouvelle et d'Agde, la concentration des efforts pour maintenir à Cette la principale, bientôt la seule issue à l'exportation et à l'importation par mer sur cette lumineuse, mais inhospitalière côte qui va du Rhône au Roussillon. Les États consacrent au creusement, à l'aménagement et à l'entretien des bassins de 40 à 50.000 livres par an. Ils en sauvèrent l'avenir.

A cette œuvre d'ensemble où collaboraient avec la vieille institution provinciale l'initiative de plus en plus active des particuliers, la direction de plus en plus éclairée des intendants répond, dans la seconde moitié du siècle, l'importance du mouvement commercial qui s'accroît d'année en année. La multiplicité et la variété des droits féodaux, municipaux ou d'État qui frappent la circulation des denrées, la diversité des poids et mesures le gênent encore, mais sans l'arrêter. Il se manifeste aux foires, dont quelques-unes d'intérêt régional, comme celles de Pézenas et d'Alais; surtout à celle de Beaucaire, internationale, où la facilité et la sûreté plus grande des communications augmentent les échanges qu'une longue tradition y appelle; où se mêlent les produits de l'Espagne, de l'Italie, de l'Orient méditerranéen et ceux de la Province; où le chiffre d'affaires passe, de 14 millions en 1750, à plus de 41 millions en 1788. Il anime le marché de Toulouse par les apports de grains et de bois, les convois de bestiaux; ceux de Castelnaudary et de Carcassonne, route de la Catalogne; celui de Castres qui dirige vers l'Ouest les laines de la montagne ; celui de Lodève qui concentre les envois des vins du littoral en Auvergne ; celui de Montpellier qui distribue les épices et les drogues, les toiles, les tissus de coton, les vins et l'eau-de-vie ; celui d'Alais qui règle le commerce des soies ; celui de Nîmes qui dirige vers la Suisse et même l'Allemagne ses soieries, sa bonneterie et celle de la région. Si Marseille reste toujours, par son monopole, l'obstacle aux libres relations avec l'Orient, Cette voit déjà dans son port aborder plus de 300 navires par an venant de la Méditerranée occidentale, de l'Angleterre et de la Hollande. Les rapports de Rallainvilliers, le dernier intendant de la Province et à qui la région a gardé longtemps un souvenir reconnaissant pour son dévouement et son intelligente sollicitude, ont permis d'évaluer le bénéfice réalisé par le Languedoc sur ses ventes, une fois pourvus les besoins régionaux. Ce profit, malgré le fléchissement de l'exportation dans les dernières années de la monarchie, pouvait être estimé à 66 millions de livres, 36 millions dus à l'agriculture, 30 millions à l'industrie. Les exportations paraissent avoir atteint, en valeur, la treizième partie du commerce extérieur du royaume.

L'accroissement de la population a suivi le mouvement imprimé à l'activité économique. Plus lent au début du siècle, retardé d'ailleurs par les vides qu'avaient laissés l'émigration protestante et l'appauvrissement du pays aux dernières années du règne de Louis XIV, il devient plus sensible dans les vingt-cinq années qui précèdent la Révolution et atteint à près de 1.700.000 habitants vers 1789, le dix-huitième environ de la population du royaume, avec une densité moyenne de 46 à 47 unités par kilomètre carré.

La répartition, autant qu'elle peut ressortir des chiffres, un peu vagues, des anciens recensements, montre une proportion de ruraux plus forte, comme on peut l'induire déjà de la nature du sol, dans les plaines fertiles du Languedoc occidental, sauf l'exception de Toulouse où la ville (60.000 habitants) comprend près de la moitié de la population totale du diocèse de ce nom (134.000). Dans le Bas-Languedoc ou Languedoc oriental dont la partie nord est accidentée, faible de rendement agricole, les bourgs et agglomérations urbaines dominent, offrant des ressources industrielles qui compensent le déficit de revenu agricole. Si dans les riches terrains du littoral le même phénomène démographique se reproduit, on peut en attribuer le maintien au nombre de *villæ* romaines qui devenues, de bonne heure, des villages ou de petites villes, ont conservé à travers le moyen âge leur force d'attraction. Les villes y sont rares, comme Nîmes avec 50.000 âmes ; Montpellier, 30.000 ; Béziers, 18.000 ; Carcassonne, 15.000. L'industrie et le commerce en groupaient 11.000 à Alais et à Beaucaire, 9.400 à Castres, ainsi qu'à Narbonne, 8.000 à Lodève. Cette n'est pas encore développée. Les versants cévenols adonnés au travail des métiers de laine et de soie fournissent un type de petites villes qui a longtemps subsisté : Bagnols et Anduze avec 5.000 âmes ; Le Vigan, 4.000 ; Saint-Hippolyte, 4.800 ; Ganges, 4.500.

Si l'on compare ces données avec celles de Bas-ville qui, d'ailleurs, on en a maintes preuves, avait

Toulouse. Cour Henri IV au Capitole. (*Sites et monuments du T. C. F.*). — Jetons des États du Languedoc (XVIIᵉ et XVIIIᵉ s.). (*Comunication de M. Em. Bonnet. Les jetons des États du Languedoc.*)

Pl. XIV.

souvent grossi le chiffre des effectifs, on peut conclure à un enrichissement en hommes et en valeurs économiques. Et ce bienfait réalisé à travers les troubles politiques et religieux affaiblis, mais prolongés cependant encore pendant tout le XVIIIᵉ siècle, confère au Languedoc, parmi les pays de France, un rang éminent. Même discipliné, il a conservé quelque chose de sa vitalité originelle, de sa solidarité d'intérêts et de devoirs, ressentie par toutes les classes, alors que d'autres provinces avaient à peu près perdu ce reste de personnalité. Au milieu du grand silence qui se fait sur elles, au cours du XVIIIᵉ siècle, sa voix est encore entendue à tel point que, sous Louis XVI, la monarchie sur son déclin a voulu ressusciter par la France entière, en les modifiant légèrement, ces traditions et cette vie provinciale qu'elle avait elle-même essayé d'anéantir. Le modèle suivi fut l'administration languedocienne; tous les contemporains l'attestent. Le Languedoc le savait aussi, il vit bien qu'il était, à ce moment, une sorte d'instituteur politique du royaume et quelle sorte de dignité lui était alors reconnue.

En 1763, Adam Smith était venu avec son élève, le duc de Buccleugh, à Toulouse pour étudier cette administration des États qui attirait sa curiosité. A cette date, ils étaient présidés et dirigés par l'archevêque de Narbonne, Dillon, un des prélats qui résidaient assez souvent, comme la plupart des prélats de Languedoc, un des plus ouverts au mouvement des esprits. Adam Smith vit le prince d'Église, féodal pourtant d'origine et de tempérament, s'associer aux idées les plus libérales, ce qui n'était pas, d'ailleurs, en ce temps, une exception singulière. Mais il vit aussi le détail de son activité, le sérieux et la compétence apportés par le président et les hommes qui l'entouraient à la tutelle de leurs administrés; il vit à l'œuvre une organisation patiemment perfectionnée, et l'économiste anglais, le citoyen d'un pays déjà réputé libre, emporta de ce coin de terre française quelque impression de liberté. Il ne fut point surpris lorsque, en 1776, Dillon sollicita et obtint de Louis XVI la publication des procès-verbaux rédigés par les Etats; lui-même avait conseillé la mesure.

Et l'intérêt que présente cette histoire, de Tocqueville l'a bien compris, avec la grave et pénétrante sympathie qu'il porte à la France d'autrefois.

Peut-être cet effort fécond et réglé d'une aristocratie provinciale eût-il encore mieux abouti, pour étroitement subordonné qu'il fût à la politique administrative d'une monarchie fortement centralisée, si des traditions, des tendances, de véritables hérédités n'eussent subsisté, d'un passé long et tenace, dans les autres grands corps de la Province et dans les États provinciaux eux-mêmes qui n'ont pu, ni d'ailleurs n'ont jamais désiré élargir les principes et les conditions de leur recrutement. Et, en dehors de cette aristocratie, le public en a le sentiment.

Aussi les courants d'opinion qui agitent la société française dans la seconde moitié du xviiie siècle, les protestations qu'ils amènent ont-ils remué le Languedoc aussi vivement que le reste de la France. Non profondément jusqu'aux approches de la Révolution, sauf dans les cantons où les querelles religieuses avaient été comprimées plutôt qu'apaisées. C'est par celles-ci que, dès les dernières années de Louis XIV, le mouvement se fait sentir. La réaction de la Régence contre les Jésuites et le gouvernement de dévotion autoritaire ne modifie pas la tradition intolérante du haut clergé de la Province, d'intelligence de plus en plus ouverte, pourtant, dans son ensemble, aux idées nouvelles. Il n'en excluait que la tolérance. Le calvinisme et le jansénisme restent pour lui et ses prêtres le danger le plus redoutable et toujours présent. Tandis que les États se désintéressent désormais de la persécution religieuse, les évêques entretiennent de tout leur pouvoir, après la mort du roi, et, à l'occasion, enrichissent l'arsenal d'implacables rigueurs dirigées contre l'hérésie. Ils y sont, jusqu'à la fin du siècle, aidés par le Parlement, qui trouvait là une compensation à sa déchéance politique. L'intendant en fut plus d'une fois embarrassé.

Il faut reconnaître que la survie du calvinisme et ses efforts de réorganisation étaient pour inquiéter leur zèle orthodoxe. L'action d'Antoine Court et de son compagnon Corteiz avait eu pour principe, d'abord, puis pour résultat de combattre le penchant des persécutés à l'illuminisme, de les prémunir contre la folie et le ridicule des prophéties, en même temps de maintenir la fondation et d'assurer la discipline d'églises encore secrètes, mais organisées, susceptibles d'entrer en relations légales avec une société civile moins hostile.

Aussi, deux incidents, l'Assemblée de religionnaires tenue aux portes de Nîmes en 1720, puis une manifestation naïve et maladroite de secte, reste attardé de l'exaltation camisarde et du prophétisme, mélange bizarre de souvenirs d'antiquité hébraïque et de christianisme défiguré, celle des « Multipliants » à Montpellier, servirent-ils de prétexte à la déclaration du Conseil de 1724 qui punit des galères les hérétiques convaincus, les prédicants, de mort, et rend obligatoires pour tous les enfants le baptême et l'instruction religieuse orthodoxes.

On sait que ce régime ne fut officiellement abrogé que sous Louis XVI et que jusqu'en 1787, date où un état civil fut accordé, sans autres facultés, aux non-catholiques, l'uniformité religieuse fut la règle de l'État.

Mais l'importance économique du groupe des Religionnaires en Languedoc était telle qu'une tolérance relative fut admise, par intervalles, à leur égard, s'ils confinaient, avec entière discrétion, dans leur demeure et leur famille l'exercice d'un culte clandestin. Encore cette facilité reçut-elle de nombreux démentis. En 1743, l'activité du ministre Paul Rabaut et du ministre Court de Lausanne réveillent les méfiances et les sévérités.

A la dureté administrative de l'intendant Le Nain s'opposèrent cependant un moment les intelligents ménagements du duc de Richelieu, commandant de la Province, sous le gouvernement du prince de Dombes, fils et héritier du duc du Maine. Le courtisan sceptique sut apprécier la fidélité au roi manifestée clairement par les Religionnaires lors de l'invasion de la Provence en 1743. Il essaya d'améliorer leur sort dans une conférence avec les évêques, qui demeurèrent intraitables. La tâche des maréchaux de Mirepoix et de Thomond qui lui succédèrent fut moins pénible. L'opinion avait agi sur les dispositions du Conseil royal; leurs instructions indiquent une tendance plus équitable, mieux d'accord avec les intérêts matériels et moraux de la région, laissent néanmoins aux réformés, à leur mariage, à leur statut civique, une condition incertaine et précaire, sont loin des conclusions du mémoire de M. de Breteuil et du livre de Rulhière qui ne plaideront pourtant encore, sous Louis XVI, que l'indulgence et la reconnaissance des droits naturels.

Le Parlement toulousain, lui, s'obstine dans sa rigueur; l'affaire de Calas le prouve, comme le parti pris de la juridiction municipale et la violence des milieux populaires à Toulouse montre la profondeur et l'intensité des dissensions religieuses. On sait comment l'entêtement des magistrats de première instance et d'appel à instruire et à punir un meurtre confessionnel imaginaire amena une erreur judiciaire que l'éloquence de Voltaire eut peine à redresser, mais après l'horreur d'un supplice immérité. L'erreur et la réparation de la cour souveraine dans l'affaire analogue de Sirven, la sympathie assurée à Fabre, « l'honnête criminel », par son dévouement filial, servirent mieux la cause de la tolérance que les souffrances passées de tout un peuple. En 1769, le gouvernement libérait les dernières prisonnières protestantes détenues dans la tour de Constance à Aigues-Mortes, et vers 1770, les derniers galériens protestants.

Par une contradiction, au premier aspect singulière, le seul janséniste de marque inquiété au XVIIIe siècle dans la province fut un évêque, et pour avoir défendu les principes gallicans. Dans les protestations de Joachim Colbert de Croissy, le neveu du grand Colbert, contre les théories de la suprématie papale qui s'étaient fait jour dans un bréviaire du diocèse de Lyon, le gouvernement ne voulut voir qu'une profession de foi janséniste : le prélat incriminé avait attaqué la bulle « Unigenitus ». C'était le moment de l'agitation janséniste de Paris. Le Conseil royal qui avait besoin du clergé orthodoxe lui sacrifia l'évêque. Il y a une survivance des dernières années du grand règne dans cet abandon d'un prélat indépendant.

Lorsque cette docilité traditionnelle aux principes ultramontains se démentit, trente ans plus tard, dans l'affaire des Jésuites, la Province, où ils avaient, depuis le milieu du siècle dernier, prospéré jusqu'à inquiéter l'Ordinaire, conquis la direction des consciences et l'éducation, ne les défendit pas contre son Parlement et n'y fut pas encouragée par son haut clergé.

Dans la réaction contre l'Ordre, les États ne prirent point parti. L'opinion publique ne trouvait encore son expression que dans les milieux cultivés des grandes villes : elle ne fut émue qu'à Toulouse où l'influence de la Compagnie se fondait sur le nombre et la situation de ses élèves.

Les Parlementaires toulousains avaient, tout en suivant les directions du Conseil royal, fait la preuve de leur solidarité avec leurs confrères des autres ressorts, surtout avec ceux de Paris. Ce sera désormais toute leur politique. Comme les magistrats des autres cours, ils vont faire échec aux tardives réformes tentées par la monarchie, gagneront à cette attitude la même popularité fondée sur le discrédit croissant, après 1763, du gouvernement royal. Ils la perdront aussi vite et pour les mêmes raisons.

L'opposition se marqua, au lendemain même de l'affaire des Jésuites, par un refus d'enregistrer un édit fiscal qui amena un coup d'État du commandant de la Province, le duc de Fitz-James, et la suspension du Parlement. Rétablie, la cour décréta une prise de corps contre l'officier royal. L'affaire dut être close par ordre exprès du roi.

Puis, c'est l'Assemblée provinciale devenue un organe d'administration royale, que la Cour attaque dans sa compétence financière. La lutte continue ainsi entre le Ministère et les officiers de justice souveraine, présentant, en Languedoc, des caractères particuliers, jusqu'à la réforme judiciaire de Maupeou. La seule annonce du projet amena des remontrances véhémentes, emphatiques, où le sentiment d'une indépendance réelle se mêlait à des erreurs historiques singulières. Comme l'ordre entier, les magistrats toulousains faisaient d'une charge achetée un mandat représentatif.

Ils surent du moins, pour la plupart, tomber avec dignité. Le peuple toulousain, à qui n'échappaient pas les défauts de l'institution, fut choqué par la brutalité du procédé de suppression et leur témoigna de la sympathie.

L'institution du nouveau Parlement de 47 membres, qui les remplaçait et qui contenait 37 membres de la cour précédente, présentait, d'ailleurs, entre autres avantages évidents, celui de permettre, à Nîmes, la création d'un Conseil supérieur qui rapprochait du tribunal d'appel les justiciables du Bas-Languedoc.

Elle ne dura pas longtemps. Le rétablissement des anciennes cours souveraines, qu'on a reproché à Louis XVI comme une preuve de faiblesse, lui était imposé par l'impuissance même des vieux organismes de la monarchie à se renouveler. La majorité des membres, dans la magistrature nouvelle, était formée de l'ancien personnel qui n'avait abdiqué ni ses préventions, ni ses prétentions et avait conservé auprès d'une grande partie du public sa popularité fondée sur une méprise. A Toulouse, comme ailleurs, l'ancien Parlement fut rétabli et son rappel accompagné de la suppression du Conseil supérieur de Nîmes. La mesure, accueillie avec transport par la bourgeoisie et la petite noblesse de Toulouse, allait renforcer, en lui donnant un centre, la réaction déjà dessinée contre le progrès des idées de réforme.

On le vit bien lorsque se produisirent en Languedoc, sous forme d'ordonnances et de règlements administratifs, les initiatives de Turgot, qui trouvèrent quelque faveur dans les États, mais que les Parlementaires combattirent, sur la plupart des points, avec ténacité.

Ils s'efforçaient de maintenir partout la tradition fondée sur les monopoles, les privilèges et les coutumes, qui en fixait la forme et les manifestations.

C'est dans cet esprit que le Parlement combattit de 1778 à 1783, la refonte de l'organisation municipale de Toulouse provoquée par les abus de l'administration capitulaire, comme l'accroissement de pouvoirs accordé par la composition du nouveau conseil à l'élément manufacturier et marchand. Il devait jusqu'à la Révolution accomplie demeurer l'adversaire intraitable des idées nouvelles, comme il avait été celui des innovations administratives de la monarchie, s'entêtant encore, en 1784, à appeler l'intendant : « Monsieur le commissaire départi ». Il était soutenu dans cette résistance par la petite noblesse d'autant plus influente qu'elle résidait et que dans ses rangs entraient, de jour en jour plus nombreux, les acquéreurs de charges financières, judiciaires, municipales conférant la noblesse; ou leurs héritiers, souvent acheteurs de terres nobles rendues vénales par l'extinction ou la ruine des vieilles familles. Cette clientèle du Parlement partageait son hostilité si souvent manifestée à l'égard de l'Assemblée provinciale, attentive à défendre ses sièges privilégiés contre les entreprises de la noblesse de robe. Et ce conflit de privilèges, un des caractères languedociens de la rivalité créée par la monarchie même entre les artisans de son œuvre, s'ajoute aux éléments de l'agitation qui gagne la Province vers la fin du siècle.

Car avant ce moment, comme l'a justement remarqué Roschach, se signale l'exercice d'un sens critique, longtemps confiné dans les rangs des classes éclairées. L'opinion n'avait pas eu, de longtemps, les moyens de se former avec quelque précision, encore moins la liberté de se manifester. Les *états* d'impressions que nous donnent les archives de l'Intendance ne montrent guère d'ouvrages particuliers au Languedoc, en dehors des pièces officielles, des livres de piété orthodoxe, des traités clandestins de propagande huguenote, des mémoires de procédure ou des thèses de médecine. En 1772, l'éloge de Bayle, proposé comme sujet de concours par l'Académie de Toulouse, est interdit d'ordre supérieur. Peu d'années après il faut à un employé de l'administration royale solliciter une autorisation pour un abonnement aux « Annales » de Linguet. Les curieuses notes du conseiller au Parlement Blanquet de Rouville sur l'emploi social des dîmes d'Église, les restrictions à opérer sur le personnel et les dépenses des États, la suppression des députés parasites de cette Assemblée sont restées en la forme d'une correspondance manuscrite entre le magistrat et Necker.

Ce silence ne fut rompu qu'à la veille de la Révolution, quand la royauté, ayant achevé son travail de centralisation et en souffrant elle-même, essaya d'une consultation nationale.

L'expérience de Necker qui avait repris, en le modifiant, le projet de Turgot sur les *municipalités* superposées, depuis la paroisse jusqu'à la Province, et y avait maintenu la distinction des ordres supprimés par Turgot, ne toucha guère le Languedoc. C'était un effort du Ministre pour émanciper d'abord les régions les plus malheureuses. Le Languedoc n'était pas de ce nombre. Pas plus ne l'émut l'Assemblée des Notables où il comptait cependant, parmi ses 16 délégués, le président-né des États, l'archevêque de Narbonne, Dillon, et son suppléant l'archevêque de Toulouse, Loménie de Brienne, le procureur général de son Parlement et un représentant de chacune de ses deux capitales, Toulouse et Montpellier. Les Notables n'étaient qu'un expédient de Calonne, un retour à des précédents historiques. L'essai d'Assemblées provinciales tenté par Brienne, devenu ministre, ne s'appliquait qu'aux provinces non pourvues d'États et reproduisait les défauts reprochés aux compagnies qu'il imitait. Il intervenait d'ailleurs trop tard. Le cours de l'histoire en France s'était tracé en dehors de la représentation, même de la représentation privilégiée. Et voilà que, dans la rupture avec cette tradition, c'est surtout le privilège qui est combattu. C'est ce qui se vit, du premier coup, lorsque fut posée la question des États Généraux.

En Languedoc, le Parlement mena l'attaque contre l'Assemblée provinciale, selon sa coutume, et il avait beau jeu. Les États provinciaux, quels que fussent les services économiques rendus par eux, étaient-ils autre chose qu'une réunion de privilégiés aux mains du roi : clergé qui était à sa nomination ; barons qu'il pouvait n'y pas convoquer ; députés du Tiers qui tenaient d'une désignation surannée de villes et d'un achat de charges municipales un mandat étroit et fictif? Ces griefs énumérés par l'un de leurs adversaires, le comte d'Entraigues, auraient pu être encore grossis contre ce fantôme d'institutions représentatives, si l'on s'en tenait à la logique des idées et même des faits. Les magistrats des cours souveraines, habitués à la déduction tirée de principes abstraits, n'y manquent pas. Leurs arguments prennent une vivacité occasionnelle à leur opposition déjà formulée contre un édit fiscal, établissant un nouveau vingtième, ce qui leur assurait une popularité étendue, et contre le remaniement du ressort judiciaire de Languedoc, instituant 5 grands bailliages à Toulouse, Auch, Carcassonne, Nîmes et Villefranche de Rouergue. Les troubles du Vivarais avaient déjà prouvé, quelques années auparavant, la nécessité de tribunaux plus rapprochés des justiciables.

Mais les intérêts particuliers du corps judiciaire passaient inaperçus dans le courant de jour en jour grossi contre les privilèges et qu'il s'attachait à précipiter. Et, dans l'ensemble, l'instinct populaire qui en soutenait le niveau était légitime. Excellents ménagers des intérêts provinciaux dans le détail, les États provinciaux pouvaient-ils donner à la France un gouvernement politique et le sentiment profond de son unité?

Sans se définir bien nettement cette vérité, ni aboutir encore à la conclusion qu'elle impliquait, tous les corps constitués de la Province, en se groupant autour des Parlementaires contre les États provinciaux pour obéir à de séculaires rancunes et servir des intérêts immédiats, contribuèrent à déblayer de cette antique institution le terrain politique, à rendre nécessaire à tous les yeux la consultation du pays par la convocation des États Généraux. On voit alors les communautés de toute nature soutenir de leurs doléances le réquisitoire de la cour souveraine de justice; l'autre cour, le parlement financier, la Cour des Comptes de Montpellier, puis la Bourse des Marchands de Toulouse; la noblesse du diocèse toulousain et le Chapitre de Saint-Étienne; enfin les municipalités de Toulouse, de Montpellier, de Béziers, de Pézenas, de Saint-Hippolyte, l'une des portes des Cévennes. Le mouvement ne fut donc pas uniquement toulousain.

En vain l'Assemblée, sans répondre directement à ces attaques, essaie-t-elle d'exposer son œuvre et même d'adapter aux idées nouvelles les cadres traditionnels de son activité. Le témoignage personnel d'estime qu'elle obtint de Louis XVI ne pouvait lui conférer une place spéciale dans une organisation nationale qui la dépassait.

Elle ne le comprit sans doute qu'à l'annonce de la Déclaration royale du 24 janvier 1789 formant dans le royaume entier des collèges électoraux uniformes établis par ressort de bailliages et de sénéchaussées. La disposition ne lui laissait donc plus le droit antique de députer en corps aux États Généraux. Mais lorsqu'elle se sépara, le 21 février, elle gardait l'espoir d'administrer encore la Province au moins pendant le temps imparti au travail des représentants nationaux et avait accepté avec satisfaction et « sensibilité » la dédicace de l'*Estelle* de Florian qui, évidemment, voyait dans les États comme la personnification durable du Languedoc. L'Assemblée se trompait, avec le poète. Ce fut sa dernière séance.

Le choix des électeurs par les collèges des 12 sénéchaussées révélait déjà dans les trois ordres les dispositions qu'on devait attendre des députés, et la réaction du corps électoral contre les distinctions traditionnelles. Des réclamations violentes se firent entendre contre l'influence exercée jusque-là par la capitale judiciaire, Toulouse. Le choix des députés fut plus significatif encore. Mgr de Dillon, président-né des États, n'y figure pas, malgré ses tendances libérales et ses éminents services, et, sur 21 représentants ecclésiastiques, six seulement sont de rang épiscopal. Les choix de la noblesse portent sur des officiers connus; les grands barons n'y figurent pas, à l'exception du capitaine marquis d'Apchier pour le Gévaudan, des comtes de Vogüé et d'Entraigues pour le Bas-Vivarais. Les délégués du Tiers sont en majorité des officiers de justice de tribunaux secondaires et des avocats, et parmi eux comptent deux protestants, Boissy d'Anglas et Rabaut Saint-Étienne, fils du pasteur du Désert, Paul Rabaut, élus, le premier dans la sénéchaussée d'Annonay, le second dans celle de Nîmes.

Les cahiers de doléances et vœux ne présentent cependant pas, dans leur ensemble, l'unité de vues et la netteté de principes que semblent faire prévoir la première et la seconde sélection des représentants. L'expérience politique et administrative n'était pas égale partout et les rédacteurs n'avaient pas partout la même compétence.

On s'aperçoit que l'intelligence de l'œuvre réservée à la future Assemblée Nationale et le sentiment de sa portée ont manqué en général. On croyait, dans bien des paroisses, que tout se bornerait à une nouvelle tenue d'États Généraux et l'on s'y est préoccupé de conserver en corrigeant, plutôt que d'innover.

Sans doute le maintien de l'institution des États Généraux est envisagé partout, sa protection aussi contre l'arbitraire du gouvernement monarchique, comme l'assurance qu'elle doit donner au vote de l'impôt par les représentants des trois ordres, à sa répartition équitable, à la libération de la terre affranchie des servitudes féodales, à l'établissement de la liberté de conscience. Mais on se divise sur l'alternative du vote par ordre ou par tête et sur le mode d'administration de la Province. Car on se tient à la conservation de l'Unité provinciale, si l'on est d'accord pour condamner une Assemblée d'États provinciaux fondée sur le privilège et le perpétuant. On s'entend aussi sur le maintien du Parlement de Toulouse, mais avec la création de tribunaux de simple police dans les campagnes, l'extension de la juridiction municipale dans les villes, la justice au premier degré rapprochée des contribuables.

Cependant ces vues à la fois larges et modérées n'excluent pas une foule de demandes locales souvent en désaccord avec l'esprit général, tant le particularisme économique, plus encore que l'attachement aux privilèges, gardait de résistance.

Deux points du programme commun, la conservation du Parlement et celle de l'unité provinciale, allaient se trouver en contradiction avec le désir d'abolir dans le royaume les inégalités de régime qui fut le souci et la passion de la Constituante. Le Parlement toulousain eut d'ailleurs le tort de provoquer sa chute en ignorant de parti pris la Révolution, se prorogeant lui-même comme un pouvoir indépendant capable de prévenir des désordres prévus et finissant, en septembre 1790, par annuler dans un arrêt formel les réformes de l'Assemblée Nationale. Le Tribunal révolutionnaire devait plus tard exécuter durement le décret de mise en accusation, obtenu contre les magistrats réfractaires, au moment de leur résistance, par le prince de Broglie.

L'unité provinciale avait été mieux défendue, dans la Constituante, par des députés des trois ordres, l'abbé Gouttes, les marquis de Jassé et de Vaudreuil, le magistrat Ramel-Nogaret. Mais la valeur même des titres historiques invoqués par eux en faveur de ce vaste organisme le condamnait aux yeux de l'Assemblée dont le principe était : pas de nations dans la nation. Il faut, d'ailleurs, reconnaître que la cohésion politique et économique de cet ensemble ne s'était, malgré l'avancement du réseau routier, jamais complètement réalisée. — Dès le xviiie siècle, dans la région étendue en latitude, rétrécie en son milieu, les centres d'attraction avaient accru leur force autour de Toulouse, Montpellier, Nîmes, tendant à s'isoler ; la divergence des relations du Gévaudan, du Velay, du Vivarais vers l'Auvergne et le Rhône, de la haute vallée d'Aude vers le Roussillon devenaient plus apparentes. La division en départements telle qu'elle fut pratiquée, après de nombreux conflits entre les villes intéressées, et malgré les anomalies qu'ils amenèrent, était, dans son dessin général, logiquement conçue. Elle s'appliquait à des individualités géographiques suffisamment marquées, surtout peut-être celles des districts, à peu de chose près les anciennes divisions confiées aux Subdélégués d'Intendance, les futurs arrondissements, et qui en Languedoc correspondent sommairement aux pays de cantonnement, aux antiques *pagi*. Ce sont précisément les vieux souvenirs attachés à ces personnes historiques, villes et pays, que la Constituante, avec des préoccupations mieux justifiées de ce temps qu'elles ne le seraient du nôtre, a voulu dissimuler sous des noms empruntés à une pure toponymie. Et c'est ainsi que le département de

Montpellier. La promenade du Peyrou. — Le Château d'Eau du Peyrou.
(Sites et monuments du T. C. F.).

Pl. XV.

Toulouse s'intitula la Haute-Garonne ; le département de l'Albigeois, le Tarn ; que le département maritime du Bas-Languedoc s'appela l'Hérault ; celui du Vivarais, l'Ardèche ; celui du Velay, la Haute-Loire ; celui du Gévaudan, la Lozère.

L'Intendance disparaissait avec les généralités, les diocèses civils, les assiettes, les États, le gouvernement et les lieutenances générales. Restait la question délicate de répartir entre les nouvelles circonscriptions les dettes incombant à l'ensemble de la Province et de liquider les affaires administratives pendantes. Une commision en fut chargée, qui termina ses opérations le 31 août 1791. A cette date finit l'histoire de la Province.

Elle n'avait pas vécu sans honneur, s'était fait, au cours de longues épreuves, une individualité très forte, avait eu sa physionomie spéciale, répondant à un tempérament propre, à un organisme non banal, aisément reconnaissable dans l'ensemble des forces nationales.

Non point qu'au premier coup d'œil il frappe et saisisse par l'éclat, la puissance ou l'étendue de ses énergies ; non point que la région comptât, par exemple, du moins aux derniers temps de la monarchie, parmi ce groupe de vieilles recrues, rangées autour du trône de France pour surveiller les frontières menacées ou les conquêtes récentes : Dauphiné, Bourgogne, Champagne, Picardie ; puis, parmi les sentinelles plus tard appelées à la défense du drapeau : Franche-Comté, Flandre, Alsace, Lorraine, faisant front aux inquiétantes et obscures « Allemagnes », comme leurs sœurs aînées Normandie et Bretagne avaient monté la garde en face de l'Angleterre. Sorte de marche franco-espagnole, l'affaiblissement de l'Espagne la met à l'abri, en son centre géographique, d'incursions hostiles que l'annexion du Roussillon au royaume français rend bientôt impossibles. Le mur des Pyrénées faisait le reste, et il a fallu un désastre national, au seuil du dernier siècle, pour que les plaines de Toulouse revissent l'ennemi. Dès les premières années du xvii⁰ siècle, les ferments de guerres féodales s'y étaient assoupis ou dissous. Ce n'était plus, jusqu'à la Révolution, une terre de soldats.

Sans doute, elle n'en a pas été plus ménagère du sang de ses enfants pour le service de la patrie, dont l'unité apparaissait de plus en plus claire à tous les pays de France. Le maréchal de Toiras fut l'un des siens, un Cévenol d'humeur hautaine et triste, de cœur probe et ferme, fidèle au trône en un temps plein de défaillances féodales, que Richelieu estimait sans l'aimer. Elle a eu aussi ses brillants colonels et ses régiments héroïques ; cette lignée des Fournès faits comtes de Faret par Louis XV, qu'on retrouve dans toutes les aventures guerrières des xvii⁰ et xviii⁰ siècles, depuis la folle croisade de Beaufort contre Candie jusqu'à l'expédition de Chevert en Bohême ; les d'Arpajon, les Lafare, les Lacroix de Castries, d'Assas, enfin, et Montcalm qui l'associent aux gloires de la monarchie sur son déclin ; des Languedociens avaient accompagné leurs voisins Provençaux dans la dure campagne de Turenne à travers le Palatinat, menés au rythme de la *marche des rois* ; et au moment de Fontenoy, un régiment levé dans la Province en portait le nom et les couleurs, comme, en 1761, le pavillon du vaisseau de ligne le *Languedoc*, armé à ses frais, rappela son concours à un effort tardif d'action navale, désormais impuissant. Il ne lui avait même pas manqué une héroïne de guerre. Françoise de Cezelly avait défendu, avec l'appui de milices languedociennes, Leucate contre les Espagnols et les Ligueurs.

Néanmoins Basville a déjà raison, en 1698, lorsqu'il remarque dans son mémoire que la noblesse languedocienne a peu d'attachement au métier des armes et qu'après avoir satisfait aux obligations de leur qualité par quelques campagnes, les gentilshommes reviennent pour la plupart à leurs domaines. Ni le milieu, ni la nécessité n'avaient, depuis longtemps, imposé à la race l'éveil et l'endurance qui font oublier le foyer sur les chemins de l'étranger. Les séductions de la mer, au moyen âge si puissantes, n'agissaient plus au même degré; et si le nom de Lapeyrouse, un nom albigeois, éveille le souvenir de longues navigations sur le plus vaste des Océans, à travers des archipels inconnus, c'est l'effet d'une vocation singulière, presque unique dans la région. L'amiral fut par accident un marin au long cours.

La Province n'avait pourtant pas, comme l'a dit, avec exagération, Michelet, reculé devant la mer, tenu volontairement en arrière de la Méditerranée ses grandes villes, antiques étapes de la route des Alpes à l'Atlantique. Mais il y avait eu dès longtemps comme une entente, une complicité entre la nature et l'homme pour le délaissement de la côte inhospitalière, plaine littorale en formation. Le monopole commercial de Marseille, maintenu obs-

tinément par la monarchie, avait entravé, même à
Cette, les travaux ébauchés pour corriger l'imper-
fection du rivage. En fait, dès la fin du xvᵉ siècle,
lorsque, l'une après l'autre, eurent plié pour jamais
leurs voiles les petites barques amenant les produits
du Levant; lorsque le tonnage accru des vaisseaux
exigea de chaque havre des eaux plus profondes;
lorsque les grandes routes du commerce se furent
dessinées en d'autres directions, l'isolement maritime du Languedoc parut être un fait accompli et
accepté. Découragée, la Province se contenta de
traiter la mer comme une exploitation minière et
d'en extraire un produit minéral. Les salines ajoutaient au produit de la pêche un revenu de bonne
heure confisqué par l'État féodal ou national : abandon partiel de traditions anciennes, abdication à
laquelle le Languedoc se résigna, laissant derrière
lui se dresser, au-dessus des sables jaunes, le
mélancolique profil d'Aigues-Mortes comme un
témoin et un symbole du temps des lointaines aventures courues pour le commerce et pour la foi.

Longtemps aussi étroitement gênée, la production agricole ou industrielle, malgré les progrès
qu'y réalise la persévérante ingéniosité de ses
habitants, ne marque point non plus le Languedoc
d'une empreinte originale.

Pas davantage l'invention littéraire ou artistique
au cours du xviiiᵉ siècle, comme au cours du précédent. Ces formes d'activité intellectuelle y avaient
eu autrefois leur éveil, mais depuis longtemps
attendaient un renouveau. Car, ni le naturel facile
de La Fare, ni l'aimable, trop aimable talent de
Florian, ni l'éloquence de Saurin ne caractérisent

la région; pas plus que l'esprit de Rivarol, ou les brillants développements du poète Roucher en quelques épisodes de son poème des « Mois ». L'inspiration d'André Chénier rattaché à Limoux par ses origines paternelles a des sources lointaines et les travaux ou les fantaisies de romanisants tels que Boissier de Sauvage ou l'abbé Favre ne pouvaient faire prévoir la renaissance de la poésie romane.

En une autre direction, sans doute, il faut, pour être juste, noter la large contribution fournie par la Province aux études de haute érudition, avec Bernard de Montfaucon, les historiens du Languedoc, Dom Devic et Dom Vaissete; celui de Montpellier, d'Aigrefeuille; celui de Nîmes, Ménard et ses compatriotes, le collectionneur éclairé que fut le marquis d'Aubais et le savant épigraphiste Joseph Séguier. Et leur pays natal est bien le centre de leurs études, les marque de son empreinte, apparente aussi dans l'originalité puissante d'Astruc, le médecin de Louis XV, vraiment trop méconnu aujourd'hui et qui s'est fait sa part personnelle très variée d'aspect dans le travail de critique et le mouvement philosophique du XVIIIe siècle, avant que les théories de Barthez eussent ramené l'attention vers les idées de l'École de médecine montpelliéraine. Les recherches scientifiques de portée générale ont eu, d'ailleurs, d'autres représentants en pays languedociens et, à côté des théories du géomètre Legendre et des applications pratiques de Chaptal, figure l'audacieuse initiative des frères Montgolfier.

Dans le domaine de l'art à la même époque, c'est la tradition classique importée qui se maintient, fournit l'imposante façade brique et pierre, éclatante

de ses huit colonnes de marbre rouge que l'architecte Cammas, au milieu du xviiie siècle, dresse au-
devant du Capitole toulousain ; dispose à Nîmes
autour des substructions des Thermes romains un
peu lourdement restaurés et des nappes d'eau trop
encaissées, peut-être, l'harmonieux jardin de la
Fontaine ; enfin, à Montpellier, sous l'inspiration de
Donat et Giral, s'assouplit et prolonge la promenade du Peyrou jusqu'à son Château d'Eau, taillé
pour recevoir et réfléchir la lumière, dominant un
horizon de montagnes aux courbes rythmiques et
de plages ensoleillées et donnant, dans l'air limpide,
avec la large ordonnance de ses marches d'accès,
l'impression d'un couronnement de sereine et délicate acropole.

La même recherche d'art distingue les demeures
des grands magistrats et des riches bourgeois dans
les deux capitales et les principales villes ; mais le
goût n'y est point original, reste soumis aux
influences des écoles parisiennes. Le Montpelliérain Vien, qui fut le maître de David et l'inspirateur
du néo-classicisme en peinture, séjourna et travailla
peu dans sa ville natale ; le talent du Carcassonnais
Gamelin, du Toulousain Rivalz et du Nîmois Natoire
ne font non plus prévoir encore la part que prendra
la région à l'œuvre artistique de notre temps.

Au dernier siècle de la monarchie pas plus qu'au
précédent, la Province n'avait donc pas fourni les
preuves qu'on en pouvait attendre d'un génie propre
et personnel dans la création d'œuvres d'intérêt
général qui devaient pourtant venir. Le Languedoc,
par là, payait peut-être en un sens la rançon de son
attachement trop longtemps maintenu à des institu-

tions caduques, en désaccord avec le travail d'une centralisation absorbante. D'autres provinces pendant longtemps aussi troublées que lui avaient acheté la paix et le repos au prix de leur acquiescement facile; elles y avaient gagné, au moins pour leur noblesse, leur bourgeoisie, les paysans aisés de leurs campagnes, des loisirs et une sécurité qui laissaient plus de jeu à l'initiative individuelle.

En Languedoc, une grande somme d'énergie s'est dépensée sur place, d'abord dans la lutte de fanatismes exaspérés; puis dans la défense tenace de la terre contre la fiscalité, la bataille rusée et inutile de la corporation bourgeoise pour ses franchises et de la noblesse rurale pour ses privilèges. Elle eût sans doute suffi à la production d'œuvres d'ordre divers et de valeur solide. L'effort n'aboutit à un résultat vraiment fécond que dans le domaine économique et se résuma longtemps aux yeux des populations dans l'action des États. Mais avant même qu'elle ne leur parût trop exclusive et trop confinée, avant qu'une notion plus large de leurs droits ne se fût formée, cet effort avait suffi pour créer, chez les Languedociens, à la fois le sens de la solidarité régionale et celui de la continuité dans les réformes. Et ce dernier, jusque sous la Révolution nécessaire, ils l'ont gardé. Le type révolutionnaire qui les caractérise n'est celui ni du passionné Fabre d'Églantine, qui est une exception parmi eux, ni des implacables logiciens de la France du Nord, tel Robespierre, ni des rêveurs humanitaires, tels que Babeuf, mais celui de Cambon, qui unit à la fermeté des résolutions inévitables le souci de l'ordre à fonder.

XIII

LA RÉGION DE LANGUEDOC DEPUIS LA RÉVOLUTION

A partir de 1790, il n'y a plus, à proprement parler, d'histoire de Languedoc. Mais les éléments autrefois entrés dans l'unité provinciale ne sont point tellement dissociés qu'ils ne puissent se reconnaître encore, destinés peut-être à se grouper en de nouveaux ensembles cohérents.

En un sens la Révolution qui, dans tous les domaines, a fait de l'individualisme, sauvant, d'ailleurs, et exaltant l'unité de la patrie, a libéré, dans la région languedocienne, des forces qui s'étaient peu à peu usées par leur contact, parfois par leur antagonisme. Elle ne les a pas isolées. Quelque chose en restera et restera aussi de ces cadres permanents où a évolué l'histoire provinciale.

Le plus vaste a duré, la langue populaire, qui n'est pas un patois, mais une langue romane dont les variétés dialectales ne rompent nullement les relations usuelles entre les habitants, fussent-ils de districts fort éloignés les uns des autres. Et précisément parce qu'il est populaire, ce parler a sauvegardé des traditions, des habitudes, des tours d'esprit et des façons de dire qui ont conservé à un degré très reconnaissable des traits particuliers, personnels au Languedoc. Parce qu'il est populaire, il a aussi maintenu en rapports des éléments de population que le recrutement aristocratique ou timocratique des États provinciaux et des grandes municipalités avait exclus de la vie publique. Ce sont ces réserves, n'ayant pas donné encore, que les institutions révolutionnaires y appelleront, qui vont y prendre une part de plus en plus étendue à mesure que la division de la propriété rurale et l'accroissement de l'activité industrielle et commerciale augmenteront leur aisance avec leur indépendance. L'élite conservera les qualités d'ordre et de méthode que la tradition administrative de la Province a créées et développées. Sans doute l'accès de ces contingents sociaux aux affaires politiques est un fait général en France. Il garde, dans la région languedocienne, la marque d'anciens groupes et de leurs vieilles rivalités ou simplement de leur tempérament traditionnel, et, pour l'ensemble, une tendance à transactions dont on avait acquis l'habitude en ce pays d'Etats. Ainsi à Montpellier et à Nîmes, villes d'activité consulaire, la Révolution prend, dès le début, un caractère municipal, en juillet 1789, comme à Paris, mais les Comités nouveaux ne rompent point avec les traditions de la Cité. Ce penchant initial à la modération se maintiendra quelque temps dans le pays où la majorité des députés marquants, sauf Fabre d'Églantine, membre de la Commune de Paris, Cambon et Ramel, inscrits aux Jacobins, appartiendront au groupe girondin, où se distinguent l'énergique Lasource, de Castres, et Rabaut-Saint-Étienne,

« intelligence sincère et large qui évolua de la monarchie constitutionnelle jusqu'aux confins du socialisme ».

Il fallut le divorce de plus en plus accusé entre la royauté et l'Assemblée nationale pour qu'on vît renaître l'antagonisme des factions, et ce qu'on a appelé le fanatisme du Languedoc ne se manifesta qu'assez tard, sporadiquement, après des préparations et sous des excitations intéressées. Il y reprit alors le caractère et la violence des guerres religieuses, mais ne fit jamais du Languedoc une Vendée. Les centres en étaient marqués par les souvenirs du passé : Toulouse, d'une part, où l'influence des familles parlementaires maintenait l'attachement aux anciennes institutions et, d'autre part, Nîmes et les Cévennes où persistaient les traces plus récentes qu'ailleurs des discordes confessionnelles.

Le nouveau régime fut, dès le début, accueilli avec faveur par la région entière et les mouvements révolutionnaires acceptés, même celui du 10 août, après lequel plusieurs grandes communes de la Haute-Garonne, de l'Hérault, du Gard, manifestent contre Louis XVI. L'adhésion à la République y groupa les administrations de cinq départements, entre autres celles de l'Ardèche où s'étaient pourtant produites les tentatives du camp de Jalès, de la Lozère où éclata l'insurrection paysanne et cléricale menée sans succès par l'ancien constituant Charrier; mais la politique unitaire de la Convention et l'institution du second Comité du Salut public, le coup d'État contre la Gironde, donnent une occasion de se produire aux sentiments fédéralistes, bientôt royalistes, qui échouent devant l'opposition très déterminée des sociétés populaires jacobines depuis Toulouse jusqu'au Rhône et à l'Ardèche.

Dès lors les partis sont fixés ; la politique religieuse de la Convention puis du Directoire à son début unit les adversaires de la Constitution civile du Clergé aux royalistes, rattache au trône les fidèles de l'autel, et la physionomie des troubles en Languedoc est fixée aussi. Déjà en 1791 il avait fallu installer *manu militari* les prêtres constitutionnels dans l'Hérault ; en 1795, les *insermentés* étaient accueillis en Lozère ; en 1790, un conflit a déjà éclaté à Nîmes entre protestants et catholiques, et, à partir de 1798, il fut impossible de pourvoir le Gard d'un évêque constitutionnel. Déjà la renaissance de la discipline proscrite est constatée dans le Tarn. Et à côté, Montpellier, comme Toulouse, accepte le culte de la Raison. Partout aussi se maintiennent les sociétés jacobines.

Ainsi s'expliquent les réactions en sens opposé qui préludent à la Terreur blanche de 1815. Dans l'intervalle, l'ordre imposé par le Consulat, dont la région en son ensemble accueille avec faveur l'établissement, malgré l'opposition manifestée en Ardèche, Haute-Loire, Lozère ; l'apaisement amené par le Concordat ; la reprise de l'activité agricole et industrielle, aidée par le succès des guerres extérieures, y condamnent à l'insuccès les insurrections royalistes. Celle de Thermidor an VII, tentée dans la Haute-Garonne, l'Aude, le Tarn en concordance avec les mouvements de la Bretagne et de l'Anjou, avait déjà échoué. Les préfets et sous-préfets, choisis avec soin, excellents administrateurs, ménagent à la fois les sentiments populaires et les sentiments du parti aristocratique. Aussi, après avoir donné leurs votes à la république plébiscitaire les départements languedociens les accordèrent-ils à l'Empire. Le Gard, l'Hérault, le Tarn où des associations républicaines, socialistes même, à Castres, notamment, s'étaient maintenues, répondent à l'appel; pas de vote négatif dans le Gard. Dans les Cévennes protestantes, les *Bleus,* comme ils s'intitulèrent longtemps, savaient gré à Bonaparte d'avoir garanti l'exercice de leur culte contre les *Blancs* et d'autres adversaires; pour des raisons analogues et surtout pour l'amnistie conditionnelle accordée aux émigrés, beaucoup de royalistes avaient dans toute la région suivi leur exemple.

Cette union ne devait pas survivre à la chute d'un régime qui, après avoir consacré les résultats sociaux de la Révolution, en avait compromis les garanties par la ruine de ses principes politiques, selon le mot de M. Aulard. Et dès 1815 reparaît l'hostilité contre l'œuvre révolutionnaire sous la forme séculaire de la réaction religieuse. Ce sont les tristes épisodes de la Terreur blanche, massacres confessionnels, exécutions juridiques, meurtre des généraux Lagarde à Nîmes, Ramel à Toulouse, frappés en défendant les protestants.

Ni ces troubles intérieurs, ni les pertes en hommes et en travail producteur amenées par les guerres de l'Empire, les ravages mêmes qui accompagnent la marche de l'armée anglaise, en 1814, et la bataille de Toulouse n'ont compromis les

avantages que la région tirait de l'extension de la
culture à de nouveaux terrains, d'une activité industrielle plus libre et plus ouverte aux perfectionne-
ments techniques. Dans les Cévennes, dans l'Ardèche, dans le Gard, l'Hérault, la valeur de la soie
brute, portée de 2 millions de livres — chiffre d'a-
vant 1789 — à 14 millions de francs, est augmentée
en proportions jusqu'alors inconnues par la diffusion des procédés de moulinage et de tissage; le
nombre de métiers de Nîmes s'élève, entre 1800 et
1812, de 1.200 à 5.000; Carcassonne, pour le tissage de la laine, entretient 290 métiers et 9.000 ouvriers. L'avance que son réseau de routes a donnée
au Languedoc rend plus féconds qu'ailleurs ces
éléments de prospérité.

Comme la Révolution, et plus largement encore,
l'Empire y avait dégagé des activités et des énergies autrefois confinées dans le jeu, parfois le conflit, des institutions provinciales. Il lui fournit des
légistes et des administrateurs. Pelet de la Lozère,
et avant lui Cambacérès apportaient à l'empereur
des talents mûris par l'expérience des affaires en des
temps difficiles; Daru mit à son service l'infatigable
et clairvoyante fidélité de son labeur. A l'œuvre
impériale collabore, plus fourni que sous l'ancienne
monarchie, l'élément militaire, recruté dans tous
les districts de l'ancienne province : le Toulousain
donne, avec les deux Caffarelli du Falga, Compans,
le généreux maréchal Pérignon; le pays d'Aude,
Andréossy, en qui la variété et la distinction des
talents font revivre une famille d'ingénieurs du
xviie siècle. A l'Ardèche appartenait Rampon; à
l'Hérault, Berthézène; à la vallée du Tarn, le rude

cuirassier d'Hautpoul, et à celle du Thoré, le grand manœuvrier Soult.

Lorsque se détend la rigoureuse uniformité du régime impérial reparaissent les différences des groupes et des tempéraments déjà marqués dans la région. Elles se révèlent dès la Restauration par les caractères d'individualités vigoureuses qui les résument : à la tradition de royalisme parlementaire dont fut l'expression Villèle, descendant d'une vieille lignée de magistrats toulousains ; à la violente intransigeance de Polignac, restée encore toute féodale, s'opposera le doctrinarisme constitutionnel du calviniste Guizot, né à Nîmes et de souche cévenole.

Peu de divergences sous la monarchie de Juillet dont l'établissement fut accueilli avec faveur. La région acceptait les révolutions venues toutes faites de Paris comme le firent la plupart des régions françaises, et les mouvements légitimistes de l'Ouest y eurent peu d'influence. L'activité industrielle des Cévennes, de Nîmes et du pays Castrais, la prospérité agricole du Toulousain y maintiennent le calme. En quelques points, surtout dans les basses Cévennes, le socialisme de 1848 aboutit à un effort de défrichement de biens communaux qui retiendra autour des idées républicaines quelques groupes ruraux de l'Hérault et du Gard, et fournira des opposants et des victimes au coup d'État de décembre 1851. Mais la vente aisée des denrées sous l'Empire, la facilité des échanges, l'accroissement de la production industrielle isoleront longtemps les adversaires du second Empire. Ni la propagande républicaine, ni l'opposition légitimiste dans l'Aude, l'Hérault et le Gard n'affaiblissent sensiblement les résultats des plébiscites impériaux. Elles annonçaient pourtant, vers les dernières années du régime, un état d'esprit qui se généralisait. Il explique l'attitude hostile qui se manifesta dans l'ensemble, de Toulouse au Rhône, lors des premières défaites de 1870, et les caractères qu'y prit en certains points, notamment à Narbonne, l'établissement de la République. Après le 4 septembre, la majorité des électeurs y resta attachée aux principes politiques et sociaux consacrés par l'œuvre révolutionnaire; en peu de circonscriptions, les maximes d'autorité confessionnelle y ont, par leurs seules forces électorales, atteint à une représentation dans les assemblées délibérantes. Et, d'autre part, le socialisme qui est surtout de forme agraire, en une région marquée par la rareté relative et la dissémination des centres industriels, n'y a le plus souvent, obtenu des résultats électoraux que par l'appui d'éléments conservateurs ralliés à son action par une politique de circonstance.

En un pays où la tradition et l'esprit novateur se sont si souvent heurtés ou combinés, chaque doctrine et chaque méthode finit par trouver sa place. On se fait parfois, du dehors, des idées inexactes sur les tendances actuelles de partis qu'une légende simpliste figurait sous les couleurs de deux blocs : les *Blancs* et les *Rouges* du Languedoc.

Plus nets sont les caractères de son évolution économique et des groupements nouveaux qu'elle semble préparer. Longtemps, sans doute, la physionomie de l'ancienne province et de son activité semblent ne se modifier que lentement. Les cultures traditionnelles lui conservent son aspect jusqu'au milieu du siècle dernier : céréales et pâturages dans le Toulousain, le Lauraguais, les plateaux et vallées du Castrais qui leur demeurent adonnés, comme le Gévaudan, mais en perfectionnant les procédés de labourage et d'exploitation ; prairies étagées, châtaigniers et mûriers dans les moyennes Cévennes, là où le bois et la garrigue laissent la place au cultivateur ; association, en proportions accoutumées, du froment, de l'olivier, de la vigne dans les plaines méditerranéennes où déjà, pourtant, la vigne s'étend de plus en plus. Les industries aussi restent en place, tout en accroissant leur rendement : les dentelles du Velay, les filatures et les moulinages de soie du Vivarais, des districts cévenols dans le nord du Gard et de l'Hérault gardent leur autonomie ; la draperie de Castres et de Mazamet, celle du Lodévois, de Carcassonne, celle de Nîmes conservent leurs débouchés et leur alimentation fixes ; la bonneterie des basses Cévennes demeure encore avec son organisation de travail familial et sa clientèle dont la foire de Beaucaire groupe jusqu'au second Empire un élément important. Aussi le mouvement démographique est-il réparti avec quelque uniformité. Les départements pauvres gardent eux-mêmes leur population ou l'accroissent : la Lozère qui a 143.000 habitants en 1806 (les recensements de 1801 paraissent pécher à peu près partout par omission), se maintient à 141.000 environ en 1856, puis décline ; la Haute-Loire qui en compte 268.000 en 1806 atteint le chiffre de 304.000 en 1851, pour monter encore,

Toulouse : L'Église romane de St-Sernin. — Le Capitole (Façade actuelle).
(*Sites et monuments du T. C. F.*).

Pl. XVI.

mais décroît depuis quelques années. La natalité est pourtant forte dans ces deux départements. Mais ce double exemple met en relief l'influence rapidement agrandie, dès le milieu du XIXe siècle, du phénomène économique prépondérant : le groupement de plus en plus marqué de la main-d'œuvre dans les centres urbains d'industrie, son absorption par l'usine et le marché. Les paysans de la montagne et les artisans du petit bourg gagnent, de la Lozère, Alais et le pays minier et métallurgique ; de la Haute-Loire, Lyon et ses tissages. Toulouse et sa banlieue s'accroissent ; la Haute-Garonne a gagné plus de 60.000 habitants depuis 1806 ; il n'y a pas de grand centre industriel à proximité ; l'attraction du chef-lieu suffit.

Le Gard, l'Hérault et, à un moindre degré, l'Aude ont vu leur population s'augmenter en fortes proportions (1/4 environ pour les deux premiers départements) ; mais le Gard ajoute son activité industrielle au produit de la vigne, qui fait déjà la principale fortune des deux autres, et la culture de la vigne, là, va prendre les caractères d'une industrie, ne profitant, d'ailleurs, qu'à la plaine, car la crise de la soie, l'impuissance des cantons cévenols à lutter contre les importations d'Italie et d'Extrême-Orient qui alimentent la fabrication lyonnaise atteignent leurs artisans avec ceux de l'Ardèche où l'émigration vers les usines du Rhône a déjà commencé et se poursuit.

XIV

CARACTÈRES DE LA RÉGION
LANGUEDOCIENNE A L'ÉPOQUE ACTUELLE

L'agent le plus décisif de dissolution pour cette forme déjà diffuse que présentait l'activité économique dans l'ancienne province fut la voie ferrée. Elle apparaît de 1839 à 1845. Il pouvait sembler d'abord que la mise en communication rapide de Montpellier au port de Cette, de la Grand'Combe à Beaucaire, de Nîmes à Montpellier, enfin la jonction à Cette des deux réseaux du Midi et de Marseille-Lyon devaient avoir pour principal effet de rendre au « pays des passages » son antique destination, marquée depuis si longtemps en traits profonds par les routes et les canaux, y accroître, avec l'intensité du trafic, celle de la production industrielle. Mais la rapidité et le bon marché des transports ont bientôt pour principal résultat de concentrer en quelques points d'élection, dans les régions du Nord et de l'Est français, les éléments de travail et la main-d'œuvre là où le libre jeu de la concurrence et du prix de revient les attiraient. Or, les deux grands courants de circulation entre les régions méditerranéennes, dans un monde commercial désormais élargi, et les marchés du Nord se sont établis à l'Est et à l'Ouest de ce Massif Central où les lignes ferrées sont à profil très difficile et onéreux, barrant toujours au Midi français l'accès direct au point principal de la concentration nationale : Paris. Une fois de plus le rêve instinctif des Raimond de Toulouse reçoit un démenti : l'unité économique pas plus que l'unité administrative ne se réalise pleinement en pays languedocien dans le sens de la latitude, parce qu'elle est subordonnée à une unité plus vaste et autrement orientée. Et l'on voit la coupure qui se marque entre les deux régions si longtemps associées par tout un ensemble de vie commune et d'institutions provinciales, l'Océanique et la Méditerranéenne, l'Aquitaine et la Septimanie, le Haut et le Bas-Languedoc qu'indiquait déjà sous l'Ancien Régime la division de la Province en deux généralités réunies sous la main du même intendant : celle de Toulouse et celle de Montpellier.

Le Languedoc, ou plutôt les deux Languedocs, dans leur ensemble, sont désormais un exemple intéressant et très caractérisé de ces cadres régionaux où se groupent des affinités physiques et les productions économiques qui en dérivent, tels qu'ils apparaissent en si suggestif relief dans les études de Vidal de Lablache, dans celles plus récentes de M. Hauser, puis dans les divers projets d'organisation régionale soumis aux Chambres, notamment celui de M. Hennessy.

A l'ouest, une convergence de rivières, de routes et d'intérêts au point marqué nettement par Toulouse, au coude oriental de la Garonne, dans le vaste bassin élargi depuis le seuil de Naurouze suivant une progression de 50 à 200 kilomètres d'écart, entre les avant-monts pyrénéens et les pentes sud du Massif Central. Un de ses effets ressort, avec évidence : comme sous l'Ancien Régime, la ville-capitale du pays fournit à elle seule une proportion considérable de la population dans la circonscription administrative : 150.000 habitants en 1914 sur les 432.000 que compte le département. Là, la densité démographique est amenée par le nœud des communications régionales, en plein milieu d'un sol fécond, les terres *fortes*, dépôt de marnes alluviales descendues des pentes en bordure du Massif Central et du soulèvement pyrénéen. Comme au moyen âge, là aboutissent les transports par charrois et batellerie ; le blé de la vieille terre nourricière qui, en 1911, fournissait encore dans le seul département de la Haute-Garonne, 1.600.000 quintaux de froment ; le maïs ; les légumes, les fruits des vergers attenant aux *bordes* ou métairies isolées et des arbres plantés en lisière des champs de labour ; les bœufs roux-clair de Gascogne, le lait et la volaille, tous les produits d'un pays de grand élevage, de vie abondante et à bon marché. Et c'est aussi là une des principales étapes, depuis la plus haute antiquité, de la route du Rhône à l'Océan, du seuil poitevin à l'Espagne, marché d'apport et de distribution dans la circulation économique ouvert sur la grand'rue dirigée vers Bordeaux.

Le réseau ferré qui la dessert, très articulé, décuple par la rapidité des communications l'intensité des échanges, bien que beaucoup de fret lourd, notamment les marbres des Pyrénées et les bois des forêts bordières des montagnes soit encore, pour une trop grande part, laissé en place.

Mais d'autres forces y accroissent déjà l'activité économique, vont associer en plus vastes proportions l'industrie à cet ensemble de productions agricoles et y relever sans doute le développement de la vie urbaine encore incomplet, malgré le rendement des mines de Carmaux, les verreries d'Albi, les tissages de Toulouse, l'étonnante prospérité qui, sur la limite du bassin aquitain à l'Est, accumule à Mazamet, par l'influence des eaux et de l'atmosphère, les usines et les capitaux consacrés à la préparation des cuirs et des laines; en font, avec ses 150 millions d'affaires annuelles, une sorte de ville « américaine » en plein Languedoc.

La puissance hydro-électrique des chutes d'eau pyrénéennes est évaluée à 2.000.000 de chevaux dont la majeure partie est utilisable dans la zone d'attraction toulousaine. Les cours supérieurs de l'Adour, de la Garonne, de l'Ariège sont déjà mis en œuvre et si les énergies hydrauliques du versant sud-ouest du Massif Central ne sont, pour le moment, largement utilisées que sur la Truyère et la basse Dordogne, il en reste d'importantes réserves assurées au réseau des lignes de lumière et de force destiné à desservir le nord du domaine aquitain. Mais c'est sur le groupe pyrénéen que va se fonder l'ouverture et l'exploitation des trois percées pyrénéennes médianes par voie ferrée destinées à mettre en relation directe le bassin aquitain et le plateau ibérique avec ses dépendances.

A ces initiatives correspondent l'orientation vers l'Espagne des instituts scientifiques et littéraires fondés à l'Université de Toulouse et les projets d'organisation bancaire qui semblent s'élaborer dans la vieille cité.

L'évolution économique de notre temps n'a donc fait, malgré les transitions permanentes et la liaison maintenue entre les deux régions par la ligne d'eau du Canal du Midi et la voie ferrée de Tarascon à Bordeaux, que marquer plus nettement le contraste déjà constaté entre les deux Midi français, les deux pays de Languedoc, et annoncer la séparation de l'antique Province en deux lobes. Un rapide coup d'œil en express suffit à en donner la sensation par l'aspect des deux cultures. Celle du littoral méditerranéen s'est simplifiée en une sorte de monopole de la grosse production du vin qui tient à la mise en valeur de conditions assurées en cette zone par le jeu de forces naturelles : climat, exposition, qualité des terrains. On a même fait de ce monopole un reproche à ses cultivateurs, injuste et d'économie rurale étroite, s'il est vrai que la loi principale de production agricole soit de discerner la meilleure adaptation du sol au rendement et si, d'autre part, le groupement d'une même production en garantit le mieux le développement et la prospérité.

La longue écharpe déroulant du Rhône au delà du col de Naurouze et repliant jusqu'aux Pyrénées, entre la garrigue et la mer, les verts éclatants des pampres, puis le rouge brun des feuilles caduques selon l'alternance des saisons; la rareté relative de la végétation arborescente ont donc fini par donner une physionomie commune à ce littoral large de 40 à 60 kilomètres. Cet aspect répond aujourd'hui au principal caractère économique de la région bien nettement tranchée, la vieille Septimanie où tant d'affinités géologiques et climatiques ont déterminé l'unité de l'ensemble, groupant le Roussillon avec le Languedoc oriental, comme l'ont démontré, avec un réel attrait, dans leurs récentes études, MM. Thomas et Lagatu.

Il n'est pas jusqu'à l'antique *Via Domitia,* le long de laquelle, sur le tracé de la principale voie ferrée, à travers le Gard, l'Hérault, l'Aude, les Pyrénées-Orientales, l'activité viticole n'ait renouvelé en l'accroissant, la vie urbaine par le commerce des vins, multiplié les accès à la ligne de transit, et échelonné des maisons de vente et d'expédition dans les bourgs bâtis sur les emplacements des anciennes *villæ* romaines.

Ce caractère économique est bien le principal et, ici, les chiffres sont probants : en 1911, sur la production totale de l'Aude, 243 millions de francs en valeur, la viticulture avait fourni 135 millions; dans l'Hérault, 414 millions sur 540; dans le Gard 105 millions sur 304. C'est, avec l'appoint des Pyrénées-Orientales, plus de la moitié de la production française.

C'est en même temps le résultat et la somme des énergies les plus nettement marquées dans la région : endurance et ténacité dans la reconstitution du vignoble que permirent de sauver les recherches scientifiques de Planchon et de ses collaborateurs efficacement dirigées contre l'invasion phylloxérique : solidarité dans l'organisation de puissants syndicats qui ont permis de continuer l'effort toujours nécessaire; adaptation de l'esprit public à l'emploi de méthodes délicates. Aujourd'hui, tout domaine de viticulteur est devenu une sorte de laboratoire en plein air où les expériences et les essais se poursuivent sur les indications de l'École nationale d'Agriculture de Montpellier. Son Institut œnologique a initié les vignerons et les commerçants aux soins que réclament les produits et, là encore, leur instinct de solidarité s'annonce, comme un puissant élément social, dans la création et la prospérité de coopératives communales vinicoles.

De là aussi l'afflux d'immigrants qui a maintenu et relevé, pendant le dernier demi-siècle, le niveau de la population totale dans les départements du littoral à la fois pour les grandes villes, pour les formations urbaines de second rang et les villages ; non seulement l'alluvion humaine descendant, comme autrefois, de la montagne vers la plaine, mais aussi l'apport étranger, le contingent d'Italie et surtout d'Espagne. Une part s'arrête et se fixe, pour être bientôt assimilée, dans ce « pays des passages » qui redevient ce qu'il a été par intervalles, au cours d'une longue histoire, une terre d'élection et d'absorption, un creuset de races.

Mais le vignoble n'est pas le seul aspect et sa culture le seul mode d'activité rurale dans cet ensemble nettement circonscrit qu'est le Languedoc méditerranéen. C'est même un des caractères originaux de la région que de juxtaposer en étages rapprochés la plage maritime, la plaine et les monts avec leurs zones de végétation et de productions diverses : une journée de parcours par les trop rares lignes ferrées dirigées selon le méridien, quelques étapes pour les troupeaux gagnant par les voies de transhumance les pays d'ombre et de fraîcheur ou les grands plateaux herbeux. Et de là une variété de richesses dont quelques-unes, mal ménagées, peuvent être renouvelées : telle la forêt, chênes, hêtres, pins que reconstituent, en adaptant mieux les essences au milieu, le service forestier et l'Institut botanique de Montpellier ; plus bas, les taillis d'yeuses de la garrigue fournissant, avec le bois de chauffage, l'écorce productrice du tan que l'industrie a un moment dédaigné, pour en reconnaître de nouveau tout le prix, et qui a fait vivre au dernier siècle d'intéressantes générations de bûcherons, écorceurs et charbonniers, les « bouscatiés » ou « ruscaïrés ». Mieux encouragés, ceux-ci restitueraient à l'exploitation ces taillis épais d'yeuses où les routes de charroi se sont en tant d'endroits effacées, ouvriraient au mouton, quand l'arbre grandi ne craint plus sa dent, l'accès de l'herbe particulièrement savoureuse et nourricière des pâturages forestiers, rétabliraient le lien, mal aperçu de notre temps, entre la végétation de la garrigue, l'élève des ovins et la production d'un lait que recueillent encore, avec peine à travers de vastes espaces, les fromageries de Roquefort.

Mieux adaptés à cet élevage, les bois accroîtraient, en outre, la production lainière que réclame l'industrie du drap encore active dans le Tarn, l'Aude et l'Hérault, diminueraient le tribut de plus en plus lourd payé par elles à l'importation, resserreraient les relations entre les régions pastorales, les centres de tissage et les ateliers d'industrie vestimentaire qui se développent à Nîmes.

Quant aux cultures alimentaires, autrefois prépondérantes, céréales et oliviers, leur domaine s'est restreint devant l'extension du vignoble, abusive parfois et usurpant des terrains peu propres au rendement rémunérateur d'opérations viticoles. Il est à penser cependant que l'application de meilleures méthodes à l'oléiculture rendrait à ces produits leur importance et leur réputation anciennes amoindries surtout par des concurrences commerciales. La châtaigneraie de plus en plus réduite à fournir une part limitée de l'alimentation régionale, surtout pour la zone montagneuse de cette région, il ne reste plus guère à expédier en dehors des vins et des fruits ou des primeurs obtenus en des cantons privilégiés, voisins du Rhône pour la plupart. Dans son ensemble le territoire est donc un grand marché d'importation, absorbant beaucoup de produits divers et ne faisant la contre-partie que par l'exportation d'un seul produit de monoculture.

Mais il a aussi son industrie. Si les groupes de filatures des Cévennes et du Vivarais se sont éclaircis ou mettent leur activité au service du marché lyonnais, ils n'en restent pas moins productifs avec Aubenas, Annonay, où l'ensemble du travail effectué atteint une valeur de 12 millions ; avec les centres du Gard cévenol où elle se monte à près de 8 millions ; et, près de là, dans la haute vallée de l'Hérault, à Ganges surtout, le vieux métier des tisseurs de bas de soie est devenu un art dont les élégances du xviiie siècle n'ont jamais égalé la délicatesse et la fantaisie. C'est encore une forme d'art que ces guipures et ces dentelles qui fournissent 15 millions de francs à la production de la Haute-Loire et mettent ce département au premier rang en France dans cette industrie originale. C'est presque de l'art que l'ingéniosité des Cévennes et de Nîmes dans la bonneterie de laine et c'est un sérieux revenu que celui du travail appliqué aux cuirs et à la mégisserie dans l'Ardèche, le Gard, le Tarn, dont le résultat n'était pas inférieur, en 1912, à 170 millions.

Et à cette variété de ressources très incomplètement énumérées, d'ailleurs, s'ajoute l'apport des richesses maritimes, mal exploitées encore, pêche et salines; celui des minerais métalliques, mal reconnus jusqu'ici, fer, zinc et cuivre dont les gisements notables déjà ne peuvent manquer d'être plus abondants en un sol que ses mouvements tectoniques ont doté de tant de sources minérales et thermales. La bauxite, qui avoisine la courbe des garrigues du Gard et de l'Hérault y est déjà l'objet d'exploitations fructueuses. Enfin, les usines de produits chimiques de Cette, Balaruc, Frontignan, Salindres complètent le centre minier et métallurgique d'Alais.

Les énergies motrices ne feraient pas défaut à une activité industrielle plus marquée. Sans doute le Languedoc méditerranéen ne possède pas les réserves de houille blanche assurées au Languedoc aquitanien; seules les rampes d'accès du Massif Central et des hautes Cévennes en pourraient fournir. A l'étage inférieur, les ponts surélevés au-dessus d'un mince filet d'eau perdu, en été, dans un immense lit de cailloux disent assez l'irrégularité du régime fluvial et son insuffisance. Mais la région aura sa part dans les forces empruntées au Rhône; et, d'ailleurs, ne peut-on faire appel à quelques sources vauclusiennes? Un seul exemple en a été donné à Madières, dans le haut bassin de l'Hérault. Il est concluant.

En attendant cette organisation nécessairement lente, le sous-sol, plus largement fouillé, suffirait, en une certaine mesure, à la dépense des énergies motrices, si les débouchés de ses produits n'étaient pas, à l'excès, extra-régionaux; si les 250.000 tonnes de houille de Graissesac, les 2.500.000 tonnes du centre minier d'Alais, trouvant en pays de Langue·doc un emploi rémunérateur, ne s'écoulaient pas au dehors.

Mais pour assurer l'avenir de cette activité régio-nale, il faudrait rattacher plus étroitement ce grand marché quasi monocultural qui, par son monopole même, absorbe et exporte beaucoup à la fois, aux régions de grande production et de population dense. Le courant commercial en longitude qui l'emporte aujourd'hui en valeur économique sur la vieille « voie des passages » Rhône-Garonne-Océan ne peut être marqué, pour le Languedoc, par la double voie ferrée rhodanienne, trop à l'écart de son centre et trop encombrée, ni même, malgré son importance, par la ligne Clermont-Alais-Nîmes, point d'aboutissement des Cévennes orientales sur la plaine du Rhône. Là n'est pas, pour la région, l'axe central. Cet axe est le tracé direct de la mer à la région parisienne et l'origine du tracé serait à Cette. C'est par Cette que le Languedoc oriental, méditerranéen, doit réaliser son vieux rêve d'ac-tivité régionale et maritime, mais un rêve agrandi.

Seulement, il faudrait que son arrière-pays fût assuré à ce port; que la ligne Bédarieux-Neussar-gues-Clermont fût adaptée à ce nouveau rôle, électrifiée, comme va l'être celle d'Alais à Langogne, avec voie double; que Neussargues cessât d'être un dépôt d'attente et de distribution un peu spécial entre les deux grands réseaux du Midi français. En pays actif, l'obstacle du Massif Central serait depuis longtemps surmonté. Et les travaux d'aménagement « paieraient », car, par sa situation, Cette est le seul port sur le golfe du Lion assez vaste pour un grand trafic et assez central pour accumuler, avec les produits de la région, l'apport de la terre ultra-méditerranéenne qui lui fait face : le Maroc oriental.

Et puis, Cette a derrière elle son admirable étang de Thau, le bassin intérieur de 80 kilomètres carrés. Là encore les travaux « paieraient » et, bordé d'usines, cet arrière-port n'aurait pas à communiquer avec la mer par un tunnel, comme l'étang de Berre.

On peut mener le rêve plus loin. Il y a aussi une poésie dans l'économie politique, celle de grands faits et de grandes possibilités. Le Maroc rattaché à la France dans les limites légitimes de l'extension française sur le Maghreb avec ses vastes dépendances, l'Afrique occidentale devenue terre française, Cette, le port du Midi languedocien, ouvrirait son double havre au centre, presque au nord de cet immense domaine français où la Méditerranée ne serait plus qu'un détroit. L'importance prise, pendant la dernière guerre, par le trafic de Cette, devenu « port suisse », entre la Suisse et le Maghreb est déjà de cet avenir une évidente garantie.

En cette région, pas de grande ville « tentaculaire »; quelques points seulement, marqués par la production industrielle, comme Alais ; par la production industrielle et le marché à la fois, comme Nîmes, aboutissement des Cévennes orientales ; par l'activité des transactions appliquée à la principale richesse de la zone, comme Béziers ; par le rôle de « plaque tournante » entre les directions océaniques, ibériques, rhodaniennes, comme Narbonne ; par la tradition administrative et enseignante en même temps que commerciale, la situation centrale, comme Montpellier. C'est l'ensemble de la région, le groupe présenté par ses forces économiques qui, en Languedoc, attire l'attention plus que l'hypertrophie urbaine.

Quelques points aussi d'orientation moins définie et par où l'antique unité semble admettre quelques brèches ! une part du Velay, du Vivarais, de l'Ardèche, où s'exerce l'attraction lyonnaise ; de la Lozère septentrionale inclinée vers l'Auvergne ; du Tarn où la facilité des communications crée un courant vers le centre aquitain. Et ces divergences sont déjà officiellement notées. Mais, en dépit de circonscriptions administratives, plus ou moins passagères, l'unité se fera dans le sens des grandes lois économiques, et ses conditions ne se discernent pas encore nettement.

Le seul fait qui apparaisse avec netteté, c'est la séparation entre les deux bassins méditerranéen et océanique, l'Aquitaine et la Septimanie. Isolement et divorce complet ? Non, assurément, car bien des liens les rattachent encore. Et d'abord leur dépendance mutuelle et naturelle : l'appoint de céréales et de bestiaux fourni au Languedoc monocultural par le Languedoc laboureur et éleveur, puis l'attache par la voie ferrée entre ces deux sections d'une même route, du Rhône à l'Océan, et par le canal du Midi, à la condition que ce dernier tracé soit mieux aménagé, ouvert à des transports moins mesquins, plus largement associé à l'exploitation ferroviaire ; que, d'autre part, la soudure des deux grands réseaux de rails soit, à Cette, mieux comprise et plus étroite.

Au demeurant, ce ne sont pas uniquement les forces économiques en quoi consistent les régions. Une vaste compagnie de commerce, pas plus qu'une grande association industrielle, ne fait une région. Il y faut une âme commune, une habitude collective de penser et de sentir formée par une longue communauté historique. Toutes les circonscriptions administratives ne réaliseront pas cet idéal. Mais le Languedoc, même scindé en deux, conservera des âmes jumelles. Les deux garderont un air de famille.

Elles peuvent d'autant mieux se pénétrer qu'elles sont revenues en même temps à la curiosité intellectuelle, et ont accru parallèlement et fraternellement leurs qualités propres. On a plus haut cherché dans son inquiétude intérieure, son souci de défendre ses privilèges, une des raisons qui peuvent expliquer pourquoi la vieille Province n'avait guère produit, depuis la guerre albigeoise, que des talents moyens. Et voici que, sous des régimes nouveaux l'associant en une plus large mesure à l'existence nationale et le délivrant de ses préoccupations trop étroites, ce pays atteint, en quelques-uns des siens, à la maîtrise littéraire et artistique, à l'originalité des conceptions philosophiques

C'est un Nîmois que Guizot, clair et puissant cons-
tructeur de synthèses historiques ; un Nîmois
encore, Alphonse Daudet, chez qui l'analyse délicate,
passionnée, attendrie fait de ses créations autant
d'êtres doués de vie ; deux Montpelliérains, Auguste
Comte et Renouvier, inventeurs de hautes disciplines appliquées à la méthode des sciences ou à
la critique des idées. C'est la même région qui,
dans l'ordre scientifique, a produit les chimistes
Dumas et Balard, le physiologiste Flourens, le
mathématicien Darboux.

Et, à la même époque, avant d'apporter à l'enseignement, à la presse, à la tribune politique, le
large courant d'éloquence et de poésie qui émanait
de Jaurès, le pays toulousain n'a-t-il pas vu se lever
une superbe floraison d'artistes, parmi lesquels les
noms des sculpteurs Falguière et Mercié, des pein-
tres J.-P. Laurens et Henri Martin groupant autour
d'eux tant d'admiration et de sympathie? Ayant
d'ailleurs, la plupart, gardé quelque marque de
leur pays d'origine, ils n'y reviennent jamais, dans
leur œuvre, sans y gagner un surcroît d'originalité
et de suggestion évocatrice. Les coins des Cévennes,
si sobrement mais si fortement esquissés par Daudet dans son *Évangéliste,* ses figures de Cévenols
discrets, d'intelligence nette et de cœur droit, tels
que de Géry dans le *Nabab* et Méjean dans *Numa
Roumestan,* ajoutent un intérêt particulier à ses
études de psychologie méridionale et les achèvent,
en contraste avec les paysages de grand soleil et les
types d'exubérance verbale et de tempérament
moins nuancé que lui a fournis l'observation du
littoral. En un autre domaine, croit-on que les

aspects de sa ville natale et l'image de ses monuments n'aient pas fixé dans l'esprit du Nîmois Gaston Boissier cette fidélité au monde antique dont il n'a jamais voulu se déprendre ?

A d'autres le pays d'origine suffit ; à Ferdinand Fabre, les âpres cantons du Caroux et de l'Orb, la peinture probe et ferme des mœurs rurales et ecclésiastiques en montagnes et garrigues ; à Pouvillon la vie moins confinée et moins rude, si largement peinte, de la campagne toulousaine. Mais à tous, si variées que soient les sources de leur inspiration, le retour à la petite patrie donne une force ou une grâce de plus. Où J.-P. Laurens a-t-il été plus émouvant et plus pénétrant que dans cette belle page de peinture qui raconte l'austère et fécond effort du *Labourage en Lauraguais* ? Y a-t-il dans l'œuvre d'Henri Martin un effet de charme plus prenant que l'impression laissée par sa *Fenaison,* le triptyque où les molles inflexions des coteaux garonnais, leurs peupliers aux frondaisons légères, la fraîcheur de l'herbe et le rythme mesuré des faucheurs traduisent, en colorations apaisées, la douceur et la richesse de sa terre natale ? Et croit-on que le talent de Cabanel n'eût pas gagné en couleur et en intensité d'accent à quelques retours vers les sensations et les inspirations de son Languedoc lumineux ?

Et c'est à ce renouveau que peut mieux se mesurer le service rendu à la pensée et à l'art régionaux, nationaux aussi, par le retour contemporain à une forme romane de littérature, au dialecte communément appelé *provençal,* mais qui comprend les dialectes languedociens. L'effort des Félibres en ce sens depuis 1857 a été un bienfait pour tout le Midi français, et le Languedoc en a reçu sa large part. Non point qu'aucun de ses poètes ait atteint à la souveraine et lumineuse inspiration d'un Mistral, en qui vivent et rayonnent la Provence et la mer latine, ou à la splendeur de passion ardente d'un Aubanel. Mais les talents qui s'y sont révélés, de l'Agenois Jasmin, un précurseur, à Félix Gras, Languedociens l'un et l'autre par le choix de leurs sujets, à Arnavielle, à Fourès, à Langlade, à d'autres encore, ont une place éminente dans ce rappel d'une antique tradition. C'est le réveil d'un génie longtemps défaillant que ne pouvaient guère ranimer les fantaisies un peu grosses de l'abbé Favre, mais d'un génie enrichi dans son sommeil, plus varié, plus large, plus accessible que jadis aux classes populaires. Car, dans cette forme d'art, le poète va au peuple, non seulement, comme l'a dit Mistral, « i pastre e gent di mas », aux pâtres et aux gens des fermes ; mais aussi au peuple ouvrier, aux faubourgs urbains, comme aux villageois. L'émotion si souvent sincère de Jasmin, l'ironie familière et si souvent tendre du Nîmois Bigot ont encore des échos dans leur ville natale et leurs groupes régionaux, comme chante encore dans les mémoires, en Bas-Languedoc, le rythme avec l'image du *mazet de mestre Roumiou*, la chanson du petit « mas », retraite rurale et gaîment hospitalière du souriant et fervent félibre Roumieux.

L'attachement de tous ces grands et plus humbles poètes ou conteurs à leur petite patrie lui a valu un bénéfice de plus : ils ont sauvé et continuent de sauver les proverbes de Languedoc et ses légendes, l'état collectif et anonyme, d'observation aiguë et d'expression savoureuse dressé par la tradition sur la nature, sur l'homme, sa vie physique et morale, son labeur saisonnier, son foyer de famille, ses coutumes, ses fêtes, ses tendances, ses partis pris, ses rêves. Sans eux ce trésor du passé finirait par s'émietter et se disperser, comme disparaîtront, sans doute, lentement, devant l'uniformité banale du costume commun, le béret aquitain, le cintre tuyauté de la coiffe d'Agde, le bonnet ou le chapeau à grands bords du montagnard cévenol, avec sa blouse noire ou son antique veste de *cadis*.

Ils sont, en leur œuvre, de portée sociale, d'accord avec l'instinct séculaire de ce peuple qui de tant d'apports ethniques a su se faire un tempérament commun, plus pondéré qu'on ne se l'imagine au dehors. Chez lui l'intempérance verbale des jours de marché, de réjouissances publiques, de courses de taureaux n'est qu'une rapide griserie de grand air, de lumière et de bruit; l'ivrognerie, en plein pays de vin, est un fait assez rare, toujours noté; les habitudes de vie extérieure, aisément expliquées par le climat et rappelant la circulation qui animait les cités de l'antiquité classique, portent moins d'atteintes qu'on ne l'a dit parfois à la forte unité familiale; et, à le bien connaître, on s'aperçoit qu'un autre de ses traits les plus apparents, un de ses travers, si l'on veut, son excès de verve, son penchant à l'exagération, à la fantaisie outrancière, souvent pittoresque des propos n'altère que peu le sens critique. On y sait mettre au point quand il convient.

Il n'en reste pas moins, peut-être, de ce mirage instinctif, par estime trop confiante des ressources qu'offre une indulgente et libérale nature, une activité trop mesurée, un laisser-aller trop optimiste sous un ciel trop clément; peut-être aussi une appréciation assez juste, en somme, du prix des productions qui sont, là, spéciales. Favorisés par le sol et le climat, les habitants des plaines fertiles, depuis le Toulousain jusqu'à la zone rhodanienne ne fournissent pas encore à la surproduction devenue nécessaire le labeur intense des grands districts miniers, des centres puissants d'industrie ou des places de commerce ouvertes sur cette grande voie marchande que sont la Manche et la mer du Nord.

Ils ont pourtant prouvé, en des crises récentes, leur énergie, et dans la dernière qui était nationale, tous, de la montagne à la plaine, en ont donné des témoignages éclatants. Ils ont fourni à la défense du pays d'admirables chefs et de braves soldats, ceux-ci d'autant plus nombreux sur les champs de bataille, au front, qu'ils appartenaient, pour la plupart, à des contingents paysans ou à des contingents urbains qui n'avaient pas leur place dans l'armée industrielle, distincts, d'ailleurs, des apports d'origine étrangère encadrés et comptés dans leurs rangs sous le nom de Français méridionaux.

Et c'est avec le même dévouement qu'ils ont toujours servi les grandes causes où étaient engagés l'honneur et les intérêts de la nation.

Car, malgré leur attachement à la petite patrie, les Languedociens même les plus fervents se gardent du provincialisme exagéré, des lignes de cloisonnement intellectuel et moral. Ils savent trop le danger de l'isolement et quel dommage il y aurait pour leur région, une ou double, à professer une

doctrine languedocienne à l'écart de l'esprit national. L'originalité y deviendrait étroitesse et ridicule. On y désapprendrait le français moralement aussi bien que verbalement. Et ce qui vient de nous sauver, c'est l'unité morale de la nation. Cela est sans doute au-dessus de l'ordre économique.

Il y a, d'ailleurs, à cette fusion séculaire avec l'esprit national une garantie dans le passé du Languedoc, son antique culture et sa foi, celle des classes populaires comme celle des lettrés, dans la vertu de leur ascendance et de leur civilisation latines. Et si la France, comme l'a dit M. le Président Poincaré dans une allocution à l'École normale supérieure, a défendu, une fois de plus, la civilisation romaine contre les Germains, c'est bien le Languedoc, qu'il soit simple ou qu'il soit double, qui en a été, avec la Provence, le premier dépositaire et qui doit en demeurer un des plus fidèles défenseurs.

TABLE DES MATIÈRES

TYPOGRAPHIE FIRMIN-DIDOT ET Cⁱᵉ — MESNIL (EURE).

TYPOGRAPHIE FIRMIN-DIDOT ET Cie. — MESNIL (EURE).